云图 YUN TU × 海绵 MBA MPA MPAcc

MBA MPA MPAcc
管理类与经济类综合能力

四步写作法
思路篇

主编 张乃心

北京理工大学出版社
BEIJING INSTITUTE OF TECHNOLOGY PRESS

图书在版编目（CIP）数据

MBA MPA MPAcc 管理类与经济类综合能力四步写作法：函套 2 册 / 张乃心主编. －－ 北京：北京理工大学出版社，2024.3

ISBN 978 - 7 - 5763 - 3749 - 5

Ⅰ. ① M…　Ⅱ. ① 张…　Ⅲ. ① 汉语 – 写作 – 研究生 – 入学考试 – 自学参考资料　Ⅳ. ① H15

中国国家版本馆 CIP 数据核字（2024）第 067114 号

责任编辑： 封　雪	**文案编辑：** 毛慧佳
责任校对： 刘亚男	**责任印制：** 李志强

出版发行 / 北京理工大学出版社有限责任公司

社　　址 / 北京市丰台区四合庄路 6 号

邮　　编 / 100070

电　　话 / （010）68944451（大众售后服务热线）

　　　　　（010）68912824（大众售后服务热线）

网　　址 / http：//www.bitpress.com.cn

版 印 次 / 2024 年 3 月第 1 版第 1 次印刷

印　　刷 / 天津市蓟县宏图印务有限公司

开　　本 / 787 mm×1092 mm　1/16

印　　张 / 15

字　　数 / 374 千字

定　　价 / 79.80 元

图书出现印装质量问题，请拨打售后服务热线，负责调换各位同学，大家好呀，我是乃心老师。

很荣幸能在考研路上和大家并肩作战。接下来，我们先一起来了解一下写作及写作的备考。

一、写作，怎么考？

写作主要考查两种题型：一种是论证有效性分析；另一种是论说文。论证有效性分析和论说文的基本考情如下。

题型	分值		字数	答题时间	行文方向
	管理类综合能力考试	经济类综合能力考试			
论证有效性分析	30 分	20 分	600 字左右	建议 15 ~ 25 分钟	怼（"防忽悠"）找到材料论证的缺陷
论说文	35 分	20 分	700 字左右	建议 15 ~ 30 分钟	立（"忽悠"）自己搭建一个论证

（一）题型本质

理解这两种题型的本质，是后续学习的基础。

什么是论证有效性分析呢？论证有效性分析就是要找到并分析所给材料中的论证缺陷。

什么是论说文呢？论说文就是要写一篇文章来论证一个观点。

论证有效性分析的方向是"怼"，论说文的方向是"立"。

如果大家还是不能建立起对二者的认知，我们就再模拟一个场景——辩论赛。

在常规辩论赛中，辩论双方首先要"立论"，立论环节就是论证己方观点为何成立。大家可以把这个环节理解为写论说文的过程。

辩论赛中还有一个环节叫"攻辩小结"，这个环节主要是总结对方辩友观点存在的逻辑漏洞。大家可以把这个环节理解为写论证有效性分析的过程。

也就是说，论说文要"立论"，搭建一个论证去证明自己的观点；论证有效性分析是"攻辩小结"，要分析别人搭建的论证是否有效。

　　建议大家在备考初期不要用复杂的理论去理解这两类题型，否则容易把简单的问题复杂化。大家可以先借助辩论赛的场景去理解和思考。

　　论证有效性分析和论说文看似是两类题型，实际上二者存在千丝万缕的联系，大家在学习的过程中不应该将它们完全割裂。

（二）答题时间

　　写作总共需要写 1 300 字左右，理想的答题时间是 55 分钟左右。

　　然而，大家在考场上真正留给写作的时间很可能只有 40 分钟，甚至更少。可见，考场写作的关键不仅在于写对，还在于要在规定时间内写完。所以大家不要忽略对写作速度的练习。

（三）各地区的阅卷情况

1. 如何确定阅卷点？

　　由于参加管理类与经济类综合能力考试的考生较多，所以不同的地区都会设立阅卷点，以确保在规定时间内完成写作的阅卷工作。阅卷点所在地区是根据报考院校所处的地区决定的。

　　例如：某同学在北京读大学，在西安参加考试，报考了广东地区的院校。那么，该同学试卷的阅卷地是广东。

2. 什么是"水区""旱区"？

　　尽管每个阅卷点都会按照统一标准进行阅卷，但不可避免地会有一定程度的差异。这也就出现了"水区"和"旱区"。"水区"和"旱区"是基于历年考生提供的分数分析出来的，并不是官方的分类或认定。且"水区"和"旱区"也不是一成不变的，"水区"未必会一直"水"，旱区也未必会一直"旱"。

　　需要大家注意的是，尽管"水区"的主观题分数往往更高，但不意味着更容易上岸，因为其他报考该地区同学的写作分数也更高。大家在备考及择校过程中，不必过于纠结报考地区的"水""旱"，因为所有报考该院校的考生的答卷都是统一阅卷的，要"水"大家一起"水"，要"旱"大家一起"旱"，是相对公平的。

3. 各地区管理类综合能力考试写作题平均分汇总 ①

序号	省份	2024 年平均分	2023 年平均分	2022 年平均分	近三年平均分均值
1	广东	54.19	56.25	53.68	54.71
2	辽宁	53.96	55.06	54.12	54.38
3	湖北	52.80	53.77	50.45	52.34
4	陕西	51.77	52.11	48.01	50.63

---

① 提示：所统计到的经济类综合能力考试写作题的样本较少，数据不具有完整性，故不分地区进行汇总。2024 年经济类综合能力考试写作题各地区的整体平均分约为 29.43。

序号	省份	2024年平均分	2023年平均分	2022年平均分	近三年平均分均值
5	福建	54.44	49.80	47.12	50.45
6	四川	50.79	49.39	51.12	50.43
7	贵州	54.50	49.40	46.34	50.08
8	云南	51.33	47.91	50.01	49.75
9	黑龙江	50.32	49.83	48.77	49.64
10	吉林	48.62	50.62	49.55	49.60
11	天津	49.85	50.27	48.22	49.45
12	河南	49.28	50.30	47.90	49.16
13	山东	47.73	52.90	46.43	49.02
14	海南	48.33	50.35	47.58	48.75
15	广西	48.50	47.07	46.32	47.30
16	甘肃	47.31	47.24	47.12	47.22
17	宁夏	51.00	46.89	43.56	47.15
18	湖南	48.04	47.72	45.31	47.02
19	重庆	47.92	46.45	45.94	46.77
20	北京	49.67	45.60	44.23	46.50
21	河北	46.18	47.65	45.66	46.50
22	安徽	47.50	46.33	44.21	46.01
23	内蒙古	46.33	47.26	44.20	45.93
24	西藏	46.00	46.64	44.21	45.62
25	新疆	42.81	46.54	47.11	45.49
26	江西	46.50	44.24	44.98	45.24
27	浙江	45.12	42.74	45.13	44.33
28	山西	43.64	45.35	41.25	43.41
29	江苏	45.77	39.38	44.47	43.21
30	上海	46.05	42.53	40.24	42.94
31	青海	37.00	41.70	43.23	40.64

数据说明：

（1）大多数院校并不公布写作的单科分数，因此需要大家根据综合能力考试分数扣除数学与逻辑分数来倒推写作分数。

（2）本次数据收集源自微信公众号"张乃心考研"及微博"张乃心考研"发起的公开调查和对内部学员的统计。以 2024 年的数据为例，共获得有效样本 6 365 份。在计算各地区平均分时，已经排除了最高分和最低分的极端值。

（3）可能出现的分数偏差：

①由于成绩较高的学生更倾向于分享自己的分数，因此统计得到的成绩可能会高于该地区的实际平均水平。

②西藏、海南、青海、宁夏地区的样本数量较少，数据的偏差可能会偏大。

二、书，怎么用?

（一）各阶段写作用书

备考阶段	备考目标	推荐用书	包含内容
第一轮	从无到有 1. 知道怎么写； 2. 有东西可写	《四步写作法》	1. 两本核心教材： 《思路篇》学方法； 《背诵篇》有话说。 2. 两本辅助用书： 《历年真题速查本》； 《写作素材积累本》。 3. 配套网课
第二轮	从有到好 1. 什么题都会写； 2. 写什么题都快； 3. 文章越来越有质感； 4. 搞懂每一道真题	《写作真题库》	1. 两本核心教材： 《近15年写作真题精讲》吃透命题趋势，提高行文的速度、文章的质感。 《早年真题范文精选》提高应变能力，适应各种命题风格。 2. 两本辅助用书： 《论说文分类手册》； 《答题卡笔记本》。 3. 配套网课： 近15年真题精讲
第三轮	从好到稳 1. 遇到难题懂策略； 2. 遇到简单题不跳坑； 3. 极端情况能保底； 4. 搞懂题与题之间的共性	《四步写作法》 《写作真题库》	将两套书组合使用，总结不同题目间的共性，提高应试技巧

（二）《四步写作法》使用说明

本套教材，所包含的内容及对应的使用建议如下。

1. 核心教材

建议大家先学习《思路篇》，再学习《背诵篇》。

《思路篇》：当讲义用，搞定写作方法。这本书为大家配备了完整的写作课程，大家可以独立使用本书进行学习，也可以将本书当作课程的讲义。《思路篇》中，没有夸夸其谈的大道理，都是朴素的、能够落地的方法。

《背诵篇》：每日诵读，搞定写作话术。论证有效性分析部分为大家总结了论证有效性分析的万能模板、考试大纲话术、其他常用话术等；论说文部分为大家总结了万能模板、万能结构、万能理由等。并且，为了避免考场文章雷同，本册还为大家提供了大量的替换话术和文章变形方法。大家在学完《思路篇》后，可以借助《背诵篇》来充实自己的文章内容。

2. 辅助用书

《历年真题速查本》：包含了历年的写作真题，辅助大家进行写作学习。

《写作素材积累本》：除了《背诵篇》中提供的素材，大家还应持续积累新的素材。比如，可以定期将公众号"乃心小报"中的练习素材整理进这本手册中。

3. 电子资源

本书的《思路篇》配备了完整的写作课程，辅助大家进行理论学习。

三、除了书，还有我

经常会有同学问我："乃心老师，我已经学完了写作的教材，也听完了所有的课程，为什么还是写不出来呢？"这是因为写作的学习不仅需要理论知识，更需要付诸实践。写作不仅要学习规则，更要尝试创造性的表达。所以在大家备考的过程中，我会在自媒体平台全程陪伴大家，帮助大家将写作落地，让理论与实践并行不悖。

大家可以在以下平台找到我：

微信公众号"张乃心考研"：必关注！这是我们的写作大本营。我会根据备考阶段，提供针对性的写作练习，包括段落练习、真题带刷、审题训练、考前押题等。

微信公众号"乃心小报"：必关注！这是一个超高质量的写作素材库。我会定期更新在考场用得上的少而精素材，并带大家把万能素材变成千人千面的专属素材。

微博"张乃心考研"：分享备考小贴士、鸡汤、日常等。

小红书"张乃心考研"：定期分享备考干货。

B 站"张乃心考研"：定期分享专题课程。

公众号【张乃心考研】　　　　　　公众号【乃心小报】

　　当然，在教材编写的过程中，尽管力求尽善尽美，但还是难免会有纰漏。如果大家发现书中的内容有任何错误或改进建议，恳请在微博私信或留言告知。

四、结语

　　我很喜欢李宗盛的一段话："我跟当年那一个一筹莫展的少年并肩无言，时过境迁终于明白，人一生中每一个经历过的城市都是相通的，每一个努力过的脚印都是相连的。它一步一步带我到今天，成就今天的我。"

　　在考研的路上，大家可能会有无数个一筹莫展的瞬间，挣扎、自我怀疑也会成为常态。但这些挑战也在帮大家成为更好的自己。在未来的某一天，当我们回望来时的路，一定会记住这一年，曾激荡了大家的整个青春。

　　很荣幸，我参与了大家的这段青春，接下来的日子，我们一起加油！

爱你们的乃心老师
2024 年 03 月 06 日晚

第一部分　论证有效性分析

第一部分　论证有效性分析

第一章　论证有效性分析是什么

第一节　考查内容

（一）管理类综合能力考试大纲

论证有效性分析试题的题干为一篇有缺陷的论证，要求考生分析其中存在的问题，选择若干要点，评论该论证的有效性。

本类试题的分析要点是：论证中的概念是否明确，判断是否准确，推理是否严密，论证是否充分等。

文章要求分析得当，理由充分，结构严谨，语言得体。

（二）经济类综合能力考试大纲

论证有效性分析试题的题干为一篇有缺陷的论证，要求考生分析其中存在的缺陷与漏洞，选择若干要点，围绕论证中的缺陷或漏洞，分析和评述该论证的有效性。

论证有效性分析的一般要点是：概念特别是核心概念的界定和使用是否准确并前后一致，有无明显的逻辑错误，论证的论据是否支持结论，结论成立的条件是否充分等。

文章根据分析评论的内容、论证程度、文章结构及语言表达给分。要求内容合理、论证有力、结构严谨、条理清楚、语言流畅。

第二节　评分标准[①]

（1）根据分析评论的内容给分，占 16 分。

（2）按论证程度、文章结构与语言表达给分，占 14 分。分四类卷给分。

一类卷（12～14 分）：分析论证有力，结构严谨，条理清楚，语言精练流畅。

二类卷（8～11 分）：分析论证较有力，结构较严谨，条理较清楚，语言较通顺，有少

[①] 本节引自管理类综合能力考试大纲中的评分标准，经济类综合能力考试大纲中并未给出评分标准。管理类综合能力考试论证有效性分析总分为 30 分，经济类综合能力考试论证有效性分析总分为 20 分。因此，参加经济类综合能力考试的同学可以先参考本节评分标准，再按照 2/3 的比例折算。后文涉及得分时，为了方便表达，都以管理类综合能力考试的评分标准为例。

量语病。

三类卷（4~7分）：尚有分析论证，结构不够完整，语言欠连贯，语病较多。

四类卷（0~3分）：明显偏离题意，内容空洞，条理不清，语句不通。

(3) 每3个错别字扣1分，重复的不计，至多扣2分。

(4) 书面不整洁，标点不正确，酌情扣1~2分。

💡 小贴士

关于分数

论证有效性分析的得分包含两部分，我们可以这样理解：第一部分是找到论证缺陷的分数，占16分；第二部分是行文表达的分数，占14分。考试中假如写了4个分析点，但是其中有1个分析点找错了，此时不仅会扣掉找点分的4分，还会扣掉这个分析点的语言表达分。可见，把题审对是拿到高分的必要条件。

总的来说，论证有效性分析题型的分数主要取决于以下因素：

（1）题目、开头和结尾基本不占分值。写对了不加分，写错了扣分。

（2）分析点写错不仅要扣找点分，还要扣掉此点的语言表达分。

（3）要避免错别字和标点错误，还要注意卷面整洁度，否则会酌情扣分，4分封顶。

第三节　真题及范文

💡 小贴士

关于真题引用年份

［199–2023］表示该材料选自2023年的199管理类综合能力考试真题。后文同理。

［199–2009–10］表示该材料选自2009年的10月举行的199管理类综合能力考试真题。后文同理。

［396–2020］表示该材料选自2020年的396经济类综合能力考试真题。后文同理。

关于真题题干

未特殊说明的情况下，论证有效性分析的题干要求均为：

分析下述论证中存在的缺陷和漏洞，选择若干要点，写一篇600字左右的文章，对该论证的有效性进行分析和评论。（论证有效性分析的一般要点是：概念特别是核心概念的界定和使用是否准确并前后一致，有无各种明显的逻辑错误，论证的论据是否成立并支持结论，结论成立的条件是否充分，等等。）

〔199–2020〕北京将联手张家口共同举办 2022 年冬季奥运会。中国南方的一家公司决定在本地投资设立一家商业性的冰雪运动中心。这家公司认为，该中心一旦投入运营，将获得可观的经济效益。这是因为：

北京与张家口共同举办冬奥会，必然会在中国掀起一股冰雪运动热潮。中国南方许多人从未有过冰雪运动的经历，会出于好奇心而投身于冰雪运动。这正是一个千载难逢的绝好商机，不能轻易错过。

而且，冰雪运动与广场舞、跑步等不一样，需要一定的运动用品，例如冰鞋、滑雪板与运动服装等等。这些运动用品价格不菲而具有较高的商业利润。如果在开展商业性冰雪运动的同时也经营冬季运动用品，则公司可以获得更多的利润。

另外，目前中国网络购物已经成为人们的生活习惯，但相对于网络商业，人们更青睐直接体验式的商业模态，而商业性冰雪运动正是直接体验式的商业模态，无疑具有光明的前景。

【参考范文】

商业性冰雪运动中心真的可以获得可观的收益吗

材料通过诸多论证试图得到商业性冰雪运动中心可以获得可观的收益的结论，然而，由于其论证过程中存在诸多缺陷，所以其结论的有效性也有待商榷。

首先，冬奥会的举办未必会在中国掀起一股冰雪运动的热潮。因为不同于篮球、乒乓球等其他运动，冰雪运动的推广不仅受到场地的限制，而且还受到地域环境和天气等因素的限制。

其次，中国南方许多人对冰雪运动有好奇心不代表他们就会投身于冰雪运动。一方面，从客观因素来看，南方很多城市不具备全民参与冰雪运动的气候条件；另一方面，从主观因素来看，参与冰雪运动需要具备一定的消费能力和良好的身体素质，很多人会因此受限。

再次，开展商业性冰雪运动的同时也经营冬季运动用品未必能获得更多的利润。因为发生销售行为未必会增加利润，利润是否增加还需要考量运营成本、进货成本、销量以及售价等其他诸多因素；不仅如此，由于冬季运动用品的售价较高且使用频率低，很多人可能会选择租用而不是购买。

最后，直接体验式的商业模态会得到青睐，不代表商业性冰雪运动会有更光明的前景。因为一种商业模态发展良好，不代表其每一个品类都发展良好；而且冰雪运动在普及的过程中，会受限于地域、消费能力、天气、季节等诸多因素，这些因素都很有可能阻碍商业性冰雪运动的发展。

综上，由于该论证过程存在诸多缺陷，因此其结论难以让人信服。

第二章　完整思路速览

论证有效性分析题型的理论非常复杂。但如果我们功利一点，以取得高分为目的，就会发现很多理论对于备考来说都是没有意义的，甚至还会把简单的问题复杂化。大家把主要精力用于学习理论，反而会忽视对题目本身理解和分析。

实际上，要想在论证有效性分析中取得高分，只需要四步。

第一步：画圈——缩小审题范围，找到可疑语句。

第二步：选点——锁定 3～5 个分析点。

第三步：标注理由关键词——找到核心理由。

第四步：串词行文——将审题结果串联成完整文章。

下面先以一段短材料为例，直观地理解一下什么是四步写作法。

已知材料：在市场经济条件下，生产过剩实际上只是一种假象。只要生产企业开拓市场、刺激需求，就能提高销量。

上述材料的审题和行文流程如下。

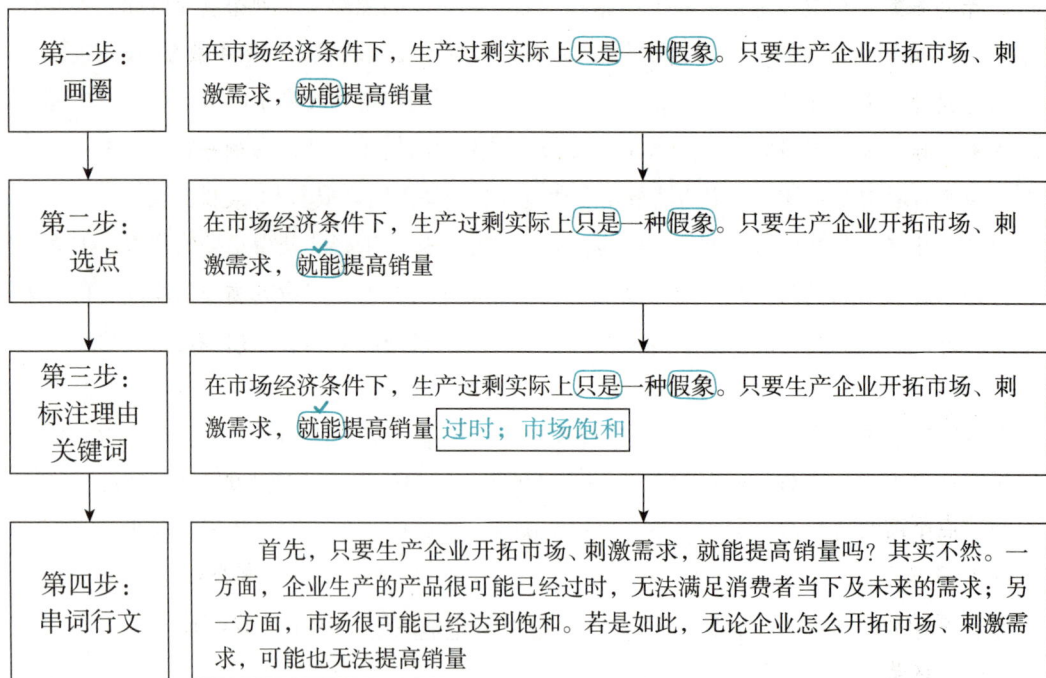

第一步：画圈	在市场经济条件下，生产过剩实际上只是一种假象。只要生产企业开拓市场、刺激需求，就能提高销量
第二步：选点	在市场经济条件下，生产过剩实际上只是一种假象。只要生产企业开拓市场、刺激需求，就能提高销量
第三步：标注理由关键词	在市场经济条件下，生产过剩实际上只是一种假象。只要生产企业开拓市场、刺激需求，就能提高销量 过时；市场饱和
第四步：串词行文	首先，只要生产企业开拓市场、刺激需求，就能提高销量吗？其实不然。一方面，企业生产的产品很可能已经过时，无法满足消费者当下及未来的需求；另一方面，市场很可能已经达到饱和。若是如此，无论企业怎么开拓市场、刺激需求，可能也无法提高销量

接下来，再以 2020 年管理类综合能力考试真题为例，为大家演示一下论证有效性分析四步写作法。（此处建议大家观看视频教程，可以更加直观地理解论证有效性分析的四步写作法。）

[199-2020] 北京将联手张家口共同举办 2022 年冬季奥运会。中国南方的一家公司决定在本地投资设立一家商业性的冰雪运动中心。这家公司认为，该中心一旦投入运营，将获得可观

的经济效益。这是因为：

北京与张家口共同举办冬奥会，必然会在中国掀起一股冰雪运动热潮。中国南方许多人从未有过冰雪运动的经历，会出于好奇心而投身于冰雪运动。这正是一个千载难逢的绝好商机，不能轻易错过。

而且，冰雪运动与广场舞、跑步等不一样，需要一定的运动用品，例如冰鞋、滑雪板与运动服装等等。这些运动用品价格不菲而具有较高的商业利润。如果在开展商业性冰雪运动的同时也经营冬季运动用品，则公司可以获得更多的利润。

另外，目前中国网络购物已经成为人们的生活习惯，但相对于网络商业，人们更青睐直接体验式的商业模态，而商业性冰雪运动正是直接体验式的商业模态，无疑具有光明的前景。

第一步：画圈

通过圈出论证关联词、绝对化的模态词、谬误标志词等，提高审题效率，快速找到可疑的语句。

北京将联手张家口共同举办 2022 年冬季奥运会。中国南方的一家公司决定在本地投资设立一家商业性的冰雪运动中心。这家公司认为，该中心一旦投入运营，将获得可观的经济效益。这是因为：

北京与张家口共同举办冬奥会，必然会在中国掀起一股冰雪运动热潮。中国南方许多人从未有过冰雪运动的经历，会出于好奇心而投身于冰雪运动。这正是一个千载难逢的绝好商机，不能轻易错过。

而且，冰雪运动与广场舞、跑步等不一样，需要一定的运动用品，例如冰鞋、滑雪板与运动服装等等。这些运动用品价格不菲而具有较高的商业利润。如果在开展商业性冰雪运动的同时也经营冬季运动用品，则公司可以获得更多的利润。

另外，目前中国网络购物已经成为人们的生活习惯，但相对于网络商业，人们更青睐直接体验式的商业模态，而商业性冰雪运动正是直接体验式的商业模态，无疑具有光明的前景。

第二步：选点

锁定最终要分析的有缺陷的论证。对画圈的语句进行判定，在可以分析的语句的圈上打对号。找的点不需要全，也不需要很多，3～5 个即可。

北京将联手张家口共同举办 2022 年冬季奥运会。中国南方的一家公司决定在本地投资设立一家商业性的冰雪运动中心。这家公司认为，该中心一旦投入运营，将获得可观的经济效益。(1) 这是因为：(2)

北京与张家口共同举办冬奥会，必然会在中国掀起一股冰雪运动热潮。(3) 中国南方许多人从未有过冰雪运动的经历，会出于好奇心而投身于冰雪运动。(4) 这正是一个千载难逢的绝好商机，不能轻易错过。

而且，冰雪运动与广场舞、跑步等不一样，需要一定的运动用品，例如冰鞋、滑雪板与运动服装等等。(5) 这些运动用品价格不菲而具有较高的商业利润。如果在开展商业性冰雪运动的同时也经营冬季运动用品，则公司可以获得更多的利润。(6)

另外，目前中国网络购物已经成为人们的生活习惯，但相对于网络商业，人们更青睐直接体验式的商业模态，而商业性冰雪运动正是直接体验式的商业模态，无疑具有光明的前景。(7)

打对号过程中的思考：直接看有圈的语句，没有圈的语句先跳过。要寻找的对象是有缺陷的论证。

语句（1）：该句为文章总论点，不能分析。

语句（2）：该句在引出文章总论点对应的论据，其论证结构较为复杂，通常不优先分析。

语句（3）：该句是论证，且表达过于绝对、论证过程不合理，可以分析，打对号。

语句（4）：该句是论证，且论证过程不合理，可以分析，打对号。

语句（5）：该句在陈述事实，不是论证，不能分析。

语句（6）：该句是论证，且论证过程不合理，可以分析，打对号。

语句（7）：该句是论证，且表达过于绝对、论证过程不合理，可以分析，打对号。

中间段一般写 3~5 段论证谬误，审题和行文难度比较适中的情况下，一般写 4 个中间段即可。此时已经有 4 个语句打了对号，审题结束。

第三步：标注理由关键词

在对号旁边标注理由的关键词，该步骤不仅是在列提纲、提高行文效率，还可以检验正误、提高准确率。

如果大家想在考场拿高分，那么在这一步上不应依赖模板，而是要深入思考。在标注理由关键词时，不需要非常详细，自己能看懂即可。

北京将联手张家口共同举办 2022 年冬季奥运会。中国南方的一家公司决定在本地投资设立一家商业性的冰雪运动中心。这家公司认为，该中心一旦投入运营，将获得可观的经济效益。(1) 这是因为：(2)

北京与张家口共同举办冬奥会，必然会（专业性、危险、气候）在中国掀起一股冰雪运动热潮。(3) 中国南方许多人从未有过冰雪运动的经历，会（身体素质、消费能力）出于好奇心而投身于冰雪运动。(4) 这正是一个千载难逢的绝好商机，不能轻易错过。

而且，冰雪运动与广场舞、跑步等不一样，需要一定的运动用品，例如冰鞋、滑雪板与运动服装等等。(5) 这些运动用品价格不菲而具有较高的商业利润。如果在开展商业性冰雪运动的同时也经营冬季运动用品，则（销售成本、采购成本、使用率低、租用）公司可以获得更多的利润。(6)

另外，目前中国网络购物已经成为人们的生活习惯，但相对于网络商业，人们更青睐直接体验式的商业模态，而商业性冰雪运动正是直接体验式的商业模态，无疑（难学、成本高）具有光明的前景。(7)

第四步：串词行文

先将对号所在的论证及标注的理由关键词梳理成语句，构建各分析点，再搭配题目、开头、结尾，整理成文章。

标注完理由关键词，我们就完成了审题的所有步骤。找到了四组有缺陷论证的前提、结论和理由（对号的前后通常就是论证的前提和结论，对号旁边标注的是理由）。

通过前三个步骤，我们的审题结果如下（考场上只需要去四个对号附近寻找以下内容即可）：

分析点一：前提（北京与张家口共同举办冬奥会）＋结论（会在中国掀起一股冰雪运动热潮）＋理由（专业性、危险、气候）。

分析点二：前提（中国南方许多人从未有过冰雪运动的经历）＋结论（会出于好奇心而投身于冰雪运动）＋理由（身体素质、消费能力）。

分析点三：前提（在开展商业性冰雪运动的同时也经营冬季运动用品）＋结论（公司可以获得更多的利润）＋理由（销售成本、采购成本、使用率低、租用）。

分析点四：前提（商业性冰雪运动正是直接体验式的商业模态）＋结论（无疑具有光明的前景）＋理由（难学、成本高）。

接下来，我们只需要将审题结果代入论证有效性分析的基本框架，将每个有缺陷论证的前提、结论和理由合理串联即可。

论证有效性分析的基本框架（基本框架的表达方式可以根据自己的喜好调整）：

总结论＋吗（题目）

上述材料通过诸多论证试图证明"（总结论）"这一结论。然而，由于其在论证过程中存在诸多缺陷，其结论也是难以让人信服的。（开头）

首先，指出论证缺陷＋分析原因。（参考句式：①A 未必 B，因为……。②A 就一定 B 吗？其实不然；很可能……，若是如此，则其结论难以成立。③A 和 B 之间没有必然的关联，因为……。下同。）（分析点一）

其次，指出论证缺陷＋分析原因。（分析点二）

再次，指出论证缺陷＋分析原因。（分析点三）

最后，指出论证缺陷＋分析原因。（分析点四）

综上，其论证难以让人信服。（结尾）

最终的考场文章参考如下：

冰雪运动中心将获得可观的经济效益吗

上述材料通过诸多论证试图证明"南方的一家公司在本地设立冰雪运动中心将获得可观的经济效益"这一结论。然而，由于其在论证过程中存在诸多缺陷，其结论也是难以让人信服的。

首先，北京与张家口共同举办冬奥会，必然会在中国掀起一股冰雪运动热潮吗？其实不然。要知道冰雪运动是一项专业性较强、具有一定危险性的运动，如果没有专业人员的指导，往往难以开展；更重要的是，中国大部分地区受气候、温度等因素的影响，很难达到创造雪地的条件，故冬奥会未必会掀起冰雪运动热潮。

其次，中国南方许多人从未有过冰雪运动的经历，未必就会出于好奇心而投身其中。因为冰雪运动属于高强度的运动，需要人们有较强的身体素质，而大部分南方人由于缺乏相关经验，很可能无法适应；此外，参加冰雪运动也需要一定的消费能力，若价格超过了大部分人的预期，他们很可能不会消费。

再次，开展商业性冰雪运动的同时也经营冬季运动用品不一定能让公司获利。因为企业能否获利涉及自身的销售成本、采购成本等诸多因素；不仅如此，消费者考虑到冬季运动用品的价格高且使用率低，很可能不会选择购买而选择租用，那么企业就不一定能获利了。

最后，人们更青睐直接体验式的商业模态并不意味着商业性冰雪运动具有光明的前景。因为人们喜欢这个属性不等于喜欢具有这个属性的所有事物。若是人们都因冰雪运动难学或是学习成本高等因素不选择冰雪运动，那么即使其具有直接体验式的商业模态，也难以发展。

综上，其论证难以让人信服。

至此，我们仅用四步就完成了一篇论证有效性分析。学到这里，如果大家依然觉得很困惑，不理解每个步骤为什么这么做、什么词要圈、什么语句要分析等，不用心慌，我将在后面的章节中给大家详细讲解；如果大家豁然开朗，忽然觉得论证有效性分析好简单，随随便便就可以写出来，也不要轻敌。因为刚刚所讲的例子难度较低，大多数真题的难度要远超于此，大家需要通过更为深入、细致的学习来应对。

接下来，我们将通过后续的章节来解决这些问题。

第三章　结构

第一节　常规结构

论证有效性分析的常规结构非常简单，不需要也不建议在结构上尝试创新。其常规结构如下所示：

```
          题目
开头
首先，分析点一
其次，分析点二
再次，分析点三
最后，分析点四
结尾
```

其中，题目、开头、结尾为固定组成部分，且这三部分套路性较强，对分数的影响非常小，所以可以直接学习固定套路。

各分析点为主体段落，通常占 3～5 段，段落数量可以根据材料的难易程度进行调整，写 3 段、4 段还是 5 段，对分数的高低没有直接影响。

每个段落中的分析点本质都基本相同，因此，大家只要能把其中一段的分析点写清楚，基本上就可以把所有的分析点都写清楚。因此，我们在行文部分学习的重点是如何把一段分析点写清楚。

第二节　特殊结构

论证有效性分析的结构并非完全固定，只是因为大多数真题材料都是一篇完整的论证，我们在陈述其论证缺陷的时候可以逐点展开，使结构变得相对固定。但当题干所给的材料中出现多个论证者时，其结构也可以相应调整，从而使层次更加清晰。

以 2008 年管理类综合能力考试真题为例。

下面是一段关于中医的辩论。请分析甲、乙双方的辩论在概念、论证方法、论据及结论等方面的有效性，600 字左右。

甲：有人以中医不能被西方人普遍接受为理由，否定中医的科学性，我不赞同。西方人不能普遍接受中医是因为他们不理解中国的传统文化。

乙：世界上有不同的文化，但科学标准是相同的。科学研究的对象是普适的自然规律，因此，科学没有国界，科学的发展不受民族或文化因素的影响。将中医的科学地位不为西方科学界认可归咎于西方人不了解中国文化，是荒唐的。

甲："科学无国界"是一个广为流传的谬误。如果科学真的无国界，为什么外国制药公司会诉讼中国企业侵犯其知识产权呢？

乙：从科学角度看，现代医学以生物学为基础，而生物学又建立在物理、化学等学科的基础之上。但中医的发展不以这些学科为基础，因此，它与科学不兼容，这样的东西只能是伪科学。

甲：中医有几千年的历史了，治好了那么多人，怎么可能是伪科学呢？人们为什么崇尚科学？是因为科学对人类有用。既然中医对人类有用，凭什么说它不是科学？西医自然有长于中医的地方，但中医同样有长于西医之处。中医体现了对人体完整系统的把握，强调整体观念、系统思维，这是西医所欠缺的。

乙：我去医院看西医，人家用现代科技手段从头到脚给我检查一遍，怎么能说没有整体观念、系统思维呢？中医在中国居于主导地位的时候，中国人的平均寿命在古代和近代都只有三十岁左右；现代中国人平均寿命提高到七十岁左右，完全拜现代医学之赐。

该年真题的材料中，甲、乙在交替论证，我们的论证有效性分析可以按照材料的行文顺序展开。但这种方式在阅卷者看来思路不够清晰。若是我们将结构调整一下，分别阐述甲和乙各自的论证，则行文逻辑将会更为流畅。需要注意的是，遇到这样的文章，不仅文章的结构需要调整，其题目、开头、结尾等内容也需要随之调整。文章结构可以调整如下：

题目：关于中医的论辩合理吗

开头：上述材料中，甲、乙围绕中医话题各自展开了诸多论证，然而由于其各自的论证过程中均存在诸多缺陷，所以他们各自得出的结论也是难以令人信服的。

引导句：我们先来看甲的论证。

分析点一：第一……

分析点二：第二……

引导句：我们再来看乙的论证。

分析点三：第一……

分析点四：第二……

结尾：综上，甲、乙各自论证的合理性都有待进一步商榷。

第四章　核心段落

第一节　核心段落的基本思路

论证有效性分析文章中，核心段落的构成包括两部分：引入和分析。

引入：指出哪里错了。

分析：说明为什么错了。

示例

题干材料：据统计，我国 2019 年的人均预期寿命已经达到 77.3 岁，这说明老年人的健康水平大大提高了。

参考段落：【段首关联词】首先，【引入】2019 年的人均预期寿命提升，不代表老年人的健康水平大大提高。【分析】一方面，人均预期寿命不等同于实际寿命，很可能受疫情、灾难等因素影响，人均实际寿命反而下降；另一方面，很可能大多数老年人寿命提升的同时伴随着各种疾病的困扰，其健康水平并未提高。

一、核心段落的保底方案——万能模板

所谓的保底方案，也就是万能模板，在考场上并不建议大家优先使用，因为万能模板很难拿到高分。但如果同学们担心考试时会大脑短路、发挥失常、没有思路，还是可以熟悉一下万能模板，以备不时之需。大家可参考《背诵篇》，积累更多万能话术。

示例

上述论述（论证者／材料／论述者／论证）通过（　　　）得出（　　　）的结论。该论证过程是值得商榷的（有失偏颇的／不可信的）。很有可能真实的情况是（　　　）。因此，论证者无法得出其结论。

【应用】上述论述通过"女生都是爱逛街的"得出"女生都败家"的结论。该论证过程是值得商榷的。很有可能真实的情况是，女生为了在对比的过程中寻找性价比更高的产品，或者是为了了解最新的流行趋势而逛街，并没有出现大量败家的消费行为。因此，论证者无法得出其结论。

二、核心段落的优化方案——三要素串词法

上述保底方案主要聚焦于话术的学习，但"话术"既不是重点也不是难点。我们的日常表达书面化、普适化，就是非常精彩的话术，并不需要刻意地学习和背诵。

这里先和大家对比一下，保底方案、日常表达和日常表达书面化的区别。

已知材料：如果努力，就会成功。

保底方案：上述材料中，论证者认为"如果努力，就会成功"，然而由于其在论证过程中存在逻辑缺陷，所以其结论也是难以让人信服的。努力和成功两者之间并不存在必然的逻辑关联，很可能真实的情况是，很多人虽然非常努力，但是并没有成功。故不能基于努力这一前提便得到成功这一结论。（该段落不是最优选项，话术过于套路化。）

日常表达：努力不一定就能成功。例如，我有个朋友就特别努力，但是特别倒霉。他高中的时候天天起早贪黑地学习，结果高考前一天感冒了，考试那一天又起晚了，连考场都没进去，最后也没有成功。所以不能说努力就会成功。（该段落不建议使用，因为表达过于日常化，举的例子也不具有普适性，可以将该表达优化成下述段落。）

日常表达书面化：努力未必就会成功。成功与否不仅仅取决于主观的意愿和行动，还取决于客观的需求和机遇。很有可能真实的情况是，虽然有的人非常努力，但是由于其运气比较糟糕，没能在机遇来临时抓住机会，最终也会失败。若是如此，则其论证就难以成立了。

不难看出，保底方案基本就是废话的堆叠；日常表达不具有普适性；将日常表达书面化、普适化以后，就得到了我们的优化方案。

论证有效性分析核心段落的优化方案，抛开了所有的套路，回归这种题型的本质。

在教学过程中，我一直在探索怎样让大家放弃对套路的依赖，从而加深对内容的思考，同时能够在考场上快速行文。经过反复的实践后，我发现大道至简，当理论足够简单时，大家才能投入思考。因此，我对论证有效性分析的核心段落进行了极简化处理。通过串词的方式，便可快速构建出一个非常精彩的段落。这也就是我们的核心段落优化方案——三要素串词法。

什么是论证有效性分析三要素？即前提、结论和理由关键词。三要素串词法就是在找到论证有效性分析三要素后，把三要素作为段落框架，将它们逻辑清晰地串联在一起，即可构成一个分析段落。串联过程中，需要指出由前提无法得出结论，并用理由关键词所对应的内容加以解释。

接下来，通过示例对此进行说明。

示例一

材料：如果努力，就会成功。

前提：努力。

结论：成功。

理由关键词：天赋、机遇、努力的方向、竞争对手实力等。

参考段落一[①]：努力未必会成功。因为成功与否还取决于天赋、机遇、努力的方向、竞争对手的实力等诸多因素。很有可能有的人虽然非常努力，但是由于没有找准努力的方向，一直在

[①] 参考段落并非最佳段落，也不是唯一段落，而是在基本保持段落原貌的情况下进行的微调，全书同。

错误的方向上坚持，这样非但不会成功，而且还会增加失败的可能性。

参考段落二：如果努力，就会成功吗？其实不然。第一，很有可能有的人虽然非常努力，但是由于没有找准努力的方向，一直在错误的方向上坚持，这样非但不会成功，而且还会增加失败的可能性；第二，天赋也会影响努力的结果；第三，若是竞争对手实力过强，也有可能会导致我们失去成功的机会。

参考段落三：努力和成功之间并不存在必然的关联。很有可能有的人虽然非常努力，但是由于没有找准努力的方向，一直在错误的方向上坚持，这样非但不会成功，还会增加失败的可能性；不仅如此，天赋也会影响努力的结果；更重要的是，若是竞争对手实力过强，也有可能会导致我们失去成功的机会。

小贴士

1. 不必拘泥于这些串联的话术，用自己习惯的方式逻辑清晰地表达即可。但需要使用书面语言进行表述。

2. 如果理由关键词较多，可以从中挑选几个核心关键词；如果理由关键词较少，则可将单个理由关键词进行详细描述；如果找不到理由关键词，就需要继续思考或者选择保底方案。

示例二

材料：如果在开展商业性冰雪运动的同时也经营冬季运动用品，则公司可以获得更多的利润。

前提：在开展商业性冰雪运动的同时也经营冬季运动用品。

结论：公司可以获得更多的利润。

理由关键词：运营成本、进货成本、销量、售价、租用等。

参考段落：开展商业性冰雪运动的同时也经营冬季运动用品未必会获得更多的利润。因为发生销售行为未必会增加利润，利润是否增加还需要考量运营成本、进货成本、销量以及售价等其他诸多因素；不仅如此，因为冬季运动用品的售价较高且使用率低，很多人可能不会选择购买而是会选择租用。

示例三

材料：在知识经济时代，任何人所掌握的知识，都只是沧海一粟。这使得在培养与选拔人才时，知识尺度已变得毫无意义。

前提：任何人所掌握的知识都只是沧海一粟。

结论：在培养与选拔人才时，知识尺度已变得毫无意义。

理由关键词：衡量广度和深度、灵活运用。

参考段落：首先，由任何人所掌握的知识都只是沧海一粟，难以推出在培养与选拔人才时知识尺度已变得毫无意义。沧海一粟是个体知识相对于整体知识而言的，而培养与选拔人才是不同个体之间的比较。知识尺度能更好地衡量不同个体在他所在行业和领域掌握知识的广度和深度，以及是否可以正确灵活地运用，故知识尺度依然是有意义的。

示例四

材料：默默无闻的善举一旦被媒体大力宣传，当事人必然会受到社会的肯定与赞赏，而这就是社会对他的回报。

前提：默默无闻的善举被媒体大力宣传。

结论：当事人会受到社会的肯定与赞赏。

理由关键词：标准不同、烂好人、炒作。

参考段落：默默无闻的善举一旦被媒体大力宣传，当事人必然会受到社会的肯定与赞赏吗？其实不然。一方面，每个人对善恶的界定标准不同，很多默默无闻的善举很可能被贴上"烂好人""纵容弱者"等标签；另一方面，善举被宣传后，当事人反而可能会遭到质疑，被认为并不是真正想做善事，有炒作的嫌疑。

第二节　跟着大纲走——引入话术

如果大家依然不会用自己的话术来进行谬误的引入，那么最安全有效的办法就是参考官方考试大纲的表达。

每一年论证有效性分析的官方考试大纲中，都给出了前一年考试试题的参考分析要点，可以为我们选择分析要点提供方向。

以2020年管理类综合能力考试中论证有效性分析的真题为例，考试大纲给出的分析要点如下。

（1）冰雪运动的热潮主要表现为对冰雪运动的关注，它与参与冰雪运动之间缺乏必然的逻辑联系。

（2）南方许多人没有冰雪运动的经历，可能出于好奇心而投身于冰雪运动，但也有可能没有这种经历或没有好奇心而不参加冰雪运动。

（3）公司经营冬季运动用品，未必可以获得更多的利润。

（4）相对于网络购物，人们未必更青睐直接体验式的商业模态。

（5）即使人们更青睐直接体验式的商业模态，未必就青睐冰雪运动。

（6）对其他因素缺乏考虑，如在南方开展冰雪运动成本较高，也有可能影响利润。

考试大纲的分析要点通常只有100～300字，无法直接作为参考范文。其给出的是论证中存在的主要问题，我们需要在此基础上完善成一篇完整的文章。

并且，考试大纲给出的通常是引入话术，我们可以参考这些引入话术，并在此基础上，构建一篇完整的文章。

这里和大家一起总结一下考试大纲常用的引入话术。

> ☀ **小贴士**
>
> 1. 以下话术均引自教育部教育考试院所编写的《考试大纲》。
>
> 2. 该总结覆盖了管理类 2016—2023 年，共计八年的参考分析角度，无一遗漏。
>
> 3. 通过该总结不难发现，考试大纲的表达具有一定的趋同性。大纲不在乎表达是否丰富，而在乎能否一针见血地将谬误阐述清楚。故大家可以参考大纲的表达方式进行引入。

大纲话术一：不等于

【应用场景】 当材料中将两个相似的概念或语句当成相同的概念或语句时，可以应用该话术。

【参考话术】 A 不等于 B；A 不能等同于 B；A 和 B 的内涵不同；A，但这不是 B；A 和 B 不是同一概念；核心概念的界定前后不一致。

[199 考纲 -2023] 人均预期寿命的延长不等于健康寿命的延长，不是老年人应该继续工作的充分条件。

[199 考纲 -2022]"当事人"不事张扬，不能等同于其"善事"不为人所知。

[199 考纲 -2021] 核心概念的界定前后不一致，"眼见为实"的"实"和文中"眼所见者未必实"的"实"内涵不同。

[199 考纲 -2021] 房子的"无"具有"实际效用"，但这不是"未见者为实"之"实"（真实）。

[199 考纲 -2018] 核心概念被混淆，哲学上的"物质"和物质生活的"物质"不是同一个概念。

[199 考纲 -2017] 人的本性是好利恶害的，但人的本性不能等同于人的行为，由于后天的教育或环境会影响其思想，所以人们未必"都"会追求奖赏、逃避刑罚。

[199 考纲 -2016] 劳动力市场需求大于供给不等于大学毕业生的市场需求大于供给，所以不能由此推出"我国的大学毕业生其实是供不应求的"。

大纲话术二：未必

【应用场景】 该类话术普适度较高，当材料基于某一前提而错误地推出某一结论时，可以应用该话术。

【参考话术】 A 未必 B；A 不能（由此）推出 B；A 不一定 B；A 并不意味着 B；不能推断。

[199 考纲 -2023] 老年人退出劳动力市场，未必会造成劳动力短缺。

[199 考纲 -2023] 老年人继续工作，不一定能解决劳动力短缺问题。

［199 考纲 –2023］工作即使是一种有规律的生活方式，也不一定有益于老年人的身体健康。

［199 考纲 –2022］社会道德精神的传播不一定要借助大众媒体，也可以通过家庭或学校教育。

［199 考纲 –2021］父母和子女因为感情深厚而不讲究礼节，不能推出讲究礼节是感情不深的表现。

［199 考纲 –2020］公司经营冬季运动用品，未必可以获得更多的利润。

［199 考纲 –2020］相对于网络购物，人们未必更青睐直接体验式的商业模态。

［199 考纲 –2020］即使人们更青睐直接体验式的商业模态，未必就青睐冰雪运动。

［199 考纲 –2019］所谓"选择越多越快乐"，其中的选择再多也是有限的，所以并不"意味着"选择者有无穷的选择。选择者不可能去追求无穷的选择，也就无所谓"不知足"。

［199 考纲 –2019］从"知足常乐"不能推出"不知足者就不会感到快乐"而"只会感到痛苦"。

［199 考纲 –2019］考察分析更多的选项虽然要付出更多的精力，但也可能带来探索的乐趣，而未必带来更多的烦恼和痛苦。

［199 考纲 –2019］人们的多种选择可能都合适，选项多少和选择失误之间未必存在正比关系，所以"选择越多，选择产生失误的概率就越高"等说法未必正确。

［199 考纲 –2017］人的本性是好利恶害的，但人的本性不能等同于人的行为，由于后天的教育或环境会影响其思想，所以人们未必"都"会追求奖赏、逃避刑罚。

［199 考纲 –2017］"好利"也可能追求其他的利益而不追求奖赏，所以不能推出"好利"的人都会追求奖赏。同样，"恶害"也可能逃避其他的伤害而不逃避刑罚，所以不能推出"恶害"的人都会逃避刑罚。

［199 考纲 –2017］好利恶害不等于唯利是图而不顾礼义廉耻，由于法律和道德的约束，廉洁之士是存在的，不能由"好利恶害"推出"没有可能"找到廉洁之士。

［199 考纲 –2017］监察官即使欲利，但由于本身职责的限制，加上和其他官员共谋私利也要具备一定的条件，所以未必会和其他官员共谋私利，说"只能"使他们共谋私利的判断过于绝对，更不能据此来否定设置监察官的合理性。

［199 考纲 –2017］"利用赏罚的方法来促使臣民去监督"，未必就能使以权谋私的罪恶行为无法藏身，因为揭发的前提是对其以权谋私事实的了解，而臣民对官员们以权谋私的事实未必都了解。更何况了解以权谋私事实的人未必因为有了奖赏就去揭发，有的还会因为具有共同的利益而有意隐瞒。

［199 考纲 –2017］即使以权谋私的罪恶行为无法藏身，但如果不受到严厉的惩罚或犯罪成本很低，贪婪的人还会以权谋私，所以不能得出"最贪婪的人也不敢以权谋私"的结论。

［199 考纲 –2016］劳动年龄人口的绝对减少使劳动力供求比例发生变化，但不一定导致劳动力供应从过剩变成短缺。

［199考纲–2016］劳动力市场需求大于供给不等于大学毕业生的市场需求大于供给，所以不能由此推出"我国的大学毕业生其实是供不应求的"。

［199考纲–2016］受教育程度越高，适应能力未必就越强、就越容易就业。

［199考纲–2016］其他社会群体中也有比大学生容易就业的群体，所以不能推断大学生比其他社会群体更容易就业。

［199考纲–2016］即使大学生比某些社会群体容易就业，也不能得出大学生就业不难的结论。

大纲话术三：不能用来否定

【应用场景】　该语句主要适用于两种情况：一是题干材料基于某一前提而否定某一结论时，我们可以应用该话术；二是题干材料出现了概念或语义的混淆，导致后文的表述歪曲了前文的本意时，也可以应用该话术。

【参考话术】　A不能用来否定B。

［199考纲–2022］善举被大力宣传后为更多的人所了解，不能用来否定当事人做事时的默默无闻。

［199考纲–2022］社会对当事人的肯定与赞赏，不能用来否定当事人无私奉献的动机。

［199考纲–2021］地球自转的实情，不能用来否定我们看到的"旭日东升，夕阳西下"这一实况。

［199考纲–2018］物质生活丰裕的人，往往会更注重精神生活，这并不能用来否定一些人只沉溺于物质享受而忽略精神追求的事实。

［199考纲–2018］"物质生活的丰富"和"物质主义潮流"概念不同，"物质生活的丰富"即使不会"冲击人类的精神世界"，也不能用来否定"物质主义潮流将极大地冲击人类社会固有的价值观念"这一命题。

大纲话术四：也可能

【应用场景】　当题干材料基于某一前提而过于绝对地推出某一结论时，可以应用该话术。

【参考话术】　A也可能B。

［199考纲–2021］亲眼看到的，其实不只是事物的表象，也可能是真相。

［199考纲–2021］有人对你很客气，也有可能真的对你好。

［199考纲–2020］南方许多人没有冰雪运动的经历，可能出于好奇心而投身于冰雪运动，但也有可能没有这种经历或没有好奇心而不参加冰雪运动。

［199考纲–2020］对其他因素缺乏考虑，如在南方开展冰雪运动成本较高，也有可能影响利润。

［199考纲–2019］考察分析更多的选项虽然要付出更多的精力，但也可能带来探索的乐趣，而未必带来更多的烦恼和痛苦。

[199 考纲 –2019]"因为飞机晚点而后悔没选坐高铁",其后悔的原因明明是"飞机晚点",说"是因为可选交通工具多样而造成的"显属归因谬误。如果没有高铁可选,可能也会有这种后悔和痛苦。

[199 考纲 –2018]物质生活和精神生活之间不存在简单的正比关系,物质生活的丰富不一定使精神生活更加充实,物质主义潮流也有可能造成人类精神世界的空虚。

[199 考纲 –2017]"好利"也可能追求其他的利益而不追求奖赏,所以不能推出"好利"的人都会追求奖赏。同样,"恶害"也可能逃避其他的伤害而不逃避刑罚,所以不能推出"恶害"的人都会逃避刑罚。

大纲话术五:缺乏必然的逻辑联系

【应用场景】 当题干材料的前提与结论之间缺乏逻辑关联性时,可以应用该话术。

【参考话术】 A 与 B 之间缺乏必然的逻辑联系;A 与 B 无直接因果关系。

[199 考纲 –2020]冰雪运动热潮主要表现为对冰雪运动的关注,它与参与冰雪运动之间缺乏必然的逻辑联系。

[199 考纲 –2019]"股民懊悔自己没有选好股票而赚到更多的钱"与"可选购的股票太多"无直接因果关系。

大纲话术六:不存在简单的正比关系

【应用场景】 当材料中的两个条件呈现出正比关系时,如出现"越……越……"等表达时,可应用该话术。

【参考话术】 A 和 B 之间不存在简单的正比关系。

[199 考纲 –2019]人们的多种选择可能都合适,选项多少和选择失误之间未必存在正比关系,所以"选择越多,选择产生失误的概率就越高"等说法未必正确。

[199 考纲 –2018]物质生活和精神生活之间不存在简单的正比关系,物质生活的丰富不一定使精神生活更加充实,物质主义潮流也有可能造成人类精神世界的空虚。

大纲话术七:自相矛盾

【应用场景】 当题干材料中的论证前后出现矛盾时,可应用该话术。

【参考话术】 自相矛盾;也和这一判断相矛盾。

[199 考纲 –2022]"默默无闻、无私奉献是人们尊崇的德行"与"不可能成为社会的道德精神"自相矛盾。

[199 考纲 –2016]"实际上,一部分大学生就业难""大学生的就业难问题将不复存在",表明当今存在大学生的就业难问题,这与大学生就业并不难的论点自相矛盾。

[199 考纲 –2014]"监督机制能确保企业内部各级管理者无法敷衍塞责。"事实上,即使有了监督机制,也不能确保所有管理者不敷衍塞责。后文所说"万一有人敷衍塞责",也和这一判

断相矛盾。

大纲话术八：其他

［199 考纲 –2023］《宪法》还规定了退休制度，不能片面引用某一条款来论证老年人应该继续工作。

［199 考纲 –2023］老年人增加收入的方式有多种，继续工作只是其中之一。

［199 考纲 –2018］后物质主义只是国外某个学派所提出的观点，这种观点能否普遍地说明社会问题，还需要实践的检验和学术界的认同。

［199 考纲 –2018］文中的社会调查是否具有代表性，可以质疑；而调查样本的数量是否足够，文章也没有加以说明。因此，这一论据缺乏有效性。

第三节　跟着大纲走——分析思路

论证有效性分析的题干要求：

分析下述论证中存在的缺陷和漏洞，选择若干要点，写一篇 600 字左右的文章，对该论证的有效性进行分析和评论。（论证有效性分析的一般要点是：概念特别是核心概念的界定和使用是否准确并前后一致，有无各种明显的逻辑错误，论证的论据是否成立并支持结论，结论成立的条件是否充分，等等。）

题干要求明确给出了分析的方向（此处可以与上一节内容结合）：

分析方向一：概念特别是核心概念的界定和使用是否准确并前后一致（该分析方向常用的引入话术："不等于"等）。

分析方向二：有无各种明显的逻辑错误（该分析方向常用的引入话术："自相矛盾""不具有代表性"等）。

分析方向三：论证的论据是否成立并支持结论（该分析方向常用的引入话术："未必""不能用来否定""缺乏必然的逻辑关联""不存在简单的正比关系"等）。

分析方向四：结论成立的条件是否充分（该分析方向常用的引入话术："也可能"等）。

> ### 🔆 小贴士 1
>
> 分析方向三包含两类常见分析角度：一类是论据不成立，多用于指出样本不合理、数据不具有代表性等；另外一类是指出基于论据无法得到结论，通常我们需要指出"其忽略了其他可能的结果"。分析方向四通常指的是其论据无法充分地证明结论，结论成立还需要其他论据，通常我们需要指出"其忽略了其他可能的原因"。
>
> 很多题目既可以指出"其忽略了其他可能的结果"，也可以指出"其忽略了其他可能的原因"，也就是说在很多题中既可以使用分析方向三，也可以使用分析方向四。如果大家分不清两者，也不用过于纠结。

行文时，是否需要点明谬误类型？

答案是不需要。故本书中也没有对谬误类型进行讲解和区分。

不需要的原因有三：一是模板痕迹重；二是增加了备考难度；三是考试大纲给出的官方参考解析中没有明确指出谬误类型。但需要强调的是，大家在学习时还是要了解一些常见的谬误类型，这样可以提高大家识别谬误的速度，增加分析谬误的深度。

历年考试大纲中所给出的参考分析点也是从这几个角度展开的。虽然考试大纲的参考解析中没有给出完整的文章和段落，而仅仅提供了参考分析角度。但通过其表述方式，我们也能看出其分析方向。

以 2023 年管理类综合能力考试论证有效性分析真题为例。我们一起尝试在参考分析点的基础上完善段落，找到考试大纲潜在的分析方向。

随着人口的老龄化，大家都在谈论老年人还要不要继续工作的话题。我们认为，老年人应该继续工作。

我国《宪法》规定："中华人民共和国公民有劳动的权利和义务。"由此可见，老年人继续工作是法律赋予他们的权利。

据统计，我国 2019 年的人均预期寿命已经达到 77.3 岁，这说明老年人的健康水平大大提高了，所以老年人完全有能力继续工作。

如果老年人不再继续工作而退出劳动力市场，就势必会打破劳动力市场的原有平衡，从而造成社会劳动力的短缺。如果老年人继续工作，就能有效地避免这一问题。

此外，老年人有权利享受更高质量的生活。他们想增加收入，改善生活，就应该继续工作。再说，有规律的生活方式有益于身体健康，而工作实际上是一种有规律的生活方式，所以老年人继续工作还有益于其身体健康。

官方考试大纲解析：

本题的论证主要存在如下问题：

(1)《宪法》还规定了退休制度，不能片面引用某一条款来论证老年人应该继续工作。

(2) 人均预期寿命的延长不等于健康寿命的延长，不是老年人应该继续工作的充分条件。

(3) 老年人退出劳动力市场，未必会造成劳动力短缺。

(4) 老年人继续工作，不一定能解决劳动力短缺问题。

(5) 老年人增加收入的方式有多种，继续工作只是其中之一。

(6) 工作即使是一种有规律的生活方式，也不一定有益于老年人的身体健康。

接下来，我们逐一完善每个分析点。

考试大纲解析点 1 扩充

【真题原文】　我国《宪法》规定："中华人民共和国公民有劳动的权利和义务。"由此可见，老年人继续工作是法律赋予他们的权利。

【大纲解析】　《宪法》还规定了退休制度，不能片面引用某一条款来论证老年人应该继续工作。

【扩充段落】　《宪法》规定中华人民共和国公民有劳动的权利和义务，但这并不意味着老年人应该继续工作。因为《宪法》还规定了退休制度，不能片面引用某一条款来论证老年人应该继续工作。若是基于退休制度，则老年人通常应该在满足一定的工作年限后从工作岗位上退休，而不应继续工作。

【分析角度】　结论成立的条件不充分——忽略了其他要素 / 原因。

考试大纲解析点 2 扩充

【真题原文】　据统计，我国 2019 年的人均预期寿命已经达到 77.3 岁，这说明老年人的健康水平大大提高了，所以老年人完全有能力继续工作。

【大纲解析】　人均预期寿命的延长不等于健康寿命的延长，不是老年人应该继续工作的充分条件。

【扩充段落】　人均预期寿命的延长不等于健康寿命的延长，不是老年人应该继续工作的充分条件。一方面，预期寿命并不等同于实际寿命，很可能由于疾病、灾难、战争等突发情况的发生，人们的实际寿命会缩短。不仅如此，预期寿命也不等同于健康寿命，很可能很多人虽然寿命延长，但长期伴随着各种疾病的困扰，并不健康。另一方面，老年人是否应该继续工作，不仅要看其健康状况，还要看其所掌握的技能、脑力等是否与工作需求相匹配。

【分析角度】　（1）核心概念前后不一致；（2）结论成立的条件不充分——忽略了其他要素 / 原因。

考试大纲解析点 3 扩充

【真题原文】　如果老年人不再继续工作而退出劳动力市场，就势必会打破劳动力市场的原有平衡，从而造成社会劳动力的短缺。

【大纲解析】　老年人退出劳动力市场，未必会造成劳动力短缺。

【扩充段落】　老年人退出劳动力市场，未必会造成劳动力短缺。一方面，随着科技的发展，一些传统行业的劳动力需求可能会减少；另一方面，劳动力市场具有一定的灵活性，可以通过吸引其他劳动力资源的方式弥补老年人退出的空缺。

【分析角度】　论证的论据不支持结论——忽略了其他可能结果。

考试大纲解析点 4 扩充

【真题原文】　如果老年人继续工作，就能有效地避免这一问题（社会劳动力的短缺）。

【大纲解析】　老年人继续工作，不一定能解决劳动力短缺问题。

【扩充段落】　老年人继续工作，不一定能解决劳动力短缺问题。因为很多老年人的体力和脑力都出现了严重下滑，难以适应当下的工作；且很多老年人的技能和思维方式也已经不再适应当下的发展需求，即便其继续工作，可能也无法满足岗位的需求。

【分析角度】　论证的论据不支持结论——忽略了其他可能结果。

考试大纲解析点 5 扩充

【真题原文】　老年人有权利享受更高质量的生活。他们想增加收入，改善生活，就应该继续工作。

【大纲解析】　老年人增加收入的方式有多种，继续工作只是其中之一。

【扩充段落】　老年人想增加收入、改善生活，未必就应该继续工作。因为老年人增加收入的方式有多种，继续工作只是其中之一。例如，可以通过投资理财的方式增加收入，将积蓄投资于股票、债券、基金等资产，以获取投资回报。

【分析角度】　结论成立的条件不充分——忽略了其他要素 / 原因。

考试大纲解析点 6 扩充

【真题原文】　有规律的生活方式有益于身体健康，而工作实际上是一种有规律的生活方式，所以老年人继续工作还有益于其身体健康。

【大纲解析】　工作即使是一种有规律的生活方式，也不一定有益于老年人的身体健康。

【扩充段落】　工作即使是一种有规律的生活方式，也不一定有益于老年人的身体健康。很可能由于工作的强度较大，很多老年人的身体状况无法适应，继续工作反而不利于其身体健康；不仅如此，工作可能会限制老年人与家人和朋友的社交活动，增加他们的孤独感和心理压力。

【分析角度】　论证的论据不支持结论——忽略了其他可能结果。

可见，该年大纲解析中给出的 6 个参考点的分析角度都可以在题干要求中找到。实际上，如果我们继续分析其他年份真题的大纲解析，其分析方向也都可以在题干要求中找到。故在没有分析思路时，建议大家回归大纲，用基础思路进行构思。

第四节　跟着大纲走——特殊材料的处理

在考场实践的过程中，往往会遇到一些非常规的、较为特殊的语句。面对这些特殊情况，我们应该如何处理呢？在这里，我们也回归大纲，看看大纲是如何处理的。

先和大家说一下结论。作为主观题，写作较其他题型而言更加自由灵活。大纲在面对复杂的题干时，经常会给出不同的分析角度。故面对一道题中的诸多分析角度，大家不必过于纠结，找到自己能阐述清楚的角度和论证方式即可。

接下来，我们来看一下大纲对于几种常见的特殊材料是如何处理的。

一、"1 → 2 → 3"怎么分析

【题型示例】 （1）选择越多，（2）我们在考察分析选项时势必付出更多的努力，（3）也就势必带来更多的烦恼和痛苦。

【常见困惑】 在考场上，会经常遇到上述形式的材料。遇到这类材料的时候，大家经常会纠结于到底是应该完整分析每个论证，还是应该重点分析其中的某一论证。如果分析整个论证，容易出现在有限篇幅内难以解释清楚的情况；如果分析单个论证，又担心内容不够完整。到底应该如何分析，我们不妨从大纲中寻找答案。

【先说结论】 在考试大纲中，有时分析 1 → 2，有时分析 2 → 3，有时分析 1 → 2 → 3，有时分析 1 → 3（该情况较特殊，需要保证 1 → 2 或者 2 → 3 没有论证缺陷），有时还会从其他角度进行分析。所以大家在遇到该类情况的时候，也可以根据所需要的字数、谬误的难易程度等随机应变。

接下来，我们来分别看一下大纲是如何分析的。

（一）大纲有时候分析 1 → 2

［199-2022］（1）但是，默默无闻、无私奉献的精神所赖以存在的行为特点是不事张扬、不为人知。既然如此，（2）它就得不到传播，（3）也就不可能成为社会的道德精神。

大纲解析："当事人"不事张扬，不能等同于其"善事"不为人所知。

［199-2019］还有，（1）选择越多，（2）选择时产生失误的概率就越高，（3）由于失误而产生的后悔就越多，（4）因而产生的痛苦也就越多。

大纲解析：人们的多种选择可能都合适，选项多少和选择失误之间未必存在正比关系，所以"选择越多，选择产生失误的概率就越高"等说法未必正确。

［199-2015］（1）只要生产企业开拓市场、刺激需求，（2）就能扩大销售，（3）生产过剩马上就会化解。

大纲解析：生产企业开拓市场、刺激需求并非扩大销售的充分条件，因为销售还取决于市场饱和度、社会购买力、社会消费心理等其他因素。

（二）大纲有时候分析 2 → 3

［199-2019］（1）选择越多，（2）我们在考察分析选项时势必付出更多的努力，（3）也就势必带来更多的烦恼和痛苦。

大纲解析：考察分析更多的选项虽然要付出更多的精力，但也可能带来探索的乐趣，而未必带来更多的烦恼和痛苦。

（三）大纲有时候分析 1 → 2 → 3

［199-2023］据统计，（1）我国 2019 年的人均预期寿命已经达到 77.3 岁，（2）这说明老年人的健康水平大大提高了，（3）所以老年人完全有能力继续工作。

大纲解析：人均预期寿命的延长不等于健康寿命的延长，不是老年人应该继续工作的充分条件。

（四）大纲有时候分析 1 → 3

[199-2023]（1）如果老年人不再继续工作而退出劳动力市场，（2）就势必会打破劳动力市场的原有平衡，（3）从而造成社会劳动力的短缺。

大纲解析：老年人退出劳动力市场，未必会造成劳动力短缺。

提示：在论证有效性分析中，不建议跳过某个论证条件进行分析。本题中之所以可以分析 1 → 3，是因为 1 → 2 这一论证没有逻辑缺陷。也就是说，"老年人不再继续工作而退出劳动力市场，就势必会打破劳动力市场的原有平衡"这一论证是合理的。因为就算老年人退出后有新的年轻人补上，那也是形成了新的平衡，即原有平衡已经被打破了。

💡 小贴士

复合分析注意事项

若一段中分析了多个论证缺陷，我们将其称为复合分析。复合分析需要注意如下事项：

（1）不要为了复合而复合。复合并非论证有效性分析文章的必要组成部分，如果大家有凑字数的需要，且能够熟练掌握复合分析的方法，可以考虑复合。

（2）复合过程中要控制好段落字数，最多不要超过答题纸的 9 行。

（3）不要每个段落都复合。如果每个段落都复合，呈现的信息过多，那么阅卷老师的阅卷体验会很糟糕，进而可能影响最终得分。

（4）当论证的前提和结论的字数较多时，不建议复合。

（5）不要将不相干的谬误复合到同一段。一句话中有多个谬误或者不同语句中有相同谬误时再考虑复合。

（6）复合分析的语言要精练，逻辑要清晰。

（7）如果一个段落中复合了两个谬误，而其中有一个谬误分析错了，则会扣除此段落一半的分数。

二、"A₁A₂A₃ → B₁B₂B₃"怎么分析

该类是指一句话中有多个微观谬误。

【题型示例】 据国家统计局数据，2012 年我国劳动年龄人口比 2011 年减少了 345 万，这说明我国劳动力的供应从过剩变成了短缺。

【常见困惑】 该类型也是在考场上经常遇到的题干形式。与上一类型相似，如果每组论证缺陷都分析，容易出现在有限篇幅内难以解释清楚的情况；如果分析单个论证缺陷，又担心内容不够完整。到底应该如何分析，我们依然从大纲中寻找答案。

【先说结论】　在考试大纲中，有时候分析一组论证缺陷，有时候在一段中分析多组论证缺陷，有时候在不同段落中分析多组论证缺陷，也有的时候不分析。从考试大纲参考分析点的思路不难看出，对于这类材料的分析，大纲并没有非常明确的倾向。大家根据所需要的字数、谬误的难易程度等随机应变即可。

接下来，我们来分别看一下大纲是如何分析的。

（一）大纲有时候分析一组论证缺陷

［199-2023］据统计，我国 2019 年的人均预期寿命已经达到 77.3 岁，这说明老年人的健康水平大大提高了。

题干分析：该句中存在以下四组论证缺陷。

$A_1 \rightarrow B_1$：2019 年的情况→当下情况。

$A_2 \rightarrow B_2$：预期寿命→健康寿命。

$A_3 \rightarrow B_3$：人均情况→老年人情况。

$A_4 \rightarrow B_4$：寿命长→寿命延长（忽略了基数）。

大纲解析：人均预期寿命的延长不等于健康寿命的延长。（大纲引入了第二组论证缺陷，没有分析其他组）

（二）大纲有时候在一段中分析多组论证缺陷

［199-2016］据国家统计局数据，2012 年我国劳动年龄人口比 2011 年减少了 345 万，这说明我国劳动力的供应从过剩变成了短缺。

题干分析：该句中存在以下三组论证缺陷。

$A_1 \rightarrow B_1$：2011—2012 年我国的情况→我国整体的情况。

$A_2 \rightarrow B_2$：劳动年龄人口→劳动力供应。

$A_3 \rightarrow B_3$：减少→短缺。

大纲解析：劳动年龄人口的绝对减少使劳动力供求比例发生变化，但不一定导致劳动力供应从过剩变成短缺。（大纲引入了后两组论证缺陷，没有分析第一组）

（三）大纲有时候在多段中分析多组论证缺陷

［199-2017］人的本性是"好荣恶辱，好利恶害"的，所以，人们都会追求奖赏、逃避刑罚。因此，拥有足够权力的国君只要利用赏罚就可以把臣民治理好了。

题干分析：该句中存在以下三组论证缺陷。

$A_1 \rightarrow B_1$：本性→行为。

$A_2 \rightarrow B_2$：荣、利→奖赏。

$A_3 \rightarrow B_3$：辱、害→刑罚。

大纲解析 1：人的本性是好利恶害的，但人的本性不能等同于人的行为，由于后天的教育或环境会影响其思想，所以人们未必"都"会追求奖赏、逃避刑罚。

大纲解析 2："好利"也可能追求其他的利益而不追求奖赏，所以不能推出"好利"的人都会追求奖赏。同样，"恶害"也可能逃避其他的伤害而不逃避刑罚，所以不能推出"恶害"的人都会逃避刑罚。

（四）大纲有时候不分析

[199–2016] 据报道，近年长三角等地区频频出现"用工荒"现象，2015 年第二季度我国岗位空缺与求职人数的比率约为 1.06，表明劳动力市场需求大于供给。

题干分析：该句中存在以下四组论证缺陷。

$A_1 \rightarrow B_1$：长三角地区的情况→我国劳动力市场的情况。

$A_2 \rightarrow B_2$：2015 年第二度的情况→当前劳动力市场的情况。

$A_3 \rightarrow B_3$："用工荒"的"工"→劳动力市场的供给。（两者不等价）

$A_4 \rightarrow B_4$：岗位空缺→劳动力市场的需求。（两者不等价）

大纲解析：大纲并未对该语句进行分析。

🔆 小贴士

$A_1A_2A_3 \rightarrow B_1B_2B_3$ 的行文方法参考

方法一：让步。

常用关联词：且不说……即便……；暂且不论……就算是……；等等。

参考段落："2012 年我国劳动年龄人口比 2011 年减少了 345 万"无法说明"我国劳动力的供应从过剩变成了短缺"。且不说 2011 年至 2012 年的情况能否代表我国当前的情况，也暂且不论劳动力供应减少是否意味着短缺，即便可以，劳动年龄人口和劳动力供应也并不等价，如很多退休返聘人员虽然属于劳动力供应但并不属于劳动年龄人口。

方法二：并列。

常用关联词：同时；第一……第二……；一方面……另一方面……；等等。

参考段落："2012 年我国劳动年龄人口比 2011 年减少了 345 万"无法说明"我国劳动力的供应从过剩变成了短缺"。第一，2011 年至 2012 年的情况不能代表我国当前的情况；第二，劳动力供应减少并不意味着短缺，很可能需求也随之减少了；第三，劳动年龄人口和劳动力供应也并不等价，如很多退休返聘人员虽然属于劳动力供应但并不属于劳动年龄人口。

方法三：递进。

常用关联词：更重要的是；不仅如此；还有；在此基础上；等等。

参考段落："2012 年我国劳动年龄人口比 2011 年减少了 345 万"无法说明"我国劳动力的供应从过剩变成了短缺"。因为 2011 年至 2012 年的情况无法代表我国当前的情况；不仅如此，劳动力供应减少并不意味着短缺，很可能需求也随之减少了；更重要的是，劳动年龄人口和劳动力供应也并不等价，如很多退休返聘人员虽然属于劳动力供应但并不属于劳动年龄人口。

方法四：举例。

常用关联词：例如；举例来说；等等。

参考段落："2012年我国劳动年龄人口比2011年减少了345万"无法说明"我国劳动力的供应从过剩变成了短缺"，其在论证过程中存在诸多缺陷。例如，劳动年龄人口和劳动力供应并不等价，实际上很多退休返聘人员虽然属于劳动力供应但并不属于劳动年龄人口，也有很多大学生由于正在求学，虽然处在劳动年龄区间但并未成为劳动力供应。

三、"只有……才……"怎么分析

【题型示例】　只有将表象加以分析，透过现象看本质才能看到真相。

【常见困惑】　在逻辑中，"只有……才……"是必要条件假言命题的识别标志，按照逻辑推理规则，若题干为"只有A才能B"，则其应该调整顺序，转化为"B→A"或者"否A→否B"。那么在写作中是否需要遵循逻辑推理规则呢？

【先说结论】　在考试大纲中，往往会回避这个分析角度，直接不分析。若分析，需要与逻辑推理规则保持一致。真题中可选择的论证缺陷较多时，可优先选择其他更易行文的缺陷。

接下来，我们来分别看一下大纲是如何分析的。

（一）大纲经常不分析

［199–2021］只有将表象加以分析，透过现象看本质才能看到真相。

该语句存在论证缺陷，但大纲未分析。

［199–2019］一个人知足了才会感到快乐。

该语句存在论证缺陷，但大纲并未从"只有……才……"的角度进行分析。

［199–2019］所谓"选择越多越快乐"，意味着只有无穷的选择才能使人感到最快乐。

该语句存在论证缺陷，但大纲并未从"只有……才……"的角度进行分析。

（二）大纲解析与逻辑推理规则保持一致，指出：否A也可能B/B也可能否A

［199–2022］一种德行必须借助大众媒体的传播，让大家受其感染并化为自觉意识，然后才能成为社会的道德精神。

大纲解析：社会道德精神的传播不一定要借助大众媒体，也可以通过家庭或学校教育。

提示：本题中题干的论证转化为标准形式为，只有借助大众媒体（A），社会的道德精神才能得到传播（B）。大纲的分析指出否A也可能B，即不借助大众媒体，社会道德精神也能传播。

四、"1 → 2，所以，3 → 4"怎么分析

【题型示例】　其次，后物质主义理论认为：（1）个人基本的物质生活条件一旦得到满足，（2）就会把注意点转移到非物质方面。（3）物质生活丰裕的人，（4）往往会更注重精神生活，追求社会公平、个人尊严等等。

【常见困惑】　真题中，经常会出现大论证中又有小论证的情况。面对"1 → 2，所以，3 → 4"的形式，大家通常会比较纠结到底是应该分析 1 → 2，还是分析 3 → 4，还是分析"所以"所连接的大论证。我们一起从大纲中找寻答案。

【先说结论】　只要是有缺陷的论证，都可以分析。更建议优先分析"所以"，质疑力度更大。1 → 2 通常是引用理论或者他人的观点，通常不分析。

接下来，我们来分别看一下大纲是如何分析的。

（一）大纲有时候分析"所以"

[199-2018] 其次，后物质主义理论认为：个人基本的物质生活条件一旦得到满足，就会把注意点转移到非物质方面。物质生活丰裕的人，往往会更注重精神生活，追求社会公平、个人尊严等等。

大纲解析：物质生活丰裕的人，往往会更注重精神生活，这并不能用来否定一些人只沉溺于物质享受而忽略精神追求的事实。

提示：本题的题干可以理解为，物质得到满足 → 注意点转移到非物质，所以，物质丰裕的人 → 更注重精神生活等。

该语句中有三个论证。

论证一：物质得到满足 → 注意点转移到非物质，该论证为引用理论，不能分析。

论证二：物质丰裕的人 → 更注重精神生活等，该论证可以分析，但往往表示一种可能性，不够绝对，不建议优先分析。

论证三：个人基本的物质生活条件一旦得到满足，就会把注意点转移到非物质方面 → 物质生活丰裕的人往往会更注重精神生活。该论证存在缺陷，可以分析。一方面，非物质生活不等于精神生活；另一方面，"往往"表示一种可能性，物质生活丰裕的人，往往会更注重精神生活，这并不能用来否定一些人只沉溺于物质享受而忽略精神追求的事实。

该年真题的大纲解析中只分析了论证三。

[199-2021] 从哲学上讲，事物表象不等于事物真相。我们亲眼看到的显然不是事物真相。

大纲解析：亲眼看到的，其实不只是事物的表象，也可能是真相。

提示：本题的题干可以理解为，表象 → 不等于真相，所以，亲眼看到的 → 不是事物真相。

该语句中有三个论证。

论证一：表象 → 不等于真相，该论证为引用，且没有错误，故不能分析。

论证二：亲眼看到的 → 不是事物真相，该论证存在缺陷，可以分析。

论证三：事物表象不等于事物真相→我们亲眼看到的显然不是事物真相，该论证存在缺陷，可以分析。A 不等于 B，不代表 A 与 B 互斥，因为两者可能不相等，但有交集。

该年真题的大纲解析中只分析了论证三。

（二）大纲有时候分析 3 → 4

［199–2018］首先，按照唯物主义物质决定精神的基本原理，精神是物质在人类头脑中的反映。因此，物质丰富只会充实精神世界，物质主义潮流不可能造成人类精神世界的空虚。

大纲解析：物质生活和精神生活之间不存在简单的正比关系，物质生活的丰富不一定使精神生活更加充实，物质主义潮流也有可能造成人类精神世界的空虚。

提示：本题的题干可以理解为，精神→物质在头脑中的反映，所以，"物质丰富→充实精神"且"物质主义潮流→不可能造成空虚"。

该语句中有四个论证。

论证一：精神→物质在头脑中的反映，该论证为引用，且没有错误，故不能分析。

论证二：物质丰富→充实精神，该论证存在缺陷，可以分析。

论证三：物质主义潮流→不可能造成空虚，该论证存在缺陷，可以分析。

论证四：精神是物质在人类头脑中的反映→物质丰富只会充实精神世界，物质主义潮流不可能造成人类精神世界的空虚。该论证存在缺陷。因为前提中的"物质"，与结论中"物质丰富、物质主义潮流"中的"物质"并不等价。

该年真题的大纲解析中只分析了论证二、三。

第五章　题目、开头、结尾

论证有效性分析文体的核心价值在于指出材料中存在的缺陷，其分数差异主要体现在对谬误的识别和分析上。尽管题目、开头和结尾三个部分对整体分数的影响较小，可以理解为"写对了不加分，写错了扣分"，但大家也不能掉以轻心，要尽量做到每个细节都尽善尽美。因为这三个部分是文章的门面，一旦在这三个部分犯了明显的错误，将大大影响阅卷者对文章的第一印象。

同时，题目、开头和结尾主要是为了保证文章具备完整性和流畅性而存在，其行文方式较为固定，故行文难度较低。

第一节　题目

论证有效性分析文体的题目需要清晰地呈现行文目的。故题目中需要体现对论证过程的否定或对结论的质疑。

一、结论式拟题

结论式拟题，即借助材料的总结论拟题，题目中需体现出对总结论的质疑。在材料中能够准确找到总结论，且总结论的字数少于 18 字时，结论式拟题是最佳的拟题方法。因为该拟题方式的模板痕迹较弱，与试题的关联度高。

其主要表现形式有两种：

（1）疑问式。

行文公式："总结论" + "吗"。

例如：材料总结论为"终身制、铁饭碗是褒义词"，则题目可拟定为"终身制、铁饭碗真的是褒义词吗"。

（2）质疑式。

行文公式："总结论"的中间 + "未必"；"总结论" + "值得商榷 / 不可信"等。

例如：材料总结论为"终身制、铁饭碗是褒义词"，则题目可拟定为"终身制、铁饭碗未必是褒义词"或"终身制、铁饭碗是褒义词的说法不可信"等。

二、话题式拟题

并非每年真题材料的结论都显而易见，很多真题材料中并没有明显的结论。同时，很多同学会担心自己在考试高度紧张的状态下，无法在规定时间内准确地找到材料的结论；或者即便能够找到材料的结论，也可能会因为材料中结论的篇幅过长或其他问题，导致其无法直接以

"结论式"的方法拟题。

此时，我们可以找到材料中论证的话题，或者材料的论证范围，采取"话题式"的拟题方法，其行文公式为：

（1）关于"论证话题/内容范围"的论证合理吗？

（2）由"论证话题/内容范围"引发的论证合理吗？

其他合理的表达亦可。

例如：由气候变化问题引发的论证合理吗？

三、保底题目——万能题目

常见的万能题目：

（1）有待商榷的论证。

（2）切莫草率下结论。

（3）草率的决策。

（4）论辩还是诡辩？

（5）似是而非的论证。

（6）如此决策，失之偏颇。

（7）草率的论证，偏颇的结论。

🔆 小贴士

采用万能题目的文章和采用非万能题目的文章之间的分数差值是多少呢？到底哪一个更容易拿高分？大家可以从如下场景中找到答案。

如果该年真题中的"总结论"非常明显，大多数考生采用了"结论式"题目或者其他非万能题目，而你采用了"有待商榷的论证"这一万能题目。在其他因素都完全保持一致的情况下，其他同学更容易拿高分，影响分值在2分以内。

如果该年真题中的"总结论"非常隐晦，材料中找不到明显的总结论，许多考生采用了"结论式"题目，但是拟定错了，而你采用了"有待商榷的论证"这一万能题目。在其他因素都完全保持一致的情况下，你更容易拿高分，影响分值在2分以内。

所以，采用万能题目的文章分数不一定低，采用非万能题目的文章分数也未必会高。

但在有选择的情况下，还是建议大家能不写万能题目就不要写万能题目。

四、灵活拟题

除以上所述方法外，还可以结合材料的特点进行灵活拟题，题目需要体现出对材料论证的质疑，但需要注意的是，不要只质疑某一句话或某一个观点。

例如：

（1）被夸大的就业局势。

（2）发展诚可贵，理性不可抛。

（3）由相对论引发的诡辩。

五、题目拟定的注意事项

按照现有的评分标准，论证有效性分析文体必须拟题目，否则就要被扣 2 分。

需要注意的是，题目还会影响阅卷老师对考生文章的整体印象。这样看来，题目不仅要写，而且还要写好。

拟题过程中需要注意如下事项：

（1）格式：建议题目居中或者前面空 4 格。标题不需要加书名号。如果题目是问句，后面加不加问号都行。

（2）字数：15 字以下最佳，建议最多不超过稿纸的 1 行，即 20 字。

（3）方向：题目需要体现出对论证过程的否定或对结论的质疑，而非表达自己的观点。故不要拟成"论……""小议……"等论点型的题目。

如"没有前途的食品加工行业"等题目容易让老师误以为考生在写论说文，这是论证有效性分析行文的一个大忌，千万不要让老师对题目产生误解。题目不求标新立异，只要求准确、不偏题。

（4）完整：如果拟定结论式题目，那么应质疑文章的总结论，不要拟成片面的题目。

如材料的结论为"本公司应当及时出售'达达运动鞋'公司的股份，并增加在'全球电视'公司中的投资"，题目不能拟成"该公司可以实现成本最小化吗"，因为该题目不是一个完整的表达。可以将结论简化后拟成"该公司的美好愿景可以实现吗"。

六、近年真题拟题示例

类别	年份	题目
管理类	2024 年	人才还应该靠引进吗；关于"人才"的论证合理吗
	2023 年	老年人应该继续工作吗；关于"老年人继续工作"的论证合理吗
	2022 年	默默无闻等德行不可能成为社会的道德精神吗；关于"默默无闻等德行"的论证合理吗
	2021 年	关于"眼见未必为实"的论证合理吗（结论中有可能性，不建议拟话题式）
	2020 年	冰雪运动中心将获得可观的经济效益吗；关于"冰雪运动中心"的论证合理吗

续表

类别	年份	题目
管理类	2019 年	选择越多越痛苦吗；关于"选择与痛苦"的论证合理吗
	2018 年	物质决定精神吗；关于"物质与精神"的论证合理吗
	2017 年	由"人的本性"所引发的论证合理吗
	2016 年	大学生的就业并不难吗
	2015 年	由"生产过剩现象"所引发的论证合理吗
	2014 年	有了制衡与监督，企业的成功就有了保证吗
经济类	2024 年	"好马不吃回头草"的观念应打破吗
	2023 年	关于"中小学生如何减负"的论证合理吗
	2022 年	关于"数字阅读"的论证合理吗
	2021 年	如今要根治诈骗并不难吗

第二节　开头

一、开头的写法

（一）常规开头

论证有效性分析文体的开头，需要交代行文目的。通常要概括原材料的论证过程和结论，表明自己的立场和态度。

例如：

开头一：上述材料通过诸多论证试图推出结论，但由于其论证过程存在诸多逻辑缺陷，所以其结论的有效性也是值得商榷的。

开头二：上述材料通过种种有缺陷的论证无法得出结论。

论证有效性分析的开头比较简单，通常可以套路化。大家可以参考本书《背诵篇》中的话术，也可以在其基础上构建自己的专属开头。

（二）特殊开头

1. 当材料中没有总结论的时候怎么办？

在行文过程中，我们往往需要借助文章总结论来拟定开头，但如果在材料中我们找不到准确的总结论，或者结论过长、结论不清晰，不适合放入开头，该怎么办呢？

方法一：借助"话题"开头。

参考框架：上述材料围绕着某话题展开了一系列论证，然而由于其论证过程存在诸多逻辑缺陷，所以其论证的有效性也是值得商榷的。

应用示例：上述材料围绕着企业成本问题展开了一系列论证，然而由于其论证过程存在诸多缺陷，所以其论证的有效性也是值得商榷的。

方法二：采用万能开头。

当考试时间紧张或者在材料中找不到结论、话题时，可以采用万能开头，直接将结论用代词代替。

参考框架：上述材料通过一系列论证试图推出其结论，然而由于其论证过程存在诸多逻辑缺陷，所以其结论的有效性也是值得商榷的。

2. 当材料中出现多个论证者的时候怎么办？

当材料以辩论、采访、对话等形式出现，材料中有多个论证者的时候，其开头和结尾也需要随之改变。

第一，开头需要体现出多个论证者。

第二，如果材料中多个论证者的结论相同，那么可以直接引入结论。如果材料中多个论证者的结论不同，那么不可直接引入结论，但可引入话题。

参考框架：上述材料中，论证者 A 和论证者 B 围绕着某话题展开了一系列论证，然而，由于 A、B 在各自的论证过程中均存在诸多缺陷，所以 A、B 各自的结论也是难以推出的。

应用示例：上述材料中，甲、乙围绕着"中医是否具有科学性"的问题各自展开了一系列论证，然而由于甲、乙在各自的论证过程中均存在诸多逻辑缺陷，所以甲、乙各自的结论也是难以推出的。

二、开头的注意事项

（1）开头字数不宜过多，最好控制在 4 行以内。

（2）开头中不要点明谬误类型。因为模板痕迹较重、容易写错，且容易让下文的行文受限。

（3）不要引入材料论据。因为容易出现引入不全面、浪费时间、无实质意义等情况。

（4）不要引入片面或不明确的结论。当材料没有明确结论的时候，不要在开头引入结论。

（5）材料中有多个论证者时，应在开头中有所表现。

第三节　结尾

论证有效性分析的结尾需要再次扣题，指出材料的论证有缺陷、结论难以让人信服。其行文方式比较简单，大家可以直接套路化使用。更多结尾话术可以参考本书《背诵篇》。

一、结尾的写法

1. 常规结尾：综上所述，正是由于材料在论证过程中存在如上逻辑缺陷，所以其结论的有效性也是值得商榷的。

2. 凑字结尾：综上所述，上述材料的分析看似有理，但由于其论证过程存在诸多逻辑缺陷，所以其结论（代入"总结论"）的有效性也是值得商榷的。材料如果想要得出这一结论，就应该提供更为充分的论据并进行更加严密的推理和论证，否则难以达成所愿。

3. 一句话结尾：综上，材料论证难以让人信服。

二、结尾的注意事项

1. 结尾需要对字数进行调整。

2. 建议结尾不要点明谬误类型。

3. 结尾字数不能过多，1～5 行最佳。

4. 结尾写完后，文章字数应控制在答题卡"600 字"标示下方的 1～3 行。

第六章　审题

审题是论证有效性分析的重点，也是难点。

"审题是重点"，这是因为准确找到分析点是写出一篇好的论证有效性分析的前提和基础。

"审题是难点"，一是因为很多语句容易被误判；二是因为考试的时间非常紧张，很多同学无法在短时间内快速找到分析点。

所以在审题章节，我将带大家一起追求"极简"，将理论和步骤最大限度地做减法，让大家在遇到简单题时可以快速"秒杀"，在遇到难题时可以挖掘出隐藏的点。张弛有度，随机应变。

第一节　审什么：有缺陷的论证

考试大纲原文中明确指出"论证有效性分析试题的题干为一篇有缺陷的论证，要求考生分析其中存在的问题"。也就是说，论证有效性分析文体的分析对象为：有缺陷的论证。

只有真正搞懂什么是有缺陷的论证，才能精准审题、深度行文。

什么句子是有缺陷的论证？简单来说，需要满足两点：第一，这句话是论证；第二，其论证的过程中有缺陷。

那么，什么是论证，什么不是论证，什么是有缺陷的论证呢？

> ☀ **小贴士**
>
> 1. 此处是重点也是难点，需要大家重点关注。
>
> 2. 关于很多语句是否为有缺陷的论证、是否能够分析，在不同的教材中可能存在争议，大家不必纠结这些争议，非要得到一个正确答案，因为不同阅卷者对于争议性语句的态度往往也是不同的。在有选择余地的情况下，我们应尽可能避免写具有争议性的语句，以降低考试的风险。

一、什么是论证

论证有效性分析的本质是分析"论证"的缺陷，论说文的本质是搭建"论证"，无论是论证有效性分析还是后面要学习的论说文，其本质都离不开"论证"。

理清什么是"论证"，是学好写作的基础。

1. 论证的定义

论证是指引用论据来证明论点的真实性的论述过程。简单来说，就是由论据推论点的过程。

论证具有证明、说服、指示行为的功能。仅提出论点，或举出论据，都不是论证。说明论点与论据的内在联系，解释为什么由这些论据可以得出这一论点的，才是论证。

论证就像一座"桥梁"，把论据和论点联系在一起，即揭示论据与论点之间的必然联系。

【例1】 如果在开展商业性冰雪运动的同时也经营冬季运动用品，则公司可以获得更多的利润。

【例2】 世界上的事物是无穷的，所以选择也是无穷的。

2. 如何判定论证

只有准确地识别论证，才能精准地审题。那么，如何判定一段话为论证呢？需要满足以下三个条件。

条件一：题干中有结论。

条件二：题干中有前提。

条件三：题干的本意是用前提推结论（此处需要注意，一定是题干显性或隐性的本意，不能是我们自行脑补的）。

【练】 不定项选择题

以下选项中，哪些不是论证？

（A）李雷擅长写作。

（B）李雷擅长写作，男生都擅长写作。

（C）李雷擅长写作，韩梅梅也擅长写作。

（D）李雷擅长写作，所以男生都擅长写作。

（E）不仅李雷擅长写作，韩梅梅也擅长写作。

【参考答案】 ABCE

A选项中只有结论，没有前提在证明结论，故不是论证。

B选项很容易错选，要作为重点去理解。该选项在并列陈述李雷和男生的情况，不是论证。如果将其改为"李雷擅长写作，所以男生都擅长写作"，则是论证。

C选项在并列陈述李雷和韩梅梅的情况，不是论证。如果将其改为"李雷擅长写作，所以韩梅梅也擅长写作"，则是论证。

D选项，有前提"李雷擅长写作"，有结论"男生都擅长写作"，并且通过"所以"两字能看出来，题干的本意是基于"李雷擅长写作"这一前提，推知"男生都擅长写作"这一结论，也就是说，有论证过程。故该选项是论证。

E选项"不仅……也……"是联言命题的识别标志，表示两件事情同时发生，而非用于论证。故该选项在并列陈述李雷和韩梅梅的情况，不是论证。

二、什么不是论证

"审对题"是"拿高分"的前提，而"准确地识别论证"则是"审对题"的前提。

论证的定义并不难理解，难的是要准确辨别出什么不是论证，避免误选。常见的容易被误判为论证的情况如下。

1. 陈述观点

示例

［199–2023］随着人口的老龄化，大家都在谈论老年人还要不要继续工作的话题。我们认为，老年人应该继续工作。

［199–2009–10］民主集中制是一种决策机制。在这种机制中，民主和集中是缺一不可的两个基本点。

［199–2007–10］在中国改革开放的字典里，"终身制"和"铁饭碗"作为指称弊端的概念，是贬义词。

2. 描述客观事实

示例

［199–2011–10］我国的个人所得税从 1980 年开始征收，当时起征点为 800 元人民币。

［199–2020］北京将联手张家口共同举办 2022 年冬季奥运会。中国南方的一家公司决定在本地投资设立一家商业性的冰雪运动中心。

［396–2020］在漫长的发展过程中，金融机构和金融功能逐步形成和完善，但相比金融机构的发展演化，金融功能作为核心和基础则表现得更为稳定，主要表现在提供支付、资产转化、风险管理、信息处理和监督借款人等方面。近些年来金融科技发展突飞猛进，金融业产生了革命性的变化。

3. 引用理论、他人的话等

示例

［199–2007–10］在现代企业理论中有一个"期界问题"（Horizon Problem），是指由于雇佣关系很短而导致职工的种种短视行为，以及此类行为对企业造成的危害。

［199–2018］哈佛大学教授本杰明·史华慈（Benjamin I. Schwartz）在 20 世纪末指出，开始席卷一切的物质主义潮流将极大地冲击人类社会固有的价值观念，造成人类精神世界的空虚。

［199–2018］后物质主义理论认为：个人基本的物质生活条件一旦得到满足，就会把注意点转移到非物质方面。

4. 并列关系、转折关系、递进关系等

示例

［199–2022］默默无闻、无私奉献虽然是人们尊崇的德行，但这种德行其实不可能成为社会的道德精神。

[199–2021] 常言道："耳听为虚，眼见为实。"其实，"眼所见者未必实"。

[396–2021] 人们受骗上当的事时有发生，乃至有人认为如今的骗术太高明而无法根治。其实，如今要根治诈骗并不难。

三、什么是有缺陷的论证

前面我们讲了什么是论证，论证就是由前提 A，经过论证过程 C，得到结论 B 的过程。论证的构成包括三个部分：前提 A、结论 B 和论证过程 C。好的论证至少需要满足以下三个条件：

（1）前提 A 为真；

（2）前提 A 和结论 B 是相关的；

（3）前提 A 对结论 B 的推理有效。

那什么是有缺陷的论证呢？从广义上讲，论证中的任何一个要素存在缺陷都应该称为有缺陷的论证。但在论证有效性分析中，我们更多的是关注论证过程的缺陷而不分析前提和结论本身，即看前提 A 与结论 B 之间的论证过程 C 是否充分。若充分，则没有缺陷；若不充分，则存在缺陷。

什么是我们要寻找的有缺陷的论证呢？需要满足以下两个条件：

（1）是论证；

（2）论证过程有缺陷，即基于前提无法得到结论。

示例

（1）"李雷通过创新成功了，所以所有人通过创新都能成功。"该语句是论证，且基于李雷这一个特例的情况推出了所有人的情况，有缺陷。故其是分析对象。

（2）"所有人通过创新都会成功，故李雷通过创新会成功。"该语句是论证，但是没有论证缺陷，因为其论证过程是合理的。故其不是分析对象。

（3）"一周有 8 天的时间。"该语句是陈述，不是论证。故该句也不是我们的分析对象。

第二节　怎么选点

考试中要求各位考生从上述有缺陷的论证中选择若干要点，也就是说真题材料中存在的论证缺陷会有很多，但并不是所有的点都需要我们展开分析，而是要从中进行筛选。

一、数量的选择——选择 3 ~ 5 个点

考试字数的要求为 600 字左右，往往题目、开头、结尾这三个部分会占用 120 字左右，所以剩下的 480 字左右是留给我们分析论证缺陷的。为了把每一个论证缺陷分析清楚，我们需要将点引入，对其错误进行评价，并对其缺陷进行分析。从篇幅的角度考虑，我们往往需要写 3～5 个分析点，每个点需要写 100～160 字，以保证将它们分析透彻。

对于到底写几个点，没有严格的要求，也没有好坏之分。考试中只要保证字数达标，且每个点的分析都是简练、透彻、深入的，分数并不会受分析点个数的影响。所以，各位同学可以根据自身的分析情况进行选择。

二、内容的选择——最正确、最好写、最明显、最分散

一篇真题材料中可能会有十几个甚至二十几个点，在这样的情况下，我们应该如何快速从中做出选择并展开行文呢？我们选择时有四个原则：

原则一——最正确。在审题选点的过程中，保证正确性是最重要的原则。所以大家要优先选择没有争议、最有把握的分析点。

原则二——最好写。我们在选择分析点的时候，尽量选择容易展开行文、自己擅长表达的分析点。

原则三——最明显。我们在有选择的情况下，尽量优先选择较为明显的论证缺陷，避免阅卷者误判。

原则四——最分散。在行文的时候，我们的目的是能够最大力度地对全文的论证缺陷进行质疑，所以我们在选择分析点的时候也应该尽可能多位置、多角度地分散选择。从位置上，要选择不同段落、不同语句中的论证缺陷；从角度上，要选择不同的谬误类型，以保证力度最大。

第三节　审题方法——圈图法

一、审题思路

很多论证缺陷在出现的时候，往往都伴随着一些标志。圈图法就是通过画圈的方式快速找到这些标志词，以找到论证有效性分析中的逻辑谬误。

（一）第一步：画圈

1. 画圈要求

（1）尽可能在 30 秒内圈完。

（2）不用理解材料。该步骤画圈的目的仅是找点，故应该在画圈的过程中直接寻找目标词语，不用理解材料内容。

（3）不要纠结。画圈是为了识别"有嫌疑"的语句，如果某些词语拿不准，可以先圈上，稍后再结合材料内容进行判断。

2. 画圈对象

（1）论证关联词。

①前提指示词：因为……；由于……；依据……；理由是……；举例说来；支持我们观

点的是……；这么说的缘由是……；如果……；只要……；等等。

②结论指示词：因此……；所以……；由此可见……；我（们）认为……；可以推断……；这样说来……；结论是……；简而言之……；显然……；其结果……；我（们）相信……；很可能……；表明……；由此可得出……；这证明……；为什么不……；等等。

（2）绝对化的模态词。

一定、必须、毫无疑问、毋庸置疑、势必、唯一、仅、只有、必然导致等。

（3）谬误标志词。

①和时间相关的：1900年、2015年、过去、现在、未来、将、可以预测、昨天、今天、去年、五年后、下一个季度等。

②和数据相关的：抽样、实验、上升、下降、百分比、增加、减少、比率等。

③和主体相关的：不同的国家、城市、行业、地区、职业、人等；寓言故事、经典小说、生活现象、自然现象、生物规律等。

④特殊关键词：也、如此、同样、也一样、照此发展下去、全部、所有、都、有的等。

💡 小贴士

当材料出现如下情况时，可以优先考虑以下谬误方向：

（1）当材料出现举例时，考虑以偏概全，列举的例子很可能不具有代表性；

（2）当材料出现百分比时，考虑数字谬误，没有基数的百分比没有意义；

（3）当材料出现时间时，考虑忽略发展，过去的趋势不代表未来的走势；

（4）当材料出现寓言故事时，考虑不当类比，不同事物间具有本质差异；

（5）当材料出现相似概念时，考虑概念混淆，相同概念的内涵和外延应完全一致；

（6）当材料出现方法、措施时，考虑方法是否有效果、是否会导致恶果；

（7）当材料出现绝对化表达时，考虑是否存在意外情况。

（二）第二步：选点

选点的时候需要注意如下事项：

（1）先布局。通常情况下，当第一步圈的点非常多的时候，意味着可分析点较多，材料相对简单；当圈的点非常少的时候，意味着可分析点较少，材料比较难。故在选点之前，大家需要根据圈的点的分布和数量快速判断材料的难易程度。

（2）先关注圈。画圈的目的是节省时间，重点关注可疑的语句。故选点的时候也应该如此，直接关注圈所在的语句，没有圈的语句暂时不用关注。

（3）优先选分散的点。在选点的过程中，尽量从不同段落中选择不同类型的谬误。

（4）正确性优先。在选点的时候，一定要优先选择没有争议的分析点。

（5）优先选容易的点。在选点的时候，如果可选择的谬误较多，那么大家可以优先选择自己擅长分析的谬误。

（三）第三步：标注理由关键词

标注理由关键词不仅仅是为了列出行文的提纲，也是为了对审题的结果进行验证。如果大家在标注理由关键词的过程中，发现某些论证找不到理由关键词，很可能是因为该论证不能分析，或者是虽然能分析但不是大家擅长分析的语句，此时应考虑换点。

二、审题思路演示

案例一：日常练习思路

［199–2007–10］在中国改革开放的字典里，"终身制"和"铁饭碗"作为指称弊端的概念，是贬义词。其实，这里存在误解。

在现代企业理论中有一个"期界问题"（Horizon Problem），是指由于雇佣关系很短而导致职工的种种短视行为，以及此类行为对企业造成的危害。当雇员面对短期的雇佣关系，首先他不会为提高自己的专业技能投资，因为他在甲企业中培育的专业技能对他在乙企业中的发展可能毫无意义；其次，作为一个匆匆过客，他不会关注企业的竞争力，因为这和他的长期收入没有多大关系；最后，只要有机会，他会为了个人短期收入最大化而损害企业利益，例如过度地使用机器设备等。

为了解决"期界问题"，日本和德国的企业对那些专业技能要求很高的岗位上的员工，一般都实行终身雇佣制；而终身雇佣制也为日本和德国企业建立与保持国际竞争力提供了保障。这证明了"终身制"和"铁饭碗"不见得不好，也说明，中国企业的劳动关系应该向着建立长期雇佣关系的方向发展。

在现代社会，企业和劳动者个人都面临着不断变化的市场环境。而变化的环境必然导致机会主义行为。在各行各业，控制机会主义行为的唯一途径，就是在企业内部培养员工对公司的忠诚感。而培养忠诚感，需要建立员工和企业之间的长期雇佣关系，要给员工提供"铁饭碗"，使员工形成长远预期。

因此，在企业管理的字典里，"终身制"和"铁饭碗"应该是褒义词。不少国家包括美国不是有终身教授吗？既然允许有捧着"铁饭碗"的教授，为什么不允许有捧着"铁饭碗"的工人呢？

第一步：画圈

【第一段】 在中国改革开放的字典里，"终身制"和"铁饭碗"作为指称弊端的概念，是贬义词。其实，这里存在误解。

【第二段】 在现代企业理论中有一个"期界问题"（Horizon Problem），是指由于雇佣关系很短而导致职工的种种短视行为，以及此类行为对企业造成的危害。当雇员面对短期的雇佣关系，首先他不会为提高自己的专业技能投资，因为他在甲企业中培育的专业技能对他在乙企业中的发展可能毫无意义；其次，作为一个匆匆过客，他不会关注企业的竞争力，因为这和他的长期收入没有多大关系；最后，只要有机会，他会为了个人短期收入最大化而损害企业利益，例如过度地使用机器设备等。

【第三段】 为了解决"期界问题"，日本和德国的企业对那些专业技能要求很高的岗位上的员工，一般都实行终身雇佣制；而终身雇佣制也为日本和德国企业建立与保持国际竞争力提供了保障。这证明了"终身制"和"铁饭碗"不见得不好，也说明，中国企业的劳动关系应该向着建立长期雇佣关系的方向发展。

【第四段】 在现代社会，企业和劳动者个人都面临着不断变化的市场环境。而变化的环境必然导致机会主义行为。在各行各业，控制机会主义行为的唯一途径，就是在企业内部培养员工对公司的忠诚感。而培养忠诚感，需要建立员工和企业之间的长期雇佣关系，要给员工提供"铁饭碗"，使员工形成长远预期。

【第五段】 因此，在企业管理的字典里，"终身制"和"铁饭碗"应该是褒义词。不少国家包括美国不是有终身教授吗？既然允许有捧着"铁饭碗"的教授，为什么不允许有捧着"铁饭碗"的工人呢？

第二步：选点

通过画圈，我们对文章有了一个初步的判断：

（1）材料中的圈非常多，故该试题的难度大概率较小；

（2）材料中的圈主要分布在第二至第五段，故初步想法是在第二至第五段中的每一段选择一个分析点。

接下来，我们按照这个思路开始选点。选点的时候，优先关注有圈的语句。

以下对文章中的每个语句都进行了解读。在实际考试中，不需要如此全面。文章段落数量较多时，可以将点散开，每段找到一个可以分析的点后，即可跳过该段，优先去其他段落选点。若是其他段落可分析的点不够，可以重新找该段是否还有可以分析的点。

第一段

第一段中没有圈，故不需要关注。即便我们关注了第一段，也不需要分析，因为第一段是背景知识，不是论证。

第二段

语句一：在现代企业理论中有一个"期界问题"（Horizon Problem），是指由于雇佣关系很短而导致职工的种种短视行为，以及此类行为对企业造成的危害。

该句不可以分析。此处的错误率较高，很容易误判。该句为引用理论，不是论证，因此不可以分析。

语句二：当雇员面对短期的雇佣关系，首先他不会为提高自己的专业技能投资，因为他在甲企业中培育的专业技能对他在乙企业中的发展可能毫无意义。

该句是论证，且有缺陷，故可以分析。因为很有可能该雇员在甲企业学习的专业技能是他的个人爱好，所以即便该技能可能对他在乙企业中的发展毫无意义，他也会继续投资。

语句三：其次，作为一个匆匆过客，他不会关注企业的竞争力，因为这和他的长期收入没有多大关系。

该句是论证，且有缺陷，故可以分析。因为很有可能虽然企业的竞争力和该雇员的长期收入没有多大关系，但对其获得短期收入有帮助，如此，其未必不会关注企业的竞争力。

语句四：最后，只要有机会，他会为了个人短期收入最大化而损害企业利益，例如过度地使用机器设备等。

该句是论证，且有缺陷，故可以分析。因为很有可能雇员的短期收入最大化和企业利益是相辅相成的，如此，雇员非但不会为了个人短期收入最大化而损害企业利益，而且可能会自发地维护企业利益。

第三段

语句一：为了解决"期界问题"，日本和德国的企业对那些专业技能要求很高的岗位上的员工，一般都实行终身雇佣制；而终身雇佣制也为日本和德国企业建立与保持国际竞争力提供了保障。

该句为背景知识，不可以分析。

语句二：这证明了"终身制"和"铁饭碗"不见得不好，也说明，中国企业的劳动关系应该向着建立长期雇佣关系的方向发展。

该句本身是结论，不可以分析。

但本段是基于语句一来推出语句二，因此有如下可以分析的角度。

（1）日本和德国的企业→中国企业。可以分析，犯了不当类比的错误。

（2）专业技能要求很高的岗位上的员工→劳动关系。可以分析，犯了以偏概全的错误。

（3）为建立与保持国际竞争力提供了保障→应该。可以分析，判断是否应该做某事的标准不应该仅看其是否有益处，还要考虑其弊端。若弊端远远大于益处，则不应该做某事。

（4）终身雇佣制→长期雇佣关系。可以分析，犯了混淆概念的错误。

第四段

语句一：在现代社会，企业和劳动者个人都面临着不断变化的市场环境。

该句为背景知识，不可以分析。

语句二：而变化的环境必然导致机会主义行为。

该句是论证，且有缺陷，可以分析。面对变化的环境，人们未必会产生机会主义行为，反而很有可能会为了应对变化的环境而采取更加谨慎、全面的准备措施。

语句三：在各行各业，控制机会主义行为的唯一途径，就是在企业内部培养员工对公司的忠诚感。

该句是论证，且有缺陷，可以分析。一方面，在企业内部培养员工对公司的忠诚感未必能控制机会主义行为；另一方面，控制机会主义行为的方法还有很多，例如：建立完善奖惩制度、监督制度等。

语句四：而培养忠诚感，需要建立员工和企业之间的长期雇佣关系，要给员工提供"铁饭碗"，使员工形成长远预期。

该句是论证，且有缺陷，可以分析。建立长期雇佣关系未必能培养员工的忠诚感；提供"铁饭碗"也未必能使员工形成长远预期。

第五段

语句一：因此，在企业管理的字典里，"终身制"和"铁饭碗"应该是褒义词。

该句为文章的总结论，其对应的前提为前面的四个段落。该论证的前提内容过于丰富，难以引入，也很难分析清楚。故不建议分析该句。

语句二：既然允许有捧着"铁饭碗"的教授，为什么不允许有捧着"铁饭碗"的工人呢？

该句为反问句，将其转化为陈述句："因为允许有捧着'铁饭碗'的教授，所以应该允许有捧着'铁饭碗'的工人。"显然该句是论证，且有缺陷，可以分析。因为教授和工人之间存在着本质差异，二者的培养周期、可替代程度等都不同，不可草率类比。

至此，我们已经完成审题和选点。在考场上，如果材料难度与该真题相当，审题和选点大概 2 分钟便可完成。该真题难度较低，我们已经找够了 4 个分析点，标注完理由后直接动笔行文即可。

💡 小贴士

在当考场上找不够分析点时，可以关注一下"同一性"问题，即有没有出现概念混淆、语义混淆等。可重点关注以下论证细节：

本性≠行为

过程≠结果

表面≠本质

销量大≠利润高

下降≠最小≠小

平均≠个体

高≠提高≠最高≠率

妇女≠孕妇

血糖浓度低≠血液不健康

所有≠部分

能力突出≠能提高学习能力

经济波动≠坏事

A 地葡萄价格高≠葡萄酒价格高（其他地也提供葡萄）

A 地≠其他地

共变 / 先后≠因果

10 年来最小≠最小

时长≠时点

案例二：考场审题思路

为了方便大家完整地理解，该案例不仅演示了审题步骤，也演示了行文思路。

［396–2021］人们受骗上当的事时有发生，乃至有人认为如今的骗术太高明而无法根治。其实，如今要根治诈骗并不难。

首先，从道理上讲，正义终将战胜邪恶，这是历史已证明的规律。诈骗是一种邪恶的行为，最终必将被正义的力量彻底消灭。既然如此，诈骗怎么不能根治呢？

其次，很多诈骗犯虽然骗术高明，但都被绳之以法，这说明在法治社会中，诈骗犯根本无处藏身。这样，谁还敢继续行骗呢？没有人敢继续行骗，诈骗不就被根治了吗？

再次，还可以通过全社会的防范来防止诈骗的发生。诈骗的目的，无非是想骗取钱财。凡是要你花钱的事情，你都要慎重考虑。例如，有些投资公司建议你向它们投资，有些机构推荐你参加高收费的培训，有些婚恋对象向你借巨款。诸如此类，其实都不靠谱。所有的人如果都不相信这些话，诈骗就无法得逞。诈骗无法得逞，不就是被根治了吗？如果建立更加有效的防范机制，根治诈骗就更容易了。

总之，无论从道理上讲，还是从行骗者或被骗者的角度来看，如今要根治诈骗根本不是难事。

第一步：画圈

人们受骗上当的事时有发生，乃至有人认为如今的骗术太高明而无法根治。其实，如今要根治诈骗并不难。

首先，从道理上讲，正义终将战胜邪恶，这是历史已证明的规律。诈骗是一种邪恶的行为，最终**必将**被正义的力量彻底消灭。既然如此，诈骗**怎么不能**根治呢？

其次，很多诈骗犯虽然骗术高明，但都被绳之以法，**这说明**在法治社会中，诈骗犯根本无处藏身。这样，**谁还敢**继续行骗呢？没有人敢继续行骗，诈骗**不就被**根治了吗？

再次，还可以通过全社会的防范来防止诈骗的发生。诈骗的目的，无非是想骗取钱财。凡是要你花钱的事情，你都要慎重考虑。例如，有些投资公司建议你向它们投资，有些机构推荐你参加高收费的培训，有些婚恋对象向你借巨款。诸如此类，其实都不靠谱。所有的人如果都不相信这些话，诈骗就无法得逞。诈骗无法得逞，不就是被根治了吗？如果建立更加有效的防范机制，根治诈骗就更容易了。

总之，无论从道理上讲，还是从行骗者或被骗者的角度来看，如今要根治诈骗根本不是难事。

第二步：选点

人们受骗上当的事时有发生，乃至有人认为如今的骗术太高明而无法根治。其实，如今要根治诈骗并不难。

首先，从道理上讲，正义终将战胜邪恶，这是历史已证明的规律。诈骗是一种邪恶的行为，最终必将被正义的力量彻底消灭。既然如此，诈骗怎么不能根治呢？

其次，很多诈骗犯虽然骗术高明，但都被绳之以法，这说明在法治社会中，诈骗犯根本无处藏身。这样，谁还敢继续行骗呢？没有人敢继续行骗，诈骗不就被根治了吗？

再次，还可以通过全社会的防范来防止诈骗的发生。诈骗的目的，无非是想骗取钱财。凡是要你花钱的事情，你都要慎重考虑。例如，有些投资公司建议你向它们投资，有些机构推荐你参加高收费的培训，有些婚恋对象向你借巨款。诸如此类，其实都不靠谱。所有的人如果都不相信这些话，诈骗就无法得逞。诈骗无法得逞，不就是被根治了吗？如果建立更加有效的防范机制，根治诈骗就更容易了。

总之，无论从道理上讲，还是从行骗者或被骗者的角度来看，如今要根治诈骗根本不是难事。

第三步：标注理由关键词

人们受骗上当的事时有发生，乃至有人认为如今的骗术太高明而无法根治。其实，如今要根治诈骗并不难。

首先，从道理上讲，正义终将战胜邪恶，这是历史已证明的规律。诈骗是一种邪恶的行为，最终必将（铤而走险、隐蔽性）被正义的力量彻底消灭。既然如此，诈骗怎么不能根治呢？

其次，很多诈骗犯虽然骗术高明，但都被绳之以法，这说明（漏网之鱼）在法治社会中，诈骗犯根本无处藏身。这样，谁还敢继续行骗呢？没有人敢继续行骗，诈骗不就被根治了吗？

再次，还可以通过全社会的防范来防止诈骗的发生。诈骗的目的，无非是（感情、信息）想骗取钱财。凡是要你花钱的事情，你都要慎重考虑。例如，有些投资公司建议你向它们投资，有些机构推荐你参加高收费的培训，有些婚恋对象向你借巨款。诸如此类，其实都不靠谱。所有的人如果都不相信这些话，诈骗就无法得逞。诈骗无法得逞，不就是被根治了吗？如果建立更加有效的防范机制，根治诈骗就（惩治力度、科技发展）更容易了。

（总之），无论从道理上讲，还是从行骗者或被骗者的角度来看，如今要根治诈骗根本不是难事。

不难看出，审题结果如下。

分析点一：

前提：诈骗是一种邪恶的行为。结论：其最终必将被正义的力量彻底消灭。

理由关键词：铤而走险、隐蔽性。

分析点二：

前提：很多诈骗犯虽然骗术高明，但都被绳之以法。结论：在法治社会中，诈骗犯根本无处藏身。

理由关键词：漏网之鱼。

分析点三：

前提：诈骗。结论：目的是骗取钱财。

理由关键词：感情、信息。

分析点四：

前提：建立更加有效的防范机制。结论：根治诈骗就更容易了。

理由关键词：惩治力度、科技发展。

第四步：串词行文

要根治诈骗并不难吗

上述材料通过诸多论证试图说明要根治诈骗并不难，然而，由于其论证过程存在诸多缺陷，所以其结论也是难以让人信服的。

首先，诈骗是一种邪恶的行为，不意味着其最终必将被正义的力量彻底消灭。一方面，很多人面对利益的诱惑，即便知道诈骗是一种邪恶的行为，依然会铤而走险；另一方面，很多诈骗行为具有一定的隐蔽性，难以被正义的力量发现，故难以被彻底消灭。

其次，很多诈骗犯虽然骗术高明但都被绳之以法，无法说明在法治社会中诈骗犯根本无处藏身。不排除很多诈骗犯的确会被绳之以法，但也有很多诈骗犯具有较强的反侦察意识，仍然没有露出马脚，依然在隐蔽地行骗。

再次，诈骗的目的，只是骗取钱财吗？其实不然，骗钱只是诈骗的目的之一。还有很多诈骗团伙是为了骗取感情，他们利用虚假的个人信息等手段获得他人的信任和好感，以达到欺骗感情的目的；也有很多诈骗是为了盗取他人信息，以进行身份盗窃或其他非法活动。

最后，建立更加有效的防范机制，根治诈骗未必就更容易了。一方面，若仅仅是防范机制更加有效，却没有严格的惩治机制，则无法对诈骗犯产生足够有效的威慑作用，他们依然可能铤而走险，所以无法根治诈骗；另一方面，随着科技的不断发展，诈骗犯也会不断改变手段和策略来逃避追踪和打击。

综上，由于作者在论证中存在以上缺陷，所以其结论难以让人信服。

至此，一篇完整的文章就写出来了。只要大家熟练地掌握四步写作法，无论是备考的效率，还是行文的深度，都会大幅提升。

第七章 案例：三道具有代表性的真题梳理

第一节 中规中矩的真题

［199-2022］默默无闻、无私奉献虽然是人们尊崇的德行，但这种德行其实不可能成为社会的道德精神。

一种德行必须借助大众媒体的传播，让大家受其感染，并化为自觉意识，然后才能成为社会的道德精神。但是，默默无闻、无私奉献的精神所赖以存在的行为特点是不事张扬、不为人知。既然如此，它就得不到传播，也就不可能成为社会的道德精神。

退一步讲，默默无闻、无私奉献的善举经媒体大力宣传后为更多的人所了解，这就从根本上使这一善举失去了默默无闻的特性。既然如此，这一命题就无从谈起了。

再者，默默无闻的善举一旦被媒体大力宣传，当事人必然会受到社会的肯定与赞赏，而这就是社会对他的回报。既然他从社会得到了回报，怎么还可以说是无私奉献呢？

由此可见，默默无闻、无私奉献的德行注定不可能成为社会的道德精神。

一、四步法演练

第一步：画圈

默默无闻、无私奉献虽然是人们尊崇的德行，但这种德行其实不可能成为社会的道德精神。

一种德行必须借助大众媒体的传播，让大家受其感染，并化为自觉意识，然后才能成为社会的道德精神。但是，默默无闻、无私奉献的精神所赖以存在的行为特点是不事张扬、不为人知。既然如此，它就得不到传播，也就不可能成为社会的道德精神。

退一步讲，默默无闻、无私奉献的善举经媒体大力宣传后为更多的人所了解，这就从根本上使这一善举失去了默默无闻的特性。既然如此，这一命题就无从谈起了。

再者，默默无闻的善举一旦被媒体大力宣传，当事人必然会受到社会的肯定与赞赏，而这就是社会对他的回报。既然他从社会得到了回报，怎么还可以说是无私奉献呢？

由此可见，默默无闻、无私奉献的德行注定不可能成为社会的道德精神。

第二步：选点

默默无闻、无私奉献虽然是人们尊崇的德行，但这种德行其实不可能成为社会的道德精神。

一种德行必须借助大众媒体的传播，让大家受其感染，并化为自觉意识，然后才能成为社会的道德精神。但是，默默无闻、无私奉献的精神所赖以存在的行为特点是不事张扬、不为人知。既然如此，它就得不到传播，也就不可能成为社会的道德精神。

退一步讲，默默无闻、无私奉献的善举经媒体大力宣传后为更多的人所了解，这就从根本上使这一善举失去了默默无闻的特性。既然如此，这一命题就无从谈起了。

再者，默默无闻的善举一旦被媒体大力宣传，当事人必然会受到社会的肯定与赞赏，而这就是社会对他的回报。既然他从社会得到了回报，怎么还可以说是无私奉献呢？

由此可见，默默无闻、无私奉献的德行注定不可能成为社会的道德精神。

第三步：标注理由关键词

默默无闻、无私奉献虽然是人们尊崇的德行，但这种德行其实不可能成为社会的道德精神。

一种德行必须借助大众媒体的传播，让大家受其感染，并化为自觉意识，然后才能（家庭教育、社会教育、学校教育）成为社会的道德精神。但是，默默无闻、无私奉献的精神所赖以存在的行为特点是不事张扬、不为人知。既然如此，它就（主观、客观）得不到传播，也就不可能成为社会的道德精神。

退一步讲，默默无闻、无私奉献的善举经媒体大力宣传后为更多的人所了解，这就（先后顺序）从根本上使这一善举失去了默默无闻的特性。既然如此，这一命题就无从谈起了。

再者，默默无闻的善举一旦被媒体大力宣传，当事人必然（标准不同、炒作）会受到社会的肯定与赞赏，而这就是社会对他的回报。既然他从社会得到了回报，怎么还可以说是无私奉献呢？

由此可见，默默无闻、无私奉献的德行注定不可能成为社会的道德精神。

第四步：串词行文

默默无闻等不可能成为社会的道德精神吗

上述材料通过诸多论证试图说明"默默无闻、无私奉献不可能成为社会的道德精神"，但由于其论证过程中存在诸多缺陷，所以其结论也是值得商榷的。

首先，一种德行必须借助大众媒体的传播，让大家受其感染，并化为自觉意识，然后才能成为社会的道德精神吗？其实不然。很多社会的道德精神并不是借助大众媒体，而是通过家庭教育、社会教育、学校教育等途径传播的。在没有大众媒体的年代，也有很多公认的社会的道德精神。

其次，"默默无闻、无私奉献的精神所赖以存在的行为特点是不事张扬、不为人知"不意味着"其得不到传播，不可能成为社会的道德精神"。因为不事张扬、不为人知是默默无闻者主观上的初衷，然而其是否得到传播不仅受主观因素影响，还受客观因素影响，主观上不想传播不意味着客观上就不会被传播。

再次，默默无闻、无私奉献的善举经媒体大力宣传后为更多的人所了解，未必会从根本上使这一善举失去了默默无闻的特性。因为默默无闻的行为发生在前，媒体大力宣传的行为发生在后。即便媒体的宣传使默默无闻的行为被更多人知道，也不会改变这些行为原本的出发点和特性。

最后，默默无闻的善举被媒体大力宣传，当事人未必会受到社会的肯定与赞赏。一方面，每个人对于善恶的界定标准不同，很多默默无闻的善举可能会侵犯一部分人的权益，或者被贴上"烂好人""纵容弱者"等标签；另一方面，这样的善举被媒体大力宣传后，可能还会被质疑，被认为其并不是真正想做善事，有炒作等嫌疑。

综上，材料中的论证难以让人信服。

二、官方考试大纲解析

本题的论证主要存在如下问题：

(1)"默默无闻、无私奉献是人们尊崇的德行"与"不可能成为社会的道德精神"自相矛盾。

(2) 社会道德精神的传播不一定要借助大众媒体，也可以通过家庭或学校教育。

(3)"当事人"不事张扬，不能等同于其"善事"不为人所知。

(4) 善举被大力宣传后为更多的人所了解，不能用来否定当事人做事时的默默无闻。

(5) 社会对当事人的肯定与赞赏，不能用来否定当事人无私奉献的动机。

三、要点精析

默默无闻、无私奉献虽然是人们尊崇的德行，但这种德行其实不可能成为社会的道德精神。

【分析角度1】 "默默无闻、无私奉献是人们尊崇的德行"与"不可能成为社会的道德精神"自相矛盾。

一种德行必须借助大众媒体的传播，让大家受其感染，并化为自觉意识，然后才能成为社会的道德精神。但是，默默无闻、无私奉献的精神所赖以存在的行为特点是不事张扬、不为人知。既然如此，它就得不到传播，也就不可能成为社会的道德精神。

【分析角度2】 一种德行必须借助大众媒体的传播，让大家受其感染，并化为自觉意识，然后才能成为社会的道德精神吗？其实不然。很多社会的道德精神并不是借助大众媒体，而是通过家庭教育、社会教育、学校教育等途径传播的。在没有大众媒体的年代，也有很多公认的社会的道德精神。

【分析角度3】 "默默无闻、无私奉献的精神所赖以存在的行为特点是不事张扬、不为人知"不意味着"其得不到传播，不可能成为社会的道德精神"。因为不事张扬、不为人知是默默无闻者主观上的初衷，然而其是否得到传播不仅受主观因素影响，还受客观因素影响，主观上不想传播不意味着客观上就不会被传播。

退一步讲，默默无闻、无私奉献的善举经媒体大力宣传后为更多的人所了解，这就从根本上使这一善举失去了默默无闻的特性。既然如此，这一命题就无从谈起了。

【分析角度 4】 默默无闻、无私奉献的善举经媒体大力宣传后为更多的人所了解，未必会从根本上使这一善举失去了默默无闻的特性。因为默默无闻的行为发生在前，媒体大力宣传的行为发生在后。即便媒体的宣传使默默无闻的行为被更多人知道，也不会改变这些行为原本的出发点和特性。

再者，默默无闻的善举一旦被媒体大力宣传，当事人必然会受到社会的肯定与赞赏，而这就是社会对他的回报。既然他从社会得到了回报，怎么还可以说是无私奉献呢？

【分析角度 5】 默默无闻的善举被媒体大力宣传，当事人未必会受到社会的肯定与赞赏。一方面，每个人对于善恶的界定标准不同，很多默默无闻的善举可能会侵犯一部分人的权益，或者被贴上"烂好人""纵容弱者"等标签；另一方面，这样的善举被媒体大力宣传后，可能还会被质疑，被认为其并不是真正想做善事，有炒作等嫌疑。

【分析角度 6】 默默无闻者从社会得到了回报，未必就不是无私奉献，因为很可能他们从未期望从社会得到回报。

由此可见，默默无闻、无私奉献的德行注定不可能成为社会的道德精神。

【易错提示】 文章最后一段为总结论，不需要分析。

四、行文细节对比

经常会有同学问我："老师，明明我写的角度和大纲解析一样，为什么分数不高呢？"

这是大家在备考中后期最容易出现的问题。分数不高的原因是，大家虽然想明白了，但是没写明白，也没让阅卷老师看明白。

接下来，我将展示一位同学的习作，并针对这篇习作进行表达上的调整。大家可以通过对比来感受一下区别，并进一步优化自己的行文方向。

习作原文

一段似是而非的论证

文章试图论证受人尊敬的德行，不可能成为社会的道德精神，论证有诸多缺陷，理由如下：

德行必须借助大众媒体的传播，才能成为社会的道德精神。论证无法成立，社会中有许许多多的德行都是通过从百家争鸣的时代，口口相传流传下来，而这离不开老师的教导和父辈的传承。因此德行并不是一定要借助大众媒体的传播，才能成为社会的道德精神。

不事张扬、不为人知的行为特点，推不出得不到传播，不能成为社会的道德精神。很有可能接受帮助的人，因为这种精神的感染而回家教育自己的小孩、告诉身边的朋友，从而这样影响起来，并把这种德行不断地推行，从而达到形成所有人的良知，比如尊师重教、勤俭节约等等。

善举被媒体大力传播后被更多人了解，推不出就会失去默默无闻的特性。很有可能被更多的人了解之后达到一种良性的循环，让更多的人养成这种善举，这样很多人都会心照不宣地去做好事，这也并没有失去默默无闻的特性。

一旦被媒体大力宣传，当事人必然会受到社会的肯定与赞赏，这种回报不可以说成是无私奉献。该段论证无法有效推出，首先社会的肯定与赞赏是精神方面的回报，而无私奉献则是不追求物质回报，其次经过媒体的大力宣传，不一定会受到社会的肯定和赞赏，还有可能会受到谩骂和不理解的嘲笑，甚至有可能被恶意解读成"蹭流量"，从而被人身攻击，因此，论证无法成立。

综上所述，受人尊敬的德行并不一定能推出，不能成为社会的道德精神，如需得出结论，还需更加严谨的论证。

习作修改后

默默无闻等德行不可能成为社会的道德精神吗

文章试图论证"默默无闻、无私奉献的德行注定不可能成为社会的道德精神"，但其论证过程存在诸多缺陷，分析如下：

首先，一种德行必须借助大众媒体的传播，才能成为社会的道德精神吗？论证无法成立。社会中有许许多多的德行都是从百家争鸣的时代，口口相传流传下来的，而这离不开老师的教导和父辈的传承。因此德行并不是一定要借助大众媒体的传播，才能成为社会的道德精神。

其次，一种精神所赖以存在的行为特点是不事张扬、不为人知，推不出其就得不到传播且不能成为社会的道德精神。很有可能接受帮助的人，受到这种精神的感染而回家教育自己的小孩、告诉身边的朋友，从而将这种德行不断地推行，最终成为被普遍接受的良知，比如尊师重教、勤俭节约等等。

再次，善举经媒体大力传播后被更多人了解，未必就会失去默默无闻的特性。因为默默无闻的善举发生在前，而媒体的宣传在后，行为发生后的宣传行为并不会影响行为本身的特性。

最后，默默无闻的善举被媒体大力宣传，不代表当事人必然会受到社会的肯定与赞赏。因为经过媒体的大力宣传，当事人很可能非但不会受到社会的肯定和赞赏，还有可能会受到谩骂和不理解的嘲笑，甚至有可能被恶意解读成"蹭流量"，从而被人身攻击；更何况，从社会得到了肯定与赞赏，就不是无私奉献吗？社会的肯定与赞赏是精神方面的回报，而无私奉献则是不追求物质回报。因此，论证无法成立。

综上所述，"默默无闻、无私奉献的德行注定不可能成为社会的道德精神"这一结论难以推出，如需得出结论，还需更加严谨的论证。

习作修改前后逐段对比

【原文】 一段似是而非的论证

【修改后】　默默无闻等德行不可能成为社会的道德精神吗

【原文】　文章试图论证受人尊敬的德行，不可能成为社会的道德精神，论证有诸多缺陷，理由如下：

【修改后】　文章试图论证"默默无闻、无私奉献的德行注定不可能成为社会的道德精神"，但其论证过程存在诸多缺陷，分析如下：

【原文】　德行必须借助大众媒体的传播，才能成为社会的道德精神。论证无法成立，社会中有许许多多的德行都是通过从百家争鸣的时代，口口相传流传下来，而这离不开老师的教导和父辈的传承。因此德行并不是一定要借助大众媒体的传播，才能成为社会的道德精神。

【修改后】　首先，一种德行必须借助大众媒体的传播，才能成为社会的道德精神吗？论证无法成立。社会中有许许多多的德行都是从百家争鸣的时代，口口相传流传下来的，而这离不开老师的教导和父辈的传承。因此德行并不是一定要借助大众媒体的传播，才能成为社会的道德精神。

【原文】　不事张扬、不为人知的行为特点，推不出得不到传播，不能成为社会的道德精神。很有可能接受帮助的人，因为这种精神的感染而回家教育自己的小孩、告诉身边的朋友，从而这样影响起来，并把这种德行不断地推行，从而达到形成所有人的良知，比如尊师重教、勤俭节约等等。

【修改后】　其次，一种精神所赖以存在的行为特点是不事张扬、不为人知，推不出其就得不到传播且不能成为社会的道德精神。很有可能接受帮助的人，受到这种精神的感染而回家教育自己的小孩、告诉身边的朋友，从而将这种德行不断地推行，最终成为被普遍接受的良知，比如尊师重教、勤俭节约等等。

【原文】　善举被媒体大力传播后被更多人了解，推不出就会失去默默无闻的特性。很有可能被更多的人了解之后达到一种良性的循环，让更多的人养成这种善举，这样很多人都会心照不宣地去做好事，这也并没有失去默默无闻的特性。

【修改后】　再次，善举经媒体大力传播后被更多人了解，未必就会失去默默无闻的特性。因为默默无闻的善举发生在前，而媒体的宣传在后，行为发生后的宣传行为并不会影响行为本身的特性。

【原文】　一旦被媒体大力宣传，当事人必然会受到社会的肯定与赞赏，这种回报不可以说成是无私奉献。该段论证无法有效推出，首先社会的肯定与赞赏是精神方面的回报，而无私奉献则是不追求物质回报，其次经过媒体的大力宣传，不一定会受到社会的肯定和赞赏，还有可能会受到谩骂和不理解的嘲笑，甚至有可能被恶意解读成"蹭流量"，从而被人身攻击，因此，论证无法成立。

【修改后】　最后，默默无闻的善举被媒体大力宣传，不代表当事人必然会受到社会的肯定与赞赏。因为经过媒体的大力宣传，当事人很可能非但不会受到社会的肯定和赞赏，还有可能会受到谩骂和不理解的嘲笑，甚至有可能被恶意解读成"蹭流量"，从而被人身攻击；更何况，从社会得到了肯定与赞赏，就不是无私奉献吗？社会的肯定与赞赏是精神方面的回报，而无私奉献则是不追求物质回报。因此，论证无法成立。

【原文】 综上所述，受人尊敬的德行并不一定能推出，不能成为社会的道德精神，如需得出结论，还需更加严谨的论证。

【修改后】 综上所述，"默默无闻、无私奉献的德行注定不可能成为社会的道德精神"这一结论难以推出，如需得出结论，还需更加严谨的论证。

通过对比，大家感受到区别了吗？尽管修改前后的习作在审题结果和行文理由方面都是一样的，但两篇文章给读者的观感却完全不同。大家可以在理解这种区别的基础上，对自己的文章进行相应的修订。

第二节　谬误很多的真题

[199–2019] 有人认为选择越多越快乐。其理由是：人的选择越多就越自由，其自主性就越高，就越感到幸福和满足，所以就越快乐。其实，选择越多可能会越痛苦。

常言道："知足常乐。"一个人知足了才会感到快乐。世界上的事物是无穷的，所以选择也是无穷的。所谓"选择越多越快乐"，意味着只有无穷的选择才能使人感到最快乐。而追求无穷的选择就是不知足，不知足者就不会感到快乐，那就只会感到痛苦。

再说，在作出每一选择时，首先需要我们对各个选项进行考察分析，然后再进行判断决策。选择越多，我们在考察分析选项时势必付出更多的精力，也就势必带来更多的烦恼和痛苦。事实也正是如此。我们在做考卷中的选择题时，选项越多选择起来就越麻烦，也就越感到痛苦。

还有，选择越多，选择时产生失误的概率就越高，由于选择失误而产生的后悔就越多，因而产生的痛苦也就越多。有人因为飞机晚点而后悔没选坐高铁，就是因为可选交通工具多样而造成的。如果没有高铁可选，就不会有这种后悔和痛苦。

退一步说，即使其选择没有绝对的对错之分，也肯定有优劣之分。人们作出某一选择后，可能会觉得自己的选择并非最优而产生懊悔。从这种意义上说，选择越多，懊悔的概率就越大，也就越痛苦。很多股民懊悔自己没有选好股票而未赚到更多的钱，从而痛苦不已，无疑是因为可选购的股票太多造成的。

一、四步法演练

第一步：画圈

有人认为选择越多越快乐。其 理由 是：人的选择越多就越自由，其自主性就越高，就越感到幸福和满足，所以 就越快乐。其实，选择越多可能会越痛苦。

常言道："知足常乐。"一个人知足了 才会 感到快乐。世界上的事物是无穷的，所以 选择也是无穷的。所谓"选择越多越快乐"，意味着只有无穷的选择才能使人感到最快乐。而追求无穷的选择就是不知足，不知足者就不会感到快乐，那就只会感到痛苦。

再说，在作出每一选择时，首先需要我们对各个选项进行考察分析，然后再进行判断决策。选择越多，我们在考察分析选项时势必付出更多的精力，也就势必带来更多的烦恼和痛苦。事实也正是如此。我们在做考卷中的选择题时，选项越多选择起来就越麻烦，也就越感到痛苦。

还有，选择越多，选择时产生失误的概率就越高，由于选择失误而产生的后悔就越多，因而产生的痛苦也就越多。有人因为飞机晚点而后悔没选坐高铁，就是因为可选交通工具多样而造成的。如果没有高铁可选，就不会有这种后悔和痛苦。

退一步说，即使其选择没有绝对的对错之分，也肯定有优劣之分。人们作出某一选择后，可能会觉得自己的选择并非最优而产生懊悔。从这种意义上说，选择越多，懊悔的概率就越大，也就越痛苦。很多股民懊悔自己没有选好股票而未赚到更多的钱，从而痛苦不已，无疑是因为可选购的股票太多造成的。

第二步：选点

有人认为选择越多越快乐。其理由是：人的选择越多就越自由，其自主性就越高，就越感到幸福和满足，所以就越快乐。其实，选择越多可能会越痛苦。

常言道："知足常乐。"一个人知足了才会感到快乐。世界上的事物是无穷的，所以选择也是无穷的。所谓"选择越多越快乐"，意味着只有无穷的选择才能使人感到最快乐。而追求无穷的选择就是不知足，不知足者就不会感到快乐，那就只会感到痛苦。

再说，在作出每一选择时，首先需要我们对各个选项进行考察分析，然后再进行判断决策。选择越多，我们在考察分析选项时势必付出更多的精力，也就势必带来更多的烦恼和痛苦。事实也正是如此。我们在做考卷中的选择题时，选项越多选择起来就越麻烦，也就越感到痛苦。

还有，选择越多，选择时产生失误的概率就越高，由于选择失误而产生的后悔就越多，因而产生的痛苦也就越多。有人因为飞机晚点而后悔没选坐高铁，就是因为可选交通工具多样而造成的。如果没有高铁可选，就不会有这种后悔和痛苦。

退一步说，即使其选择没有绝对的对错之分，也肯定有优劣之分。人们作出某一选择后，可能会觉得自己的选择并非最优而产生懊悔。从这种意义上说，选择越多，懊悔的概率就越大，也就越痛苦。很多股民懊悔自己没有选好股票而未赚到更多的钱，从而痛苦不已，无疑是因为可选购的股票太多造成的。

第三步：标注理由关键词

有人认为选择越多越快乐。其理由是：人的选择越多就越自由，其自主性就越高，就越感到幸福和满足，所以就越快乐。其实，选择越多可能会越痛苦。

常言道："知足常乐。"一个人知足了才会感到快乐。世界上的事物是无穷的，所以（客观没钱、主观不喜欢）选择也是无穷的。所谓"选择越多越快乐"，意味着只有无穷的选择才能使人感到最快乐。而追求无穷的选择**就是**不知足，不知足者**就**不会感到快乐，**那就**只会感到痛苦。

再说，在作出每一选择时，首先需要我们对各个选项进行考察分析，然后再进行判断决策。选择越多，我们在考察分析选项时势必付出更多的精力，**也就**势必带来更多的烦恼和痛苦。事实也正是如此。我们在做考卷中的选择题时，选项越多选择起来**就**（答案既定）越麻烦，**也就**（成就感）越感到痛苦。

还有，选择越多，选择时产生失误的概率**就**（全面）越高，**由于**选择失误而产生的后悔就越多，**因而**产生的痛苦**也就**越多。有人**因为**飞机晚点而后悔没选坐高铁，**就是因为**可选交通工具多样而造成的。**如果**没有高铁可选，**就不会**有这种后悔和痛苦。

退一步说，**即使**其选择没有绝对的对错之分，**也肯定**有优劣之分。人们作出某一选择后，可能会觉得自己的选择并非最优而产生懊悔。从这种意义上说，选择越多，懊悔的概率**就**越大，**也就**越痛苦。很多股民懊悔自己没有选好股票而未赚到更多的钱，**从而**痛苦不已，**无疑是因为**（能力不足、选错了）可选购的股票太多造成的。

第四步：串词行文

选择越多会越痛苦吗

材料试图通过一系列分析得出"选择越多可能会越痛苦"的结论，但其论证过程存在诸多逻辑漏洞，现分析如下：

首先，世界上的事物是无穷的，不意味着选择也是无穷的。从客观层面来看，很多事物虽然存在，但要成为我们的选择，需要满足一定的客观条件。很多人由于经济实力等条件不允许，无法将这些事物作为选择。从主观层面来看，很多事物并不符合人们的审美或需要，即便存在，也不能作为选择。

其次，选项越多，选择起来未必就越麻烦。很多选择题的答案往往是既定的，一旦得到正确答案，即便有再多的选项，选择起来也不会更麻烦。不仅如此，即使选择更麻烦，也未必会让人感到更痛苦。在处理麻烦的过程中，我们往往能够感受到自身的进步和成长，充满成就感，乐在其中。因此，选择的多少并不决定是否会感到痛苦，而是取决于我们对选择的态度和处理方式。

再次，选择越多，不意味着选择时产生失误的概率就越高。相反，通过对比不同选项，我们可以更全面地看待问题，找到更合适的选项。选择的多样性可以帮助我们更好地权衡利弊，减少失误的可能性。

最后，很多股民懊悔自己没有选好股票而未赚到更多的钱，从而痛苦不已，是因为可选购的股票太多造成的吗？其实不然。懊恼往往源于个人能力的不足，即没有选择到能够赚更多钱的股票。若是这些股民做出了正确的选择，即使股票再多，他们也不太可能会感到懊恼。

综上，其论证难以让人信服。

二、官方考试大纲解析

本题的论证主要存在如下问题：

（1）所谓"选择越多越快乐"，其中的选择再多也是有限的，所以并不"意味着"选择者有无穷的选择。选择者不可能去追求无穷的选择，也就无所谓"不知足"。

（2）从"知足常乐"不能推出"不知足者就不会感到快乐"而"只会感到痛苦"。

（3）考察分析更多的选项虽然要付出更多的精力，但也可能带来探索的乐趣，而未必带来更多的烦恼和痛苦。

（4）人们的多种选择可能都合适，选项多少和选择失误之间未必存在正比关系，所以"选择越多，选择时产生失误的概率就越高"等说法未必正确。

（5）"因为飞机晚点而后悔没选坐高铁"，其后悔的原因明明是"飞机晚点"，说"是因为可选交通工具多样而造成的"明显属于归因谬误。如果没有高铁可选，可能也会有这种后悔和痛苦。

（6）"股民懊悔自己没有选好股票而未赚到更多的钱"与"可选购的股票太多"无直接因果关系。

三、要点精析

有人认为选择越多越快乐。其理由是：人的选择越多就越自由，其自主性就越高，就越感到幸福和满足，所以就越快乐。其实，选择越多可能会越痛苦。

【易错提示】 该段为背景知识，且后文对其中的理由进行了否定，故不用分析。

常言道："知足常乐。"一个人知足了才会感到快乐。世界上的事物是无穷的，所以选择也是无穷的。所谓"选择越多越快乐"，意味着只有无穷的选择才能使人感到最快乐。而追求无穷的选择就是不知足，不知足者就不会感到快乐，那就只会感到痛苦。

【分析角度1】 "知足常乐"并不代表一个人只有知足了才会感到快乐。论证中误把"知足"这一充分条件当成了必要条件。很多人恰恰是因为不愿知足，将不知足化作前进的动力，从而获得了更大的快乐和满足感。

【分析角度2】 客观事物无穷并不代表主观选择无穷。从主体意愿上看，很多客观存在的事物并不被主体需要；从客观局限性上看，尽管事物具有无穷性，但是很多有效资源是稀缺的、有选择门槛的。很多事物虽然被主体需要，但同时受到法律、实力等因素的制约，人们往往无法自由选择。

【分析角度3】 所谓"选择越多越快乐"，并不意味着只有无穷的选择才能使人感到最快乐。因为即便选择再多，也是有限的，所以并不意味着选择者有无穷的选择。选择者不可能去追求无穷的选择，也就无所谓"不知足"。

【分析角度4】 不知足者未必就不会感到快乐。相反，很有可能正是因为其不知足、不满足于现状而不断地进行自我提升，反而能够因成长收获快乐。

　　再说，在作出每一选择时，首先需要我们对各个选项进行考察分析，然后再进行判断决策。选择越多，我们在考察分析选项时势必付出更多的精力，也就势必带来更多的烦恼和痛苦。事实也正是如此。我们在做考卷中的选择题时，选项越多选择起来就越麻烦，也就越感到痛苦。

　　【分析角度 5】　选择越多，我们在考察分析选项时未必就要付出更多的精力。很多选择是有唯一正确选项的，当正确选项唯一时，我们很多时候可以直接锁定正确答案，此时付出的精力与选项数量之间并不存在正比关系。

　　【分析角度 6】　我们在考察分析选项时付出的精力越多，并不代表烦恼和痛苦就会越多。很多时候，选择多意味着选择者的自主权和选择空间大，考虑问题时可以更加全面，而这未必会带来更多的烦恼和痛苦。

　　【分析角度 7】　考卷中的选择题与材料所探讨的选择具有本质区别，不能草率地将二者进行类比。做考卷中的选择题是在正确选项和错误选项之间做抉择，选项中存在无可争议的正确选项；而材料所探讨的选择并不是正误型选择，而是优劣型选择，需要在诸多各有利弊的选项中进行权衡。

　　还有，选择越多，选择时产生失误的概率就越高，由于选择失误而产生的后悔就越多，因而产生的痛苦也就越多。有人因为飞机晚点而后悔没选坐高铁，就是因为可选交通工具多样而造成的。如果没有高铁可选，就不会有这种后悔和痛苦。

　　【分析角度 8】　材料将乘客因飞机晚点而产生的后悔和痛苦归结于交通工具的多样性实属荒谬。试想，即使没有高铁这一选项，飞机晚点带来的痛苦也未必能够得到缓解，甚至可能会使得更多人因为失去了高铁这一选项而被迫选择飞机作为交通工具，进而让更多人加入痛苦的行列。

　　退一步说，即使其选择没有绝对的对错之分，也肯定有优劣之分。人们作出某一选择后，可能会觉得自己的选择并非最优而产生懊悔。从这种意义上说，选择越多，懊悔的概率就越大，也就越痛苦。很多股民懊悔自己没有选好股票而未赚到更多的钱，从而痛苦不已，无疑是因为可选购的股票太多造成的。

　　【分析角度 9】　选择未必有优劣之分。很多选择的优劣是难以权衡的，当选择者所处的视角、衡量的标准不同时，会对同一个选择给出截然不同的评价。

　　【分析角度 10】　很多股民的痛苦真的源自可选购的股票太多吗？股民若在众多的股票中选中了不断增值的股票还会如此懊悔吗？未必。可见，很多股民懊恼的原因是没有选对股票而非选项太多。

第三节　难度较大的真题

> ☀️ **小贴士**
>
> 　　该年真题难度较大，位于真题难度排名前5%。在遇到难题时，一定要优先寻找没有争议、好写的点。若实在找不够点，再考虑讨论较难的谬误。

　　[199–2021] 常言道："耳听为虚，眼见为实。"其实，"眼所见者未必实"。

　　从哲学意义上来说，事物的表象不等于事物的真相。我们亲眼看到的，显然只是事物的表象而不是真相。只有将看到的表象加以分析，透过现象看本质，才能看到真相。换言之，我们亲眼看到的未必是真实的东西，即"眼所见者未必实"。

　　举例来说，人们都看到旭日东升，夕阳西下，也就是说，太阳环绕地球转。但是，这只是人们站在地球上看到的表象而已，其实这是地球自转造成的。由此可见，眼所见者未必实。

　　我国古代哲学家老子早就看到了这一点。他说过，人们只看到房子的"有"（有形的结构），但人们没看到的"无"（房子中无形的空间）才有实际效用。这也说明眼所见者未必实，未见者为实。

　　老子还说，讲究表面的礼节是"忠信之薄"的表现。韩非解释时举例说，父母和子女因为感情深厚而不讲究礼节，可见讲究礼节是感情不深的表现。现在人们把那种客气的行为称作"见外"，也是这个道理。这其实也是一种"眼所见者未必实"的现象。因此，如果你看到有人对你很客气，就认为他对你好，那就错了。

一、四步法演练

第一步：画圈

　　常言道："耳听为虚，眼见为实。"其实，"眼所见者未必实"。

　　从哲学意义上来说，事物的表象不等于事物的真相。我们亲眼看到的，⟨显然⟩只是事物的表象而不是真相。⟨只有⟩将看到的表象加以分析，透过现象看本质，⟨才能⟩看到真相。换言之，我们亲眼看到的未必是真实的东西，即"眼所见者未必实"。

　　举例来说，人们都看到旭日东升，夕阳西下，⟨也就是说⟩，太阳环绕地球转。但是，这只是人们站在地球上看到的表象而已，其实这是地球自转造成的。⟨由此可见⟩，眼所见者未必实。

　　我国古代哲学家老子早就看到了这一点。他说过，人们只看到房子的"有"（有形的结构），但人们没看到的"无"（房子中无形的空间）⟨才有⟩实际效用。⟨这也说明⟩眼所见者未必实，未见者为实。

　　老子还说，讲究表面的礼节是"忠信之薄"的表现。韩非解释时举例说，父母和子女⟨因为⟩

感情深厚而不讲究礼节，可见讲究礼节是感情不深的表现。现在人们把那种客气的行为称作"见外"，也是这个道理。这其实也是一种"眼所见者未必实"的现象。因此，如果你看到有人对你很客气，就认为他对你好，那就错了。

第二步：选点

常言道："耳听为虚，眼见为实。"其实，"眼所见者未必实"。

从哲学意义上来说，事物的表象不等于事物的真相。我们亲眼看到的，显然①只是事物的表象而不是真相。只有将看到的表象加以分析，透过现象看本质，才能看到真相。换言之，我们亲眼看到的未必是真实的东西，即"眼所见者未必实"。

举例来说，人们都看到旭日东升，夕阳西下，也就是说②，太阳环绕地球转。但是，这只是人们站在地球上看到的表象而已，其实这是地球自转造成的。由此可见，眼所见者未必实。

我国古代哲学家老子早就看到了这一点。他说过，人们只看到房子的"有"（有形的结构），但人们没看到的"无"（房子中无形的空间）才有实际效用。③这也说明眼所见者未必实，未见者为实。

老子还说，讲究表面的礼节是"忠信之薄"的表现。韩非解释时举例说，父母和子女因为感情深厚而不讲究礼节，可见讲究礼节是感情不深的表现。现在人们把那种客气的行为称作"见外"，也是这个道理。这其实也是一种"眼所见者未必实"的现象。因此，如果你看到有人对你很客气，就认为他对你好，那就错了。

第三步：标注理由关键词

常言道："耳听为虚，眼见为实。"其实，"眼所见者未必实"。

从哲学意义上来说，事物的表象不等于事物的真相。我们亲眼看到的，显然只是事物的表象而不是真相。只有将看到的表象加以分析，透过现象看本质，才能（有特例）看到真相。换言之，我们亲眼看到的未必是真实的东西，即"眼所见者未必实"。

举例来说，人们都看到旭日东升，夕阳西下，也就是说，太阳环绕地球转。但是，这只是人们站在地球上看到的表象而已，其实这是地球自转造成的。由此可见（不实的不是眼所见的），眼所见者未必实。

我国古代哲学家老子早就看到了这一点。他说过，人们只看到房子的"有"（有形的结构），但人们没看到的"无"（房子中无形的空间）才有实际效用。这也说明（实际效用≠实、特例）眼所见者未必实，未见者为实。

老子还说，讲究表面的礼节是"忠信之薄"的表现。韩非解释时举例说，父母和子女因为

---

① 该语句也可以分析，但该段后面的"只有……才能……"论证识别标志更明显，分析后者更安全。故在两者中只需要写一个的时候，可优先考虑论证识别标志更明显的以降低风险。

② 该语句可以分析，但如果想把其分析清楚，需要一定的地理知识，分析门槛相对较高。

③ 该语句为老子所说的话，为背景知识，不能分析。

感情深厚而不讲究礼节，可见①讲究礼节是感情不深的表现。现在人们把那种客气的行为称作"见外"，也是这个道理。这其实也是一种"眼所见者未必实"的现象。因此，如果你看到有人对你很客气，就（友善、尊重）认为他对你好，那就错了。

第四步：串词行文

由"眼所见者未必实"引发的论证合理吗②

上述材料中，作者展开了诸多论证，试图得出"眼所见者未必实"的结论。然而，由于其论证过程中存在诸多缺陷，故其结论也是值得商榷的。现分析如下：

首先，只有将看到的表象加以分析，透过现象看本质，才能看到真相吗？答案是否定的。我们不否认部分真相隐藏在表象的背后，需要我们对表象进行分析。但也有很多真相是直接通过表象呈现出来的，不需要对表象进行额外的分析就能看到。

其次，由"太阳环绕地球转只是人们站在地球上看到的表象"无法得出"眼所见者未必实"的结论。因为"太阳环绕地球转"并不是人们眼见的事实，而是根据"旭日东升，夕阳西下"这一眼见的事实所分析出来的。故论据的不实无法证明"眼所见者未必实"。

再次，房子的"无"才有实际效用无法证明"未见者为实"。一方面，有实际效用并不等同于真相；另一方面，房子仅为特例，无法代表其他事物的情况。

最后，看到有人对你很客气，未必说明"认为他对你好"是错的。虽然不排除有些人带有目的性，想要拉近彼此的距离而对你很客气，但也有很多人只是单纯地希望通过客气的方式传递自己的友善和尊重。

综上，正是由于作者在论证的过程中存在以上诸多逻辑缺陷，故其结论难以让人信服。

二、官方考试大纲解析

本题的论证主要存在如下问题：

（1）核心概念的界定前后不一致，"眼见为实"的"实"和文中"眼所见者未必实"的"实"内涵不同。

（2）亲眼看到的，其实不只是事物的表象，也可能是真相。

（3）地球自转的实情，不能用来否定我们看到的"旭日东升，夕阳西下"这一实况。

（4）房子的"无"具有"实际效用"，但这不是"未见者为实"之"实"（真实）。

（5）父母和子女因为感情深厚而不讲究礼节，不能推出讲究礼节是感情不深的表现。

---

① 该语句为韩非所说的话，按理来说不能分析。但后文指出"现在人们把那种客气的行为称作'见外'，也是这个道理"，说明作者认同这一观点，这就变成了作者的论证，故可以分析。

② 这里需要提醒大家注意一下该年真题的题目。该年真题的结论为"眼所见者未必实"，是一种可能性表达，是正确的。故在拟题目的时候不建议对结论进行质疑，即不建议拟成"眼所见者未必实吗"，更建议采取话题式拟题法，如"关于'眼见未必为实'的论证合理吗"。

（6）有人对你很客气，也有可能是真的对你好。

三、要点精析

常言道："耳听为虚，眼见为实。"其实，"眼所见者未必实"。

【易错提示 1】 该段为背景知识，且作者不同意其中的观点，故不用分析。

从哲学意义上来说，事物的表象不等于事物的真相。我们亲眼看到的，显然只是事物的表象而不是真相。只有将看到的表象加以分析，透过现象看本质，才能看到真相。换言之，我们亲眼看到的未必是真实的东西，即"眼所见者未必实"。

【易错提示 2】 "从哲学意义上来说，事物的表象不等于事物的真相"为背景知识，不需要分析。

【分析角度 1】 只有将看到的表象加以分析，透过现象看本质，才能看到真相吗？答案是否定的。我们不否认部分真相隐藏在表象的背后，需要我们对表象进行分析。但也有很多真相是直接通过表象呈现出来的，不需要对表象进行额外的分析就能看到。

举例来说，人们都看到旭日东升，夕阳西下，也就是说，太阳环绕地球转。但是，这只是人们站在地球上看到的表象而已，其实这是地球自转造成的。由此可见，眼所见者未必实。

【分析角度 2】 由"太阳环绕地球转只是人们站在地球上看到的表象"无法得出"眼所见者未必实"。因为"太阳环绕地球转"并不是人们眼见的事实，而是根据"旭日东升，夕阳西下"这一眼见的事实所分析出来的。故论据的不实无法证明"眼所见者未必实"。

我国古代哲学家老子早就看到了这一点。他说过，人们只看到房子的"有"（有形的结构），但人们没看到的"无"（房子中无形的空间）才有实际效用。这也说明眼所见者未必实，未见者为实。

【分析角度 3】 房子的"无"才有实际效用无法证明"未见者为实"。一方面，有实际效用并不等同于真相；另一方面，房子仅为特例，无法代表其他事物的情况。

【分析角度 4】 房子的"有"没有实际效用无法证明"眼所见者未必实"。一方面，作者混淆了"实际效用"中"实"与"未见者为实"中"实"的概念；另一方面，房子中无形的空间只有通过有形的结构才能够呈现出来，故房子的"有"并非没有实际效用。

【分析角度 5】 老子的观点仅是一家之言。

老子还说，讲究表面的礼节是"忠信之薄"的表现。韩非解释时举例说，父母和子女因为感情深厚而不讲究礼节，可见讲礼节是感情不深的表现。现在人们把那种客气的行为称作"见外"，也是这个道理。这其实也是一种"眼所见者未必实"的现象。因此，如果你看到有人对你很客气，就认为他对你好，那就错了。

【分析角度6】父母和子女之间的关系无法代表其他群体之间的关系，因为父母和子女之间的关系较为特殊，具有无法割裂的亲缘性。

【分析角度7】看到有人对你很客气，未必说明"认为他对你好"是错的。虽然不排除有些人带有目的性，想要拉近彼此的距离而对你很客气，但也有很多人只是单纯地希望通过客气的方式传递自己的友善和尊重。

其他角度只要合理亦可。

第二部分　论说文

第一章　论说文是什么

第一节　考查内容

论说文的考试形式有两种：命题作文、基于文字材料的自由命题作文。每次考试为其中一种形式。要求考生在准确、全面地理解题意的基础上，对命题或材料所给观点进行分析，表明自己的观点并加以论证。

文章要求思想健康，观点明确，论据充足，论证严密，结构合理，语言流畅。

第二节　评分标准

（1）按照内容、结构、语言三项综合评分。

一类卷（30～35分）：立意深刻，中心突出，结构完整，行文流畅。

二类卷（24～29分）：中心明确，结构较完整，层次较清楚，语句通顺。

三类卷（18～23分）：中心基本明确，结构尚完整，语句较通顺，有少量语病。

四类卷（11～17分）：中心不太明确，结构不够完整，语句不通顺，语病较多。

五类卷（10分及以下）：偏离题意，结构残缺，层次混乱，语句不通。

（2）漏拟题目扣2分。

（3）每3个错别字扣1分，重复的不计，至多扣2分。

（4）书面不整洁，标点不正确，酌情扣1～2分。

第三节　真题及范文

> 💡 **小贴士**
>
> 未特殊说明的情况下，论说文的题干要求均为：
>
> 根据下述材料，写一篇700字左右的论说文，题目自拟。

［199–2022］鸟类会飞是因为它们在进化中不断优化了其身体结构。飞行是一项较特殊的运

动，鸟类的躯干进化成了适合飞行的流线型；飞行也是一项需要付出高能量代价的运动，鸟类增强了翅膀、胸肌部位的功能，又改进了呼吸系统，以便给肌肉持续提供氧气。同时，鸟类在进化过程中舍弃了那些沉重的、效率低的身体部件。

【参考范文】

发展中需要不断优化结构

鸟类会飞是因为它们在进化中不断优化了其身体结构。对于组织来说，其在发展过程中同样需要不断优化结构。

不断地优化结构有助于推动组织实现长远发展。首先，以改进不足的方式来优化结构，有助于组织更好地满足市场需求和客户期望。通过识别和解决内部流程中的问题，组织可以提高工作效率，加速产品或服务的交付，从而更好地满足客户的期望。其次，以增加功能的方式来优化结构，有助于组织拓展其业务范围，获得更多的机会。这种优化可以帮助组织进入新的市场领域，开发新产品或服务，从而实现多样化的发展。再次，以减少冗余的方式来优化结构，有助于组织提高效率和降低成本。通过清除重复的流程、职能和资源分配，组织可以更有效地运营，减少资源浪费。这种优化还有助于简化管理层级，加快决策速度，使组织更具灵活性。这不仅节省了成本，还提高了组织的竞争力。

尽管结构优化有着显而易见的好处，但很多人仍然对此持有疑虑。一些人担心结构变革会导致工作的不稳定和不确定性，使他们失去舒适感。此外，对于一些高级管理人员来说，结构优化可能意味着他们的权力和地位受到威胁，因此他们可能不愿意支持这种变革。另外，有些员工可能担心新结构会增加工作量，而没有相应的回报。

然而，这些疑虑并不应该成为阻止结构优化的理由。第一，结构变革可以为员工提供更多的发展机会和职业道路，使他们不断学习和成长。第二，虽然变革可能导致暂时的不稳定，但从长远来看，它为组织创造了更强大的竞争力，有利于员工的发展和福祉。第三，结构优化可以通过合理的沟通和培训来减轻员工的工作负担，以确保他们能够顺利过渡到新的工作方式。

综上，组织发展中需要不断优化结构。

第四节 题型解读

论说文试题的题干通常是一段简短的材料。我们要做的是基于对材料的理解给出一个观点，并且论证观点为什么成立。

论说文的构成有三大要素，即论点、论据和论证过程。

论点是论说文的核心和灵魂，论说文一般只有一个中心论点。论点应该是明确的判断，是观点的完整陈述，在形式上应该是完整的句子。但需要注意的是，比喻句不能作为论点。论点是论说文学习中的重点和难点，本书将在后文"审题"章节中具体阐述论点的确定方法。

论说文中的论点和论据是通过论证过程联系起来的。论证过程是运用论据来证明论点的过程和方法，是论点和论据之间的逻辑关系纽带。论点解决"需要证明什么"，论据解决"用什么来证明"，论证过程解决"怎样证明"。

论证有效性分析是要分析别人的论证，而论说文则是要搭建自己的论证。这就好比前者是要评价别人的楼房盖得好不好，而后者则是要自己盖一栋楼。很明显，相较于论证有效性分析，论说文的灵活度更高一些，其无须固定结构，题目、开头、结尾等也没有固定的话术，中间段落也可以从不同的角度展开论证。

但在备考过程中，题型灵活未必是好事，它可能会让很多同学陷入纠结和无措。所以，我们将通过接下来的学习，掌握论说文行文的基本思路，让每个同学既有自由发挥的空间，又能游刃有余地应对考试。

考查内容的首句明确了论说文的考试形式。命题作文是指命题者直接给出写作题目的作文；而基于文字材料的自由命题作文则是指需要考生根据材料自行给出观点并拟定题目的作文。

命题作文在考试中考频相对较低，总结如下。

1.［199–1999–10］以"小议企业领导者的素质"为题，写一篇 500 字左右的议论文。

2.［199–2009］以"由三鹿奶粉事件所想到的"为题，写一篇 700 字左右的论说文。

3.［396–2016］阅读下面的材料，以"延长退休年龄之我见"为题，写一篇不少于 600 字的论说文。

自从国家拟推出延迟退休政策以来，就受到了社会各界的广泛关注，同时也引起激烈的争论。为什么要延长退休年龄？

赞成者说，如果不延长退休年龄，养老金就会出现巨大缺口；另外，中国已经步入老年社会，如果不延长退休年龄，就会出现劳动力紧缺的现象。

反对者说，延长退休年龄就是剥夺劳动者应该享受的退休福利，退休年龄的延长意味着领取养老金时间的缩短；另外，退休年龄的延长也会给年轻人就业造成巨大压力。

4.［396–2017］阅读下面的材料，以"是否应该对穷人提供福利？"为题，写一篇不少于 600 字的论说文。

国家是否应该对穷人提供福利存在较大的争论。反对者认为：贪婪、自私、懒惰是人的本性。如果有福利，人人都想获取。贫穷在大多数情况下是懒惰造成的。为穷人提供福利相当于把努力工作的人的财富转移给了懒惰的人。因此，穷人不应该享受福利。

支持者则认为：如果没有社会福利，则穷人没有收入，就会造成社会动荡，社会犯罪率会上升，相关的合理支出也会增多，其造成的危害可能大于提供社会福利的成本，最终也会影响努力工作的人的利益。因此，为穷人提供社会福利能够稳定社会秩序，应该为穷人提供福利。

正是由于该命题形式的考频很低，所以经常容易被大家忽视，考生常将"命题作文"当作"自由命题作文"。在此提醒大家，审题的时候一定要看清题干要求。

第五节　考试要求

（一）准确

考试大纲明确要求我们审题需要"准确"，而非"创新"。很多同学在审题时会对题目做一些美化和修饰，然而在美化和修饰的过程中经常会无意间改变题目的本意，使得立意不够准确。例如，很多同学会将"失败是成功之母"替换为"塞翁失马，焉知非福"，然而二者的使用场景并不相同，前者是因为能力不足而失败，后者则是因为运气不佳而失败；也有很多同学会将"细节、平凡、小事、星星之火"等词语混淆，但实际上这些词语的意思各不相同。

对这一容易忽视的问题，大家一定要引起警惕。如何才能做到准确审题呢？第一，需要找准宏观方向；第二，需要找准微观细节。而无论是想实现宏观上的准确还是微观上的准确，都需要我们尊重原题，不能过度延伸。

具体而言，为了确保论说文行文准确，同学们要做到如下几点：

（1）题目、开头、正文都围绕同一中心和范围进行展开。

（2）近似词应谨慎替换。

（3）题干中如有中心词或观点，尽量使用这些中心词或观点展开论述。举例如下。

［199-2017］一家企业遇到了这样一个问题：究竟是把有限的资金用于扩大生产呢，还是用于研发新产品？有人主张投资扩大生产，因为根据市场调查，原产品还可以畅销三到五年，由此可以获得可靠而丰厚的利润。有人主张投资研发新产品，因为这样做虽然有很大的风险，但风险背后可能有数倍于甚至数十倍于前者的利润。

问："创新才能成功"能否作为该年真题的立意？

答案：否。原因有多个。

第一，材料中所讨论的"研发新产品"并不完全等同于"创新"。

第二，"才能"这一表达过于绝对。

第三，题干中并未体现出通过研发新产品可以取得成功这一结果，题干中所体现出来的结果是：利润更高或能实现长远发展。

第四，题干不仅仅在讨论研发新产品的利弊，而且将研发新产品和扩大生产进行比较，这一比较在题目中最好有所体现。

所以在综合考虑以上因素后，该题的题目可以拟为：

（1）研发新产品更有利于长远发展。

（2）企业更需要研发新产品。

（3）资金有限的企业更应该研发新产品。

（4）企业更需要扩大生产。

（5）扩大生产有利于稳定发展。

其他题目合理亦可。

当然，这道题如果大家审得不够准确，也不用焦虑，在大方向没错的情况下，即便不够准确，也能拿到中等分数，不会出现致命后果。但如果大家想拿高分，还是要尽可能精准地表达。

（二）全面

审题除了要准确，还要全面。需要注意的是，这里的全面并不是指信息的叠加，而是全局意识，不要仅基于题干中的部分信息便给出观点。举例如下。

［199–2000–10］根据下面一则材料，写一篇不少于 500 字的议论文，题目自拟。

有人问一位诺贝尔奖奖金获得者："您在哪所大学学到了您认为是最主要的一些东西？"出人意料，这位学者回答说是在幼儿园，他说："把自己的东西分一半给小伙伴们，不是自己的东西不要拿，东西要放整齐，做错事要表示歉意，要仔细观察大自然。从根本上说，我学到的全部东西就是这些。"

问：以下哪些选项不能作为该论说文的题目？

（1）小事的重要性。

（2）观察自然的重要性。

（3）知错就改的重要性。

（4）分享的重要性。

（5）细节的重要性。

（6）习惯的重要性。

这道题的审题方向是，要向诺贝尔奖获得者学习，也就是要做到"把自己的东西分一半给小伙伴们，不是自己的东西不要拿，东西要放整齐，做错事要表示歉意，要仔细观察大自然"。但这些事的文字量太大了，无法直接作为标题，所以我们需要对其进行总结。而在总结的过程中，就要注意到"全面性"，我们所总结的中心需要能够覆盖这些事的所有内容。

在上面的选项中，只有选项（6）符合要求，其他的都不够全面。

例如，仔细观察大自然不是小事、不是知错就改、不是分享、不是细节；把自己的东西分一半给小伙伴们不是在观察大自然。

希望通过这个练习，大家能够理解什么是真正的"全面"。

（三）观点明确

考试大纲中指出，"对命题或材料所给观点进行分析，表明自己的观点并加以论证"，这句话完整地向我们传达了论说文的行文思路。论说文的本质是论证，既然是论证，就要包含论证的三要素，即论点、论据和论证过程。论点是论证的核心。论说文的论点从何而来？考试大纲已经给出了答案，论点就是我们的观点。那么我们的观点从何而来？考试大纲也给出了答案，即在对命题或材料所给观点进行分析的基础上得来。我们的观点一定是对材料观点进行合理分析得来的，不能偏题，否则文章直接就会被划分为四、五类卷，分数也会较低。

考试大纲明确要求考生要表明自己的观点，故审题后我们所表达的观点应该清晰明确，不应故弄玄虚或者模糊不清。例如，"论合作""都云作者痴，谁解其中味"等题目没有明确表明作者的观点。

我们还是以2017年管理类综合能力考试真题（扩大研发）为例。

问：以下题目是否可以作为该年真题的题目？

（1）企业要扩大生产与研发新产品。

（2）论扩大生产与研发新产品的抉择。

（3）学会选择。

（4）风险和收益并存。

（5）凡事有利必有弊。

题干在让我们做出选择，而这五个题目都没有明确地表达出我们的态度，即观点都不鲜明。所以答案是：都不可以。

（四）逻辑严密

凡是论证有效性分析中需要我们识别的逻辑缺陷，在论说文中一个也不能出现。故拟题时也需要遵循这一规则。题目中不要出现过于绝对的表达，也不要出现其他逻辑错误。例如，"唯有创新才能成功""接纳专家意见是管理者的唯一选择"等题目都过于绝对，会导致文章降级为四类卷或是五类卷。因此，大家应做到如下两点：

（1）没有任何逻辑缺陷；

（2）题目与材料中心词完全一致。

（五）思想健康

考试大纲中明确要求文章思想健康。所谓思想健康，实质上就是要求文章体现正确的社会观、积极的人生观、鲜明的是非观和爱憎分明的感情倾向等。观点应不反党、不反政府、不反社会、不反人类，不仅如此，还应该有价值、有现实意义，能体现出考生积极向上的一面。这一要求是立意的大前提，思想不健康，作文写得再好也是白费功夫。请大家思考如下题目是否合理。

（1）风险和收益并存。

（2）帮助也是一种伤害。

（3）缺点有时也是优点。

（4）事物具有两面性。

（5）仁和富不可共存。

（6）要想为仁，先为富。

对此，我们逐一进行分析。

（1）不合理。题目没有现实意义。该题目的立场虽然没有错误，但这只是向我们陈述了一个事实，没有任何态度和立场，无现实意义。

（2）不合理。考生难以行文。如果强行行文，只能写"我们要拒绝帮助"，显然思想不健康。

（3）不合理。考生难以行文。如果强行行文，只能写"所以我们要有缺点"，显然思想不健康。

（4）不合理。与（1）较为相似，没有现实意义。

（5）不合理。割裂了"仁"和"富"的关系，认为富者都不仁，仁者都不富，思想不健康。

（6）不合理。为"仁"设置了限制条件，认为只有"为富"后才能"为仁"，思想不健康。

（六）论据充足、论证严密

大纲对论据的要求是充足。论据充足不是说大家平日背得越多越好，也不是说考场上写得越多越好，即便背了几万个论据，不能应用到文章中也是徒劳；也有的同学论据写得特别多，但论据如果不能有效地为论点服务，那么写再多也都是做无用功。因此大家一定要对论据充足有一个正确的认知，这里的充足是指论据足够论证出论点。如果一个论据就能论证出论点，那么写这一个论据就够了；如果一句话可以，那么写这一句话就够了。所以论据充足指的是论证力度上的充足，而非论据数量和字数的堆砌。

（七）结构合理、语言流畅

如果把文章比作一本书，题目就好似书皮，结构就好似目录。题目和结构决定了阅卷者对文章的第一印象，所以合理的结构无疑可以为文章加分。大家在行文之前，最好能先拟定提纲，力保结构合理。

（八）注意题干要求

在审题的过程中，大家还需要注意题干要求，如果材料明确指出围绕"某主体"展开行文，则不可转换主体。例如，题干要求为"根据以下材料，围绕城邦写一篇 700 字左右的论说文，题目自拟"，则只能围绕城邦展开写作。

（九）紧扣题意

论说文的题目必须是根据材料审题得出的，不能过分地依赖自我认知和自身的知识储备。无论对材料熟悉与否，都要从材料中找到审题线索。

第二章 完整思路速览

为了避免大家在学习前期处于盲人摸象的状态，本章先用最简单的方式带大家快速入门，让大家理解什么是论说文，并对如何快速写成文章有初步认识。

再次提醒大家，本章的主要目标是捋顺基本思路，很多原理、方法及注意事项等将在后面的章节详解。若在学习本章时有不理解之处也不必心急，可以带着问题在后面的章节中寻找答案。

论说文要比论证有效性分析复杂得多，但很多理论本身是没有意义的，会把简单的问题复杂化。

实际上，论说文和论证有效性分析一样，也只需要四步即可行文。

第一步：审题。

第二步：确定结构。

第三步：标注理由关键词。

第四步：串词行文。

接下来，以 2020 年管理类综合能力考试真题为例，为大家演示一下论说文的四步写作法。（此处建议大家观看视频教程，可以更加直观地理解论说文的四步写作法。）

据报道，美国航天飞机"挑战者号"采用了斯沃克公司的零配件。该公司的密封圈技术专家博易斯乔利多次向公司高层提醒：低温会导致橡胶密封圈脆裂而引发重大事故。但是，这一意见一直没有受到重视。1986 年 1 月 27 日，佛罗里达州卡纳维拉尔角发射场的气温降到零摄氏度以下，美国宇航局再次打电话给斯沃克公司，询问其对航天飞机的发射还有没有疑虑之处。为此，斯沃克公司召开会议，博易斯乔利坚持认为不能发射，但公司高层认为他所持理由还不够充分，于是同意宇航局发射。1 月 28 日上午，航天飞机离开发射平台，仅过了 73 秒，悲剧就发生了。

第一步：审题

论说文的审题不要求创新，而是要基于材料内容给出自己的观点，故审题不能脱离材料。审题过程中通常是先宏观定方向，再微观定细节，最后将细节变成观点。

1. 宏观定方向

结果：悲剧发生。

方向：不应做导致悲剧发生的事件。

事件：（1）专家的意见没有受到重视；（2）公司高层认为专家所持理由不够充分。

2. 微观定细节

中心词：重视意见／重视专家意见／重视员工意见／重视不同意见。

主体：公司高层／管理者／领导者／决策者／我们。

结果：规避风险／减少损失。

3. 细节变观点

（1）管理者应当重视专家意见。

（2）我们要重视他人意见。

（3）重视专家意见有利于规避风险。

其他观点合理亦可。

第二步：确定结构

该年真题为单一话题型，可直接采取常规结构，也可以根据自身的喜好调整结构。此处选用一个常规结构为例进行演示。

结构构成：开头—正论—辩证（存在顾虑）—辩证（化解顾虑）—结尾。

具体结构构成如下（考场上该部分不要在草稿纸上写出来，而要在脑海中快速浮现）：

开头：故事类型的论说文的开头构成通常是"人＋事＋结果＋过渡句＋观点"。

正论：正面阐述观点为什么成立。

辩证（存在顾虑）：找到会削弱观点的理由。

辩证（化解顾虑）：对削弱观点的理由进行反驳以支持观点。

结尾：扣题。

第三步：标注理由关键词

标注理由关键词的过程其实就是在列提纲，该步骤建议动笔在草稿纸上写出来，方便后续串词行文。

开头：人（斯沃克公司的高层）＋事（没有重视专家的意见，认为专家所持理由不够充分，于是同意宇航局发射"挑战者号"）＋结果（最终导致悲剧发生）＋过渡句（悲剧告诫）＋观点（我们要重视专家意见）。

（引导句）

正论：防范风险、局限性、发现漏洞、纠正错误；集思广益。

辩证（存在顾虑）：过于理论化；盲目自信。

辩证（化解顾虑）：科学依据；稳妥决策。

结尾：扣题（我们要重视专家意见）。

提醒大家一下，在考场上不需要标注得这么详细，可以用符号和字母来表示，反论（－）、正论（＋）、辩证（B）和下定义（D），且只需要列一个简易提纲即可，例如：

＋：防范风险、局限性、发现漏洞、纠正错误；集思广益。

Ｂ：过于理论化——科学依据；盲目自信——稳妥决策。

第四步：串词行文

接下来，我们基于提纲进行扩句，即可形成一篇完整的文章。提醒大家，在串词行文的过程中不建议用太多看似优美的表达，更建议大家用自己的话把观点阐述清楚。

我们要重视专家意见

由于斯沃克公司的高层没有重视专家的意见，认为专家所持理由不够充分而同意宇航局发射"挑战者号"，最终导致悲剧发生。这一悲剧告诫我们要重视专家意见。

如今，"专家"似乎成了一个贬义词，很多人总是喜欢把"专家"称为"砖家"。这是对专家重要性的一种偏见。实际上重视专家意见可以帮助我们更好地发展。为什么这样说呢？

重视专家意见，有利于防范风险，提前化解危机。如今我们处在一个信息过载的时代，知识、技术等都在飞快地更新迭代。处在这样的时代，每个人所掌握的知识都是有限的，对待事物的看法难免会有一定的局限性。而专家通常在某个细分领域深耕多年，积累了丰富的知识和经验，能够发现很多常人难以发现的漏洞；或能依据可靠的数据资料，较为准确地判断事态发展的趋势。因此，重视专家意见，有助于预先识别风险，及时纠正错误，从而将不必要的损失降至最低；不仅如此，重视专家意见相当于汇集来自各方面的声音，吸纳不同领域的智慧，形成互补，减少决策过程中的考虑不全面和信息不对称的问题。

值得一提的是，当我们回归到管理实践，专家意见往往没有得到应有的重视。为何会如此呢？首先，一些管理者担心专家意见过于理论化，难以与实际问题相结合，从而导致实施困难；其次，很多管理者在决策过程中盲目自信，认为自己对业务的了解足够深刻，不需要过多倚重专家的观点。

然而，我们不能因为一些管理者的疑虑就否定重视专家意见的必要性。首先，专家意见的理论性并非绝对负面，相反，理论的支持往往能够为决策提供更深刻的背景和更科学的依据。其次，管理者适度自信是有积极作用的，但过度自信可能导致其忽视潜在风险和机遇。通过倾听专家的观点，管理者可以获得更全面、客观的信息，从而制定更为稳妥的决策。

综上，为了做出恰当的管理决策，我们应当重视专家意见。

至此，我们仅用四步就完成了一篇论说文。

学到这里，如果大家依然觉得很困惑，不理解每个步骤为什么这么做，不用心慌，我将通过后面的章节来解答这些问题。

第三章　结构

结构非常重要！其重要性仅次于题目。

阅卷老师在阅卷时首先会关注题目和卷面情况，接下来就是观察结构，如果结构不合理就会被划为低分试卷，故论说文的结构非常重要。这一章就是和大家讲解论说文的结构。

论证有效性分析的结构简单且固定，但是论说文的结构可以千变万化，有无限可能。

如果是不以应试为目的的日常学习，大家可以发散思维，尝试不同的结构；但考研作文是以应试为目的的，且考场上论说文的答题时间非常紧张，自由发挥很容易造成文章层次混乱，所以更建议大家在备考过程中保持相对稳定的结构。相对稳定的结构并不是指所有人的文章都千篇一律、套用模板，而是要在找到适合自己的结构后，保持自己结构的稳定。

结构上，我们主要做两件事：

第一件事：构建一个属于自己的结构。

第二件事：让这个结构适配所有的真题。

第一节　快速搭建专属高分结构

这一节，我们先来做第一件事，即构建一个属于自己的结构。

对于这个结构，我们的期望是：完全万能、千人千面、容易展开、能拿高分。

如何做到完全万能呢？解决方案是找到万能段落。

如果一个结构只能解决 80% 的真题，这个结构是好是坏呢？

在我看来，它是坏的。这意味着我们在备考中需要耗费更多的精力去练习不同的结构，在考场上还要承担用错结构的风险。

结构万能的前提是段落万能。

基于论说文考试大纲，我们知道论说文的行文方向是对命题或材料所给的观点进行分析，表达自己的观点并加以论证。也就是要说服读者相信我们的观点。

基于这一行文方向，我们可以构建出两个万能的行文方向。

行文方向一：正论——阐述为什么观点很重要 / 观点被需要 / 观点有案例或理论支撑行文。

行文方向二：辩证——阐述对观点存在的顾虑，并推翻这些顾虑。阐述顾虑和推翻顾虑可以合并成一段，也可以拆分到两段中。

更简洁地说，我们可以把论说文理解成辩论赛中的立论。

正论就是论证我方观点是对的。

辩证就是预测对方辩友的观点，并予以推翻。

我们将这两个万能的行文方向，作为论说文结构中的核心构成。

除此之外，下定义、过渡段等也可以作为万能段落。

如何做到千人千面呢？解决方案是搭积木。

先准备一些段落积木，再有逻辑地将其拼接成完整文章。在组合积木的过程中，需要对段首句进行调整，使得段首句能够清晰地呈现段落内容以及它与上下文的联系。

总结前文，我们有如下常见的万能段落积木。

用途			内容
固定积木	题目		表达观点
	开头		引入材料—合理过渡—表达观点
	结尾		扣题即可
核心积木	正论		（1）观点有好处。 （2）时代背景变了，所以需要观点。（描述客观环境＋观点的必要性） （3）有个目标特别重要，而通过观点可以实现。（描述目标的重要性＋观点的必要性） （4）我不行，所以需要观点。（描述主观的局限性＋观点的必要性） （5）用事实证明观点是对的。（基于理论／案例＋证明观点）
	辩证	存在顾虑	影响恶劣／错误理解／例子不符／现状糟糕
		化解顾虑	可以化解／并非如此／只是个例／可以改变
备用积木	反论		否定观点有消极影响／不满足需要／有反例
	下定义		中心词不是什么，而是什么
	引导句		合理即可
	过渡段		合理即可

接下来，开始组建结构。

在组建结构的过程中，不同段落积木的个数、顺序等都没有硬性要求。

我们可以只用一种段落积木，也可以将多种段落积木组合。具体采用哪些段落积木，可以根据大家的自身喜好与材料特征进行调整。

例如，我们可以随机搭建以下结构：（此处不需要背诵，而是要理解所谓的结构是怎么搭建出来的，确定好一个基本结构后，考场随机应变即可）

题目—开头—下定义—正论—反论—辩证—结尾；

题目—开头—正论—辩证（存在顾虑）—辩证（化解顾虑）—结尾；

题目—开头—正论—正论—正论—结尾；

题目—开头—辩证—辩证—辩证—结尾；

题目—开头—正论—正论—反论—辩证—结尾；

题目—开头—正论—正论—辩证（存在顾虑）—辩证（化解顾虑）—结尾；

题目—开头—反论—正论—辩证（存在顾虑）—辩证（化解顾虑）—结尾；

题目—开头—引导句—正论—正论—辩证—结尾；

题目—开头—正论—辩证—反论—结尾。

其他结构只要合理亦可。

结构变形示范案例一

［199–2022］鸟类会飞是因为它们在进化中不断优化了其身体结构。飞行是一项较特殊的运动，鸟类的躯干进化成了适合飞行的流线型；飞行也是一项需要付出高能量代价的运动，鸟类增强了翅膀、胸肌部位的功能，又改进了呼吸系统，以便给肌肉持续提供氧气。同时，鸟类在进化过程中舍弃了那些沉重的、效率低的身体部件。

变形一：题目—开头—正论—正论—正论—辩证（存在顾虑）—辩证（化解顾虑）—结尾

发展中需要不断优化结构

鸟类会飞是因为它们在进化中不断优化了其身体结构。对于组织来说，其在发展过程中同样需要不断优化其结构。

首先，以改进不足的方式来优化结构，有助于组织更好地满足市场需求和客户期望。通过识别和解决内部流程中的问题，组织可以提高工作效率，加速产品或服务的交付，从而更好地满足客户的期望。

其次，以增加功能的方式来优化结构，有助于组织拓展其业务范围，获得更多的机会。这种优化可以帮助组织进入新的市场领域，开发新产品或服务，从而实现多样化的发展。

再次，以减少冗余的方式来优化结构，有助于组织提高效率和降低成本。通过清除重复的流程、职能和资源分配，组织可以更有效地运营，减少资源浪费。这种优化还有助于简化管理层级，加快决策速度，使组织更具灵活性。这不仅节省了成本，还提高了组织的竞争力。

尽管结构优化有着显而易见的好处，但很多人仍然对此持有疑虑。一些人担心结构变革会导致工作的不稳定和不确定性，使他们失去舒适感。此外，对于一些高级管理人员来说，结构优化可能意味着他们的权力和地位受到威胁，因此他们可能不愿意支持这种变革。另外，有些员工可能担心新结构会增加工作量，而没有相应的回报。

然而，这些疑虑并不应该成为阻止结构优化的理由。首先，结构变革可以为员工提供更多的发展机会和职业道路，使他们不断学习和成长。其次，虽然变革可能导致暂时的不稳定，但从长远来看，它为组织创造了更强大的竞争力，有利于员工的发展和福祉。最后，结构优化可以通过合理的沟通和培训来减轻员工的工作负担，以确保他们能够顺利过渡到新的工作方式。

综上，组织发展中需要不断优化结构。

变形二：题目—开头—正论—辩证（存在顾虑）—辩证（化解顾虑）—结尾

发展中需要不断优化结构

鸟类会飞是因为它们在进化中不断优化了其身体结构。对于组织来说，其在发展过程中同样需要不断优化结构。

为了更好地满足当下的社会需求，组织应不断优化结构。社会需求具有无限的扩展性，也就是说，人们的需求是无止境的，不会永远停留在一个水平上。随着社会经济的发展和人们收入的提高，人们的需求也将不断变化。人们的一种需求满足了，又会产生新的需求，循环往复，以至无穷。适应社会需求的变化需要组织不断优化结构。通过不断优化结构，能更好地完善自我、强化核心构成，进而提高自身的稳固性及核心竞争力，满足当下的社会需求。

然而，组织需要不断优化结构，这话说起来容易，但现实的情况却不容乐观。很多组织依然安于现状，不敢走出自己的舒适区。之所以会产生这样的情况，主要有以下几点原因：第一，很多组织已经按照原有的方式经营了很多年，形成了一个相对安全、熟悉的模式，从而不愿意改变；第二，优化结构需要耗费大量的成本和精力，但结果却具有较大的未知性，导致很多组织不敢去改变；第三，每个组织在发展的过程中都形成了其独一无二的组织结构，没有前车之鉴可供其参考；第四，部分组织曾试图优化其结构，但最终却以失败收场，这也进一步打击了其优化的积极性。

若组织基于以上理由便拒绝优化，是极其不理性的。一方面，其仅仅看到了组织优化所带来的风险和成本，却忽视了其未来可能带来的巨大收益；另一方面，失败的案例往往更容易被人们所熟知，其仅仅看到了部分失败案例，却忽视了更多的成功经验。

综上所述，鸟儿尚且在不断地进行自我优化，组织也应该不断地优化结构，迎来发展。

变形三：题目—开头—辩证（存在顾虑）—辩证（化解顾虑）—正论—结尾

发展中需要不断优化结构

鸟类会飞是因为它们在进化中不断优化了其身体结构。对于组织来说，其在发展过程中同样需要不断优化结构。

组织需要不断优化结构，这话说起来容易，但现实的情况却不容乐观。很多组织依然安于现状，不敢走出自己的舒适区。之所以会产生这样的情况，主要有以下几点原因：第一，很多组织已经按照原有的方式经营了很多年，形成了一个相对安全、熟悉的模式，从而不愿意改变；第二，优化结构需要耗费大量的成本和精力，但结果却具有较大的未知性，很多组织不敢去改变；第三，每个组织在发展的过程中都形成了其独一无二的组织结构，没有前车之鉴可供其参考；第四，部分组织曾试图优化其结构，但最终却以失败收场，这也进一步打击了其优化的积极性。

若组织基于以上理由便拒绝优化，是极其不理性的。一方面，其仅仅看到了组织优化所带来的风险和成本，却忽视了其未来可能带来的巨大收益；另一方面，失败的案例往往更容易被人们所熟知，其仅仅看到了部分失败案例，却忽视了更多的成功经验。

实际上，组织优化结构所带来的积极作用要远远大于消极作用。为了更好地满足当下的社会需求，我们应不断优化结构。社会需求具有无限的扩展性，也就是说，人们的需求是无止境的，不会永远停留在一个水平上。随着社会经济的发展和人们收入的提高，人们的需求也将不断变化。人们的一种需求满足了，又会产生新的需求，循环往复，以至无穷。适应社会需求的变化需要我们不断优化结构。通过不断优化结构，能更好地完善自我、强化核心构成，进而提高自身的稳固性及核心竞争力，满足当下的社会需求。

综上所述，鸟儿尚且在不断地进行自我优化，组织也应该不断地优化结构，迎来发展。

变形四：题目—开头—正论—反论—辩证—结尾

发展中需要不断优化结构

鸟类会飞是因为它们在进化中不断优化了其身体结构。对于组织来说，其在发展过程中同样需要不断优化结构。

为了更好地满足当下的社会需求，我们应不断优化结构。如今，我国社会的主要矛盾已经由人民日益增长的物质文化需要同落后的社会生产之间的矛盾转化为人民日益增长的美好生活需要和不平衡不充分的发展之间的矛盾，这意味着当前人们的生理需求已经基本得到了满足并产生了更高层次的需求。适应社会需求的变化需要我们不断优化结构。通过不断优化结构，能更好地完善自我、强化核心构成，进而提高自身的稳固性及核心竞争力，满足当下的社会需求。

拒绝优化结构，很可能会使自己永远在舒适圈中徘徊、故步自封，无法追随时代发展，最终被无情地淘汰。随着信息技术发展和全球化进程加快，原本闭塞的地域经济转变为如今的全球经济。这一转变刺激潜在的竞争者和外来经济体进入市场，市场中现有的经济主体面临更大的挑战，如果拒绝改变、拒绝优化结构，最终将被社会所淘汰。

然而，组织需要不断优化结构，这话说起来容易，但现实的情况却不容乐观。之所以会产生这样的情况，主要有以下几点原因：第一，优化结构需要耗费大量的成本和精力，但结果却具有较大的未知性，导致很多组织不敢改变；第二，部分组织曾试图优化其结构，但最终却以失败收场，这也进一步打击了其优化的积极性。若组织基于以上理由便拒绝优化，是极其不理性的。一方面，其仅仅看到了组织优化所带来的风险和成本，却忽视了其未来可能带来的巨大收益；另一方面，失败的案例往往更容易被人们所熟知，其仅仅看到了部分失败案例，却忽视了更多的成功经验。

综上所述，鸟儿尚且在不断地进行自我优化，组织也应该不断地优化结构，迎来发展。

变形五：题目—开头—辩证（存在顾虑）—辩证（顾虑原因）—辩证（化解顾虑）—反论—结尾

发展中需要不断优化结构

鸟类会飞是因为它们在进化中不断优化了其身体结构。对于组织来说，其在发展过程中同样需要不断优化结构。

组织需要不断优化结构，这话说起来容易，但现实的情况却不容乐观。随着数字化浪潮的到来，人们的生活和工作方式受到了很大的影响。面对这样的局面，组织更需要不断优化结构。可事实却是很多组织依然安于现状，不敢走出自己的舒适区。

之所以会产生这样的情况，主要有以下几点原因：第一，很多组织已经按照原有的方式经营了很多年，形成了一个相对安全、熟悉的模式，从而不愿意改变；第二，优化结构需要耗费大量的成本和精力，但结果却具有较大的未知性，很多组织不敢去改变；第三，每个组织在发展的过程中都形成了其独一无二的组织结构，没有前车之鉴可供其参考；第四，部分组织曾试图优化其结构，但最终却以失败收场，这也进一步打击了其优化的积极性。

然而，这些拒绝优化结构的组织仅仅看到了组织优化所带来的风险和成本，却忽视了其未来可能带来的巨大收益；不仅如此，失败的案例往往更容易被人们所熟知，其仅仅看到了部分失败案例，却忽视了更多的成功经验。

若基于以上理由便拒绝优化结构，很可能会使自己永远在舒适圈中徘徊、故步自封，无法追随时代发展。随着信息技术发展和全球化进程加快，原本闭塞的地域经济转变为如今的全球经济。这一转变刺激潜在的竞争者和外来经济体进入市场，市场中现有的经济主体面临更大的挑战，如果拒绝改变、拒绝优化结构，最终将被社会所淘汰。

综上所述，鸟儿尚且在不断地进行自我优化，组织也应该不断地优化结构，迎来发展。

变形六：题目—开头—辩证（存在顾虑）—辩证（化解顾虑）—反论—结尾

发展中需要不断优化结构

鸟类会飞是因为它们在进化中不断优化了其身体结构。对于组织来说，其在发展过程中同样需要不断优化结构。

组织需要不断优化结构，这话说起来容易，但现实的情况却不容乐观。很多组织依然安于现状，不敢走出自己的舒适区。之所以会产生这样的情况，主要有以下几点原因：第一，很多组织已经按照原有的方式经营了很多年，形成了一个相对安全、熟悉的模式，从而不愿意改变；第二，优化结构需要耗费大量的成本和精力，但结果却具有较大的未知性，很多组织不敢去改变；第三，每个组织在发展的过程中都形成了其独一无二的组织结构，没有前车之鉴可供其参考；第四，部分组织曾试图优化其结构，但最终却以失败收场，这也进一步打击了其优化的积极性。

然而，这其实是对组织优化结构的误解和偏见。一方面，其仅仅看到了组织优化所带来的风险和成本，却忽视了其未来可能带来的巨大收益；另一方面，失败的案例往往更容易被人们所熟知，其仅仅看到了部分失败案例，却忽视了更多的成功经验。

若基于以上理由便拒绝优化结构，很可能会使自己永远在舒适圈中徘徊、故步自封，无法追随时代发展。随着信息技术发展和全球化进程加快，原本闭塞的地域经济转变为如今的全球经济。这一转变刺激潜在的竞争者和外来经济体进入市场，市场中现有的经济主体面临更大的挑战，如果拒绝改变、拒绝优化结构，最终将被社会所淘汰。

综上所述，鸟儿尚且在不断地进行自我优化，组织也应该不断地优化结构，迎来发展。

结构变形示范案例二

［199-2020］据报道，美国航天飞机"挑战者号"采用了斯沃克公司的零配件。该公司的密封圈技术专家博易斯乔利多次向公司高层提醒：低温会导致橡胶密封圈脆裂而引发重大事故。但是，这一意见一直没有受到重视。1986年1月27日，佛罗里达州卡纳维拉尔角发射场的气温降到零摄氏度以下，美国宇航局再次打电话给斯沃克公司，询问其对航天飞机的发射还有没有疑虑之处。为此，斯沃克公司召开会议，博易斯乔利坚持认为不能发射，但公司高层认为他所持理由还不够充分，于是同意宇航局发射。1月28日上午，航天飞机离开发射平台，仅过了73秒，悲剧就发生了。

变形一：题目—开头—正论—正论—正论—结尾

兼听则明

老话常说："听人劝，吃饱饭。"斯沃克公司的高层因为没有重视专家的提醒，一意孤行地同意宇航局发射航天飞机，酿成了美国航天飞机"挑战者号"的悲剧。这一悲剧也在时刻告诫我们：兼听则明。

首先，兼听则明是一种态度，能避免我们先入为主。在企业中，如果管理者不能克服"自我价值保护原则"的影响，就会先入为主，只接受自己喜欢的人的意见以及和自己的观点相一致的意见。长此以往，员工便专挑管理者喜欢听的话讲，专做管理者喜欢的事情，没有人再愿意表达自己的洞见和"忠言"。如此循环往复，最终只会形成"亲小人，远贤臣"的局面。

其次，兼听则明是一剂良方，能帮助我们更加理性地看待和解决问题。世界上的事物错综复杂，人们受自身知识、经历、观念、涵养等因素的局限，难免存在偏见。如果把多种意见集中起来，进行综合、比较、鉴别，从而去伪存真，自然就更科学合理。要是忽略了兼听则明的重要性，就容易误入"听信一方"的歧途，思绪难以更加开阔，考虑也会欠周到。

最后，兼听则明是一种保障，有利于我们更加严谨和科学地做决策，帮助我们查漏补缺。一项工作的完成往往需要多领域的工作者参与，每一个人都不能面面俱到。那么为了更好地完成任务，重视不同的意见就变得尤为重要。它能填补每个人在不熟悉的领域留下的空缺，并为工作者提供一个科学的参考，可以让我们省去一部分重新学习的时间并直接应用其成果，从而有精力和时间去探寻更多有价值的未解之谜。术业有专攻，能够成为全学科专家的人少之又少，那么为了自己领域的研究，适当借鉴并应用其他领域专家的意见和成果是科学且更有效率的做法。这有利于我们规避错误，处理不熟悉知识的风险，将时间用在更有价值的研究上。

综上所述，为了保证企业长远的发展，企业要重视专家意见，兼听则明。

变形二：题目—开头—辩证—辩证—辩证—结尾

重视专家意见的重要性

老话常说："听人劝，吃饱饭。"斯沃克公司的高层因为没有重视专家的提醒，一意孤行地同意宇航局发射航天飞机，酿成了美国航天飞机"挑战者号"的悲剧。这一悲剧也在时刻告诫我们要重视专家意见。

也许有人会认为，过分依赖专家的意见可能会抑制创新精神。他们认为，专家通常基于传统知识和经验提出建议，这似乎会限制探索和尝试的空间。然而，这种看法忽略了一个关键点：合理地重视专家意见能更好地结合经验与创新观点。将专家的深度见解融入创新过程，可以为我们提供一个更加坚实的出发点。这不仅帮助我们避免了一些常见的陷阱，还确保了我们的创新努力能够在实践中取得成果。因此，正确地理解和运用专家意见，实际上是推动创新发展的一种智慧和方法。

也许有人会说，企业管理层如果重视专家意见会让管理层失去决策主导权，进而不利于其维护管理地位。然而，重视专家意见并不代表管理层会失去最终决策权，决策权还是在管理层手上，重视专家意见只会使管理层做出更为正确的决策。因此，企业管理层需要重视专家意见。

当然，我们倡导重视专家意见并不意味着高层要盲目地接受和采纳专家的所有意见，若是不能够"取其精华，去其糟粕"，那么专家意见也有可能成为把企业推向危险深渊的幕后黑手。我们所倡导的是管理者在听取专家意见的同时保持批判性思维，将专家意见与企业发展战略结合起来进行全方位思考。同时还应该建立有效的沟通机制，充分保证技术专家意见传达过程的流畅性，避免出现理解上的偏差。如此才能更好地发挥专家意见的积极作用，从而促进企业的发展。

综上所述，为了保证企业长远的发展，要善于听取专家意见。

🔆 小贴士

以上两个结构都是由单一类型的积木搭建而成。实际上，这种结构搭建方式的难度较大，因为需要在同一维度下写出几个有深度的段落。

除了用单一类型的积木搭建结构，大家还可以混搭，即选择不同类型的积木搭建结构。例如，以下几个结构就是采取混搭的方式搭建的。

变形三：题目—开头—下定义—过渡段—正论—正论—辩证—结尾

重视专家意见的重要性

老话常说："听人劝，吃饱饭。"斯沃克公司的高层因为没有重视专家的提醒，一意孤行地同意宇航局发射航天飞机，酿成了美国航天飞机"挑战者号"的悲剧。这一悲剧也在时刻告诫我们要重视专家意见。

什么是专家意见？专家意见其实是一种保障，有利于我们更加严谨和科学地做决策，帮助我们查漏补缺。

为什么要重视专家意见呢？

一方面，重视专家意见有利于企业规避风险并推动企业发展。首先，之所以有专家的存在，是因为其在擅长的领域中经过大量的实践与探索，拥有比管理者更多的专业知识，因此在此基础上提出的意见对企业的发展是有利的。其次，企业在运营过程中可以通过专业的指导及时发现可能存在的问题，及时止损，在一定程度上达到规避风险的目的，使企业的资金、技术等发挥最大效用，从而促进企业进一步发展。

另一方面，重视专家的意见可以提高员工认同感。根据马斯洛需求层次理论，当一个人的基本需求得到满足时，会激发更高层次的需求，认同感就是高层次需求的一种。一个意见的背后可能是多次的实验、大量知识的沉淀以及绞尽脑汁的思考。如果提出者的意见能够被采纳或认可，会给他带来强烈的认同感和成就感，这会激励他们不断进步。管理层对意见的包容也会激励其他员工献计献策，形成良性循环，为企业的发展保驾护航。

当然，重视专家意见并不意味着高层要盲目地接受和采纳专家的所有意见，若是不能够"取其精华，去其糟粕"，那么专家意见也有可能成为把企业推向危险深渊的幕后黑手。我们所倡导的是管理者在听取专家意见的同时保持批判性思维，将专家意见与企业发展战略结合起来进行全方位思考。同时还应该建立有效的沟通机制，充分保证技术专家意见传达过程的流畅性，避免出现理解上的偏差。如此才能更好地发挥专家意见的积极作用，从而促进企业的发展。

综上所述，为了保证企业长远的发展，要善于听取专家意见。

变形四：题目—开头—下定义—正论—反论—辩证—结尾

重视专家意见的重要性

老话常说："听人劝，吃饱饭。"斯沃克公司的高层因为没有重视专家的提醒，一意孤行地同意宇航局发射航天飞机，酿成了美国航天飞机"挑战者号"的悲剧。这一悲剧也在时刻告诫我们要重视专家意见。

什么是专家意见呢？专家意见是一种保障，有利于我们更加严谨和科学地做出决策，帮助我们查漏补缺。

重视专家意见有利于企业规避风险并推动企业发展。首先，之所以有专家的存在，是因为其在擅长的领域中经过大量的实践与探索，拥有比管理者更多的专业知识，因此在此基础上提出的意见对企业的发展是有利的。其次，企业在运营过程中可以通过专业的指导及时发现可能存在的问题，及时止损，在一定程度上达到规避风险的目的，使企业的资金、技术等发挥最大效用，从而促进企业进一步发展。

相反，若对专家意见置之不理，很可能造成严重后果，这在企业中尤甚。一方面，公司高层对专家意见不重视，可能会造成人心涣散，削弱公司的整体凝聚力，而企业凝聚力有着助企业攻克难关、突破自我、实现发展的关键作用；另一方面，公司高层如果不重视专家意见，可能会在决策时忽视某些问题，导致决策失误，为企业带来实质性的资源损失或机会错失。如此看来，无论是精神方面，还是物质方面，选择重视专家意见显然更为明智。

当然，重视专家意见并不意味着高层要盲目地接受和采纳专家的所有意见，若是不能够"取其精华，去其糟粕"，那么专家意见也有可能成为把企业推向危险深渊的幕后黑手。我们所倡导的是管理者在听取专家意见的同时保持批判性思维，将专家意见与企业发展战略结合起来进行全方位思考。同时还应该建立有效的沟通机制，充分保证技术专家意见传达过程的流畅性，避免出现理解上的偏差。如此才能更好地发挥专家意见的积极作用，从而促进企业的发展。

综上所述，为了保证企业长远的发展，要善于听取专家意见。

变形五：题目—开头—反论—正论—辩证—结尾

重视专家意见的重要性

老话常说："听人劝，吃饱饭。"斯沃克公司的高层因为没有重视专家的提醒，一意孤行地同意宇航局发射航天飞机，酿成了美国航天飞机"挑战者号"的悲剧。这一悲剧也在时刻告诫我们要重视专家意见。

不重视专家意见，"拍脑袋"式的决策会带来重大损失。材料中斯沃克公司的高层在做决策时召集了专家开会，但是高层对关键问题的重视不足，对专家提出的警告又没有开展调查研究，盲目决策，最终酿成悲剧。

相反，重视专家意见则能够化解这样的危机。重视专家意见有利于促进企业规避风险和企业发展。首先，之所以有专家的存在，是因为其在擅长的领域中经过大量的实践与探索，拥有比管理者更多的专业知识，因此他们在此基础上提出的意见对企业的发展是有利的。其次，企业在运营过程中可以通过专业的指导及时发现可能存在的问题，及时止损，在一定程度上达到规避风险的目的，使企业的资金、技术等发挥最大效用，从而促进企业进一步发展。

当然，重视专家意见并不意味着高层要盲目地接受和采纳专家的所有意见，若是不能够"取其精华，去其糟粕"，那么专家意见也有可能成为把企业推向危险深渊的幕后黑手。我们所倡导的是管理者在听取专家意见的同时保持批判性思维，将专家意见与企业发展战略结合起来进行全方位思考。同时还应该建立有效的沟通机制，充分保证技术专家意见传达过程的流畅性，避免出现理解上的偏差。如此才能更好地发挥专家意见的积极作用，从而促进企业的发展。

综上所述，为了保证企业长远的发展，要善于听取专家意见。

💡 小贴士

请大家一定要注意段首关联词的使用。

变形六：题目—开头—辩证—反论—正论—结尾

重视专家意见的重要性

老话常说："听人劝，吃饱饭。"斯沃克公司的高层因为没有重视专家的提醒，一意孤行地同意宇航局发射航天飞机，酿成了美国航天飞机"挑战者号"的悲剧。这一悲剧也在时刻告诫我们要重视专家意见。

为什么公司会以"所持理由不充分"而拒绝专家的建议呢？原因有二。一是专家的建议在决策中的权重不够。公司在做决策时只是按照惯例询问专家建议，但大多流于形式，往往不会采纳。二是重大安全问题在决策中的权重不够。安全问题在企业中应是一票否决的问题，容不得半点疏忽和怠慢。如果对于安全问题和潜在危机麻木不仁，不做深入调查研究，那么悲剧随时都有可能上演。

若企业基于"所持理由不充分"的说法而不愿重视专家意见，对专家意见置之不理，那么很可能造成严重后果。一方面，可能会造成人心涣散，削弱公司的整体凝聚力，而企业凝聚力有着助企业攻克难关、突破自我、实现发展的关键作用；另一方面，可能会使公司高层在决策时忽视某些问题，导致决策失误，为企业带来实质性的资源损失或机会错失。如此看来，无论是精神方面，还是物质方面，选择重视专家意见显然更为明智。

重视专家意见有利于企业规避风险并推动企业发展。首先，之所以有专家的存在，是因为其在擅长的领域中经过大量的实践与探索，拥有比管理者更多的专业知识，因此他们在此基础上提出的意见对企业的发展是有利的。其次，企业在运营过程中可以通过专业的指导及时发现可能存在的问题，及时止损，在一定程度上达到规避风险的目的，使企业的资金、技术等发挥最大效用，从而促进企业的进一步发展。

综上所述，为了保证企业长远的发展，要善于听取专家意见。

🔆 小贴士

段落积木的组合方式还有很多，大家可以自行尝试，找到适合自己的结构。

在搭建结构的时候，除了可以把多个相同类型的积木并列、把不同类型的积木组合外，还可以把一个积木做拆分。我们通常会选择将辩证分析段落做拆分，因为辩证分析段落的层次较多。在此举例和大家说明一下。

变形七：题目—开头—辩证（存在顾虑）—辩证（化解顾虑）—辩证—结尾

重视隐患，保障发展

一个小小的密封圈，就导致了一场悲剧的发生，给企业带来了巨大损失，其原因不过是斯沃克公司没有对潜在隐患给予重视。斯沃克公司的例子警示着每一家企业：重视隐患才能保障发展。

无论是"黑天鹅"还是"灰犀牛"，隐患与危机一直都存在于生产经营的过程中，那为何有些企业不重视这些隐患呢？究其根本，原因有二：其一，"术业有专攻"，管理层在技术层面的知识相对匮乏，对潜在隐患可能带来的损失了解不全面，低估了风险等级；其二，管理层多以利润最大化的原则进行决策，当长期投资不见回报时难免心急，此时，他们对于隐患与危机抱有侥幸心理，从而选择冒险。

然而，这并不是漠视隐患的理由。实际上，企业重视隐患，能给其长足发展加上一份保险。重视隐患，能给企业时间用以预设解决办法，不至于让企业在面临危机时因措手不及而错失最佳的处理时间。此外，重视隐患还有助于企业建立品牌形象，赢得消费者信任。例如，在产品设计与制造过程中，重视可能产生事故的每一处细节，决不让不合格产品入市，这样既能在消费者中建立口碑，也能避免后续因产品质量问题而产生纠纷。合理的风险预警机制以及良好的企业形象能助力企业的稳定发展。

需要强调的是，重视隐患不是一句口头承诺，也不是照搬照做。重视隐患需要建立起合理的风险预警机制，利用大数据、云计算等手段计算企业的安全边界。一旦项目风险评估等级超过安全边界，企业就应及时止损。另外，管理者需要听取权威人士的意见，必要时专家应拥有"一票否决权"。只有做到以上两点，才能算真正对隐患具有了基本的防范意识，才能够发挥重视隐患的积极作用。

风起于青萍之末，任何不起眼的事物都可能掀起汹涌波涛。企业若想在竞争激流中稳步发展，必须重视隐患，要做到"宁舍眼前利，不存侥幸心"。

在学习以上结构后，大家尝试选择或者搭建出属于自己的高分框架吧。

第二节　用一个结构应对所有的真题

第一节利用真题和大家讲解了如何搭建多种结构，本节要和大家讲的是如何让一个结构适用于所有真题。

本节同样非常重要，关于结构部分，建议的备考方案就是选择一个适合自己的结构，并将其应用于所有真题。

为了方便大家理解，我们先选定一个结构作为基础，再将其匹配不同题型。

选定结构：

开头—正论—辩证（存在顾虑）—辩证（化解顾虑）—结尾

接下来，我们将这一结构应用到不同类型的真题中，以下为真题中常见的题目类型。这里需要注意的是，真题的命题方向越来越灵活，大家需要重点理解结构是如何变化的，这样即便未来考试考查了一种全新的题目类型，大家也可以举一反三，快速搭建出合理的结构。

一、真题结构分类

大家可以先参考如下表格，整体了解如何将同一结构应用于不同的题目类型。

题目类型	正论	辩证（存在顾虑）	辩证（化解顾虑）
A 好	A 好	A 有缺点	缺点可以化解
A 促 B	A 有利于 B	A 对 B 有阻碍	A 对 B 的阻碍可以化解
A 更好	A 更好，B 不好	A 有缺点，B 有优点	A 的缺点可以化解 /A 的优点比 B 多 /B 的优点不值一提
A、B 相辅相成	A 促 B，B 促 A	A 对 B 有阻碍，B 对 A 也有阻碍。现实中 A、B 存在冲突等	阻碍可以突破。冲突是一种假象
A 和 B 好 /A、B 缺一不可	A 好，B 好。有 A 无 B 不好，有 B 无 A 不好	A 有缺点，B 有缺点。只有 A 或者 B 好	缺点可以化解。只有 A 或者 B 不好，A、B 共存更好
其他	可根据材料形式构建结构		

注：正论部分可以拆分为多段，辩证部分也可以合并为一段。段落的顺序可以根据行文需要进行调整。

接下来，我们逐一说明如何在不同的题目类型中应用相同的结构。

题目类型一：A 好

成分	结构构成	示例
题目	略	我们要重视专家意见［199–2020］
开头	略	略
正论	A 好	重视专家意见有利于长远发展……
辩证（存在顾虑）	A 有缺点	有人担心，重视专家意见可能会失去主见……
辩证（化解顾虑）	缺点可以化解	然而，这是误解和偏见。因为重视专家意见并不意味着失去主观思考……
结尾	略	略

题目类型二：A 促 B

该结构与题目类型一的结构相似度很高。若真题中没有给出特定的结果，通常拟为"A 好"，如"创新有利于发展"。若真题中给出了特定的结果，通常拟为"A 促 B"，如"创新有利于提高员工积极性"。

成分	结构构成	示例
题目	略	重视专家意见有利于规避风险〔199–2020〕
开头	略	略
正论	A 有利于 B	重视专家意见有利于全面看待问题，进而规避风险……
辩证（存在顾虑）	A 对 B 有阻碍	有人担心，重视专家意见可能会失去主见，从而增加风险……
辩证（化解顾虑）	A 对 B 的阻碍可以突破	然而，这是误解和偏见。因为重视专家意见并不意味着失去主观思考，反而能打破自身认知的局限，从而降低风险……
结尾	略	略

题目类型三：A 更好

成分	结构构成	示例
题目	略	人才选拔要拔尖，更要冒尖〔199–2011〕
开头	略	略
正论	A 更好，B 不好	相比较于拔尖，冒尖有利于公平，有利于激励人才。 相比较于冒尖，拔尖过于主观
辩证（存在顾虑）	A 有缺点，B 有优点	有人担心，冒尖浪费时间，拔尖效率高
辩证（化解顾虑）	A 的缺点可以化解 /A 的优点比 B 多 /B 的优点不值一提	然而，冒尖人才未来所能创造的收益和为组织提高的效率远远高于选拔过程中所付出的成本
结尾	略	略

题目类型四：A、B 相辅相成

成分	结构构成	示例
题目	略	仁富相辅相成〔199–2015〕
开头	略	略
正论	A 促 B，B 促 A	为仁者，更易获得公信力，为为富创造条件；为富者，更易获得物质保障，为为仁创造条件
辩证（存在顾虑）	A 对 B 有阻碍，B 对 A 也有阻碍。现实中 A、B 存在冲突等	现实生活中，很多为仁者一贫如洗，很多为富者却仗势欺人。可见仁富两者并不能共存
辩证（化解顾虑）	阻碍可以突破。冲突是一种假象	然而，这些只是个例。更何况，为仁者即便当下一贫如洗，但获得了认可和尊重，未来有更多富的可能；为富者仗势欺人，富难以长久……长远来看，仁富依然是相辅相成的
结尾	略	略

题目类型五：A 和 B 好 /A、B 缺一不可

成分	结构构成	示例
题目	略	道德教育和科学教育有利于培养实业中坚者〔199–2021〕
开头	略	略
正论	A 好，B 好。 有 A 无 B 不好，有 B 无 A 不好	道德教育的重要性…… 科学教育的重要性……
辩证（存在顾虑）	A 有缺点，B 有缺点。 只有 A 或者 B 好	有人认为，教育的重点不应该是道德与科学，而应该是技能与知识
辩证（化解顾虑）	缺点可以化解。 只有 A 或者 B 不好，A、B 共存更好	然而，这是误解和偏见。重视道德与科学并不是忽视技能与知识。若只有技能与知识，很容易出现高分低能和高分低德的现象，会浪费教育资源，扰乱社会秩序
结尾	略	略

至此，我们就搭建完论说文的结构了。

总的来说，在构建结构时，大家要保证结构正确，保留自己的写作特点，并将其完美应用于各种题型。只有这样，在考场上才更容易获得高分。

二、历年真题结构应用示范

2024 年管理类综合能力考试论说文真题

【题目】 具备发散性思维，适应时代发展

【开头】 略

【正论】 具备发散性思维的管理者之所以在时代发展中更具竞争力，不仅是因为这种思维能够打破传统束缚，还因为它有助于迎接未知挑战……

【辩证（存在顾虑）】 然而，在推崇发散性思维的同时，也有人对其提出了质疑。有人担心，发散性思维可能导致决策的混乱，阻碍组织的战略方向。也有人担心……这些质疑的确有其合理性，因为在变革中过度追求发散性思维可能带来一些负面影响。

【辩证（化解顾虑）】 但我们不能因为一些质疑就否定发散性思维的价值。相反，发散性思维并非追求混乱，而是在变革中寻求更多元、更富创意的解决方案。管理者在具备发散性思维的同时，仍然需要保持对整体战略的清晰认识，以避免过度决策的风险。发散性思维与战略性思考并不矛盾，而是相辅相成，使管理者更能够灵活应对不断变化的时代。

【结尾】 略

2023 年管理类综合能力考试论说文真题

【题目】　具备领导艺术，助力任务达成

【开头】　略

【正论】　具备领导艺术的领导者在任务达成过程中扮演着至关重要的角色。领导者的艺术性表现在他们如何巧妙平衡任务的紧迫性与团队成员的需求，如何用智慧引导团队在竞争激烈的市场中取得胜利……

【辩证（存在顾虑）】　值得一提的是，现实中很多人对领导艺术提出了质疑，认为它过于主观，缺乏实质的可操作性。他们认为任务达成更依赖于系统性的流程和规章制度，而非领导者的个人风格。这些观点并非毫无道理，因为确实有一些任务在执行时需要更为规范的流程来确保高效……

【辩证（化解顾虑）】　然而，我们不能因为一些人的异议就否定领导艺术的价值。领导者的艺术性并不意味着盲目主观，而是在遵循规范的基础上注入更多的人性化和创新性。在现代社会复杂多变的商业环境中，领导者需要超越死板的流程，灵活运用领导艺术，因地制宜地引导团队应对各种挑战，只有这样才能真正实现任务的成功达成……

【结尾】　略

2022 年管理类综合能力考试论说文真题

【题目】　组织发展需要不断优化结构

【开头】　略

【正论】　组织不断优化结构的过程，也是组织自我复盘的过程，具备灵活的组织结构是组织在竞争激烈的商业环境中取得成功的关键因素……

【辩证（存在顾虑）】　然而，很多组织管理者却拒绝优化结构，认为这会增加组织内部的不稳定性，阻碍团队的长期发展。他们担心频繁的结构调整可能引起员工的困扰，影响团队的凝聚力。这种观点并非毫无道理，因为在优化结构的过程中，确实需要谨慎处理组织内部的稳定性问题……

【辩证（化解顾虑）】　实际上，我们不能因为一些人的异议就否定不断优化结构的必要性。相反，优化结构并非意味着盲目地变动，而是有计划、有策略地对组织进行调整。通过合理的变革和优化，组织能够更好地适应外部环境的变化，增强竞争力……

【结尾】　略

2021 年管理类综合能力考试论说文真题

【题目】　道德教育和科学教育有助于培养实业中坚者

【开头】　略

【正论】　道德教育能够引导学生塑造正确的价值观和道德观念，使其在实业中拥有高尚的品德和强烈的责任感……

【正论】　科学教育则为实业人才提供必要的专业知识和技能，使其在复杂的商业环境中能够独当一面，做出明智的决策……

【辩证（存在顾虑）】 一些人可能认为，道德教育与实业发展无关，后者更依赖于技术和资本的投入。另一部分人可能认为，科学教育太过理论化，与实业需要的实际应用技能有一定差距。

【辩证（化解顾虑）】 然而，我们不能因为一些人的异议便否定道德教育和科学教育的价值。道德教育培养的诚信、责任感和合作精神等品质对于建立一个可持续发展的商业环境而言至关重要。良好的企业道德标准能够增强消费者信任，提高品牌价值，从而促进实业的长期发展。此外，道德教育还有助于减少商业欺诈和不正当竞争，为实业发展创造一个更加公平和健康的市场环境。科学教育不仅能传授理论知识，还能培养实业者解决问题的能力和创新思维。这些能力是实业发展不可或缺的，因为它们能够帮助企业在面对挑战和市场变化时快速适应，并找到解决方案。

【结尾】 略

2020 年管理类综合能力考试论说文真题

【题目】 管理者要重视专家意见

【开头】 略

【正论】 管理者重视专家的声音，借鉴他们的经验，有利于做出更明智、科学的决策……

【辩证（存在顾虑）】 值得一提的是，当我们回归到管理实践，专家意见往往没有得到应有的重视。很多管理者可能会对专家意见产生疑虑，认为自己对企业的了解更为全面，或者担心专家的建议可能不符合公司的实际情况。也有管理者因为过于自信而忽略了专业意见的重要性，导致决策的失误。

【辩证（化解顾虑）】 然而，我们不能因为一些管理者的疑虑就否定重视专家意见的必要性。专家提出建议并非剥夺管理者的权力，而是为其提供了更多的决策参考。在决策过程中，管理者可以通过与专家深入沟通和协商，共同找到最适合企业的解决方案。专业和管理相结合，能够更好地应对市场变化和风险挑战。

【结尾】 略

2019 年管理类综合能力考试论说文真题

【题目】 论辩有利于发现真理

【开头】 略

【正论】 论辩之所以有利于发现真理，是因为它提供了一个思想碰撞的平台。通过不同观点之间的交锋，我们可以更全面地理解问题，发现更为合理和科学的解决方案……

【辩证（存在顾虑）】 然而，一些人可能认为论辩只会导致争吵和对立，而非发现真理。他们担心，过度的论辩可能让人们陷入对抗的状态，阻碍合作和共同探索真理的进程……

【辩证（化解顾虑）】 这其实是对论辩的一种误解和偏见。我们所提倡的论辩是基于理性和尊重的，它能够促使人们更好地沟通和合作。通过充分论辩，人们能够汲取不同观点的优点，修正错误的认知，最终达成更为全面、科学的共识。

【结尾】 略

2018 年管理类综合能力考试论说文真题

【题目】 人工智能将促进未来人类社会的发展

【开头】 略

【正论】 人工智能高效的数据分析和智能决策能力有助于提高工作效率，同时也创造了更多新的产业和岗位……

【辩证（存在顾虑）】 但人工智能在给我们带来巨大便利的同时，也给人们带来了一些恐慌情绪。很多人担心人工智能可能会替代人类的工作，导致大规模失业，同时也可能带来伦理和隐私等方面的问题。这种担忧在当前社会中并非没有根据，因为技术的进步常常伴随着社会结构的调整和个体生活方式的变革。

【辩证（化解顾虑）】 然而，我们不能因为一些人的担忧就否定人工智能的积极作用。相反，正确地引导和应用人工智能可以在很大程度上减少人们的重复性劳动，释放更多创造性思维和创新能力。同时，社会也可以通过制定合理的政策和法规来规范人工智能的应用，保障社会的公平和安全。

【结尾】 略

2017 年管理类综合能力考试论说文真题

【题目】 资金有限的企业更要研发新产品

【开头】 略

【正论】 有限的资金用于研发新产品具有明显的合理性和必要性……

【辩证（存在顾虑）】 然而，很多管理者却认为有限的资金应该优先用于扩大生产，以确保产品供应的稳定。他们担心研发新产品可能存在市场接受度不高、研发周期过长等问题，从而导致投入无法收回……

【辩证（化解顾虑）】 但我们不能因为研发新产品存在一些风险就否定其价值。相反，研发新产品是企业创新的关键步骤，也是应对市场竞争的有效手段。通过不断地创新，企业可以更好地适应市场的变化，提高市场竞争力。而且，通过科学的市场调研和技术评估，可以有效降低新产品研发的风险，提高投资回报率。

【结尾】 略

2016 年管理类综合能力考试论说文真题

【题目】 接纳多样性有利于实现一致性

【开头】 略

【正论】 接纳多样性有助于实现一致性的原因在于，不同的观点、文化和能力能够相互补充，形成更加全面和富有创意的整体。城邦需要不同的人才，不同的观点能够引发更全面的思考，从而更好地应对挑战和变化……

【辩证（存在顾虑）】 然而，一些人可能认为多样性会导致混乱和不协调。他们担心，不同的文化和观点可能引发冲突，阻碍城邦的整体发展……

【辩证（化解顾虑）】 但我们不能因为多样性可能带来一些挑战就否定其对实现一致性的重要性。事实上，多样性不仅能够激发创新，还有助于建立更加包容和强大的社会……

【结尾】 略

2015 年管理类综合能力考试论说文真题

【题目】 仁富相辅相成

【开头】 略

【正论】 一方面，仁者因其关心他人、合作共赢的特质，更容易建立积极的人际关系，为其财富的积累提供有力支持……

【正论】 另一方面，富者更容易在社会中发挥更大的影响力，通过慈善捐赠、支持公益事业等方式回馈社会……

【辩证（存在顾虑）】 很多人对此却顾虑重重。一些人仍然固守着古老的观念，认为个体追求财富会滋生冷漠和利己主义。这种观点使得一些成功的个体面临负面评价，同时也加深了人们对富人的刻板印象。也有很多人认为仁者将精力投入慈善和社会服务中，会分散个体获取财富的精力，限制了个体的经济增长。

【辩证（化解顾虑）】 然而，这种担忧未必成立。实际上，财富的积累可以为仁者提供更多资源，同时仁善行为也为财富创造提供了更为广泛的社会支持，双方共同推动了个体与社会的全面发展。

【结尾】 略

2014 年管理类综合能力考试论说文真题

【题目】 直面风险更有利于企业长远发展

【开头】 略

【正论】 相较于一味逃避风险，直面风险的企业更容易适应市场变化……

【辩证（存在顾虑）】 然而，有人担心直面风险可能导致企业过度暴露于不稳定的市场环境中，增加经营风险。一些投资者和经济学家甚至认为，规避风险更符合企业的长期利益，因为过于冒险可能导致不可逆转的损失……

【辩证（化解顾虑）】 但风险和机会往往是并存的，管理者的决策应该基于利弊的权衡，而非一味规避所有的风险。企业直面风险并非盲目冒险，而是建立在深入分析和有效决策的基础上。直面风险的企业通常更注重风险管理和战略规划，而非轻率行事。通过充分了解市场、加强内部创新和适时调整战略，企业可以最大限度地降低风险，并在变动的市场中保持竞争力……

【结尾】 略

2024 年经济类综合能力考试论说文真题

【题目】　专注铸就卓越

【开头】　略

【正论】　专注是取得卓越成就的基石。专注能使我们深入挖掘问题的本质，不被琐事干扰，将全部精力投入解决一个重要问题上……

【辩证（存在顾虑）】　然而，有人认为过于专注可能导致思维狭隘，会削弱个体对多元领域的理解。一些批评者甚至认为，过度专注可能让人失去对大局的把握，使得一些潜在的机会被忽略……

【辩证（化解顾虑）】　其实不然，正是通过专注，个体才能够在特定领域内深入挖掘，获得更为深刻的理解和洞察。专注在某一领域意味着在深耕一个领域的同时，保持对整体发展的敏感度。袁隆平院士的专注不仅使他在水稻领域取得成功，更为其他领域的科研提供了启示。

【结尾】　略

2023 年经济类综合能力考试论说文真题

【题目】　处理社会事务需要通力合作

【开头】　略

【正论】　社会事务通常具有复杂性和多层次性，通过合作，可以形成资源互补，达到事半功倍的效果……

【辩证（存在顾虑）】　但很多人担心通力合作可能导致决策的烦琐和效率的降低。他们担心在多方合作的过程中可能出现的协调困难、沟通不畅会妨碍决策的迅速实施……

【辩证（化解顾虑）】　然而，通过建立有效的合作机制和沟通渠道，可以解决合作中的协调问题。通力合作并非简单的资源堆砌，而是在合作伙伴之间建立信任，形成高效的工作模式。合作能够激发创新，融合各方智慧，使得问题的解决更为全面和可行。

【结尾】　略

2022 年经济类综合能力考试论说文真题

【题目】　老年人免费乘车改为发放津贴更可取

【开头】　略

【正论】　将老年人免费乘坐公共交通更改为发放津贴，可以让老年人更加自主地选择出行的时间，避免与上班族的通勤高峰时段重叠……

【辩证（存在顾虑）】　然而，有人认为为老年人发放津贴可能存在管理难度，容易引发不公平现象。例如，可能会有一些老年人因某种原因无法领取津贴，导致福利无法完全普惠……

【辩证（化解顾虑）】　这种担忧虽然有一定合理性，但通过建立健全的发放机制和审核体系，可以有效解决管理问题，确保津贴的合理发放。相较之下，免费乘车改为发放津贴的方式可以更好地满足老年人多样化的出行需求。通过合理地发放津贴，老年人可以根据自身实际情况选择更灵活、更方便的交通方式，增加个体选择的自由度，同时也减小了高峰期公共交通系统的压力。

【结尾】 略

2021 年经济类综合能力考试论说文真题

【题目】 可持续发展的重要性

【开头】 略

【正论】 可持续发展是当今社会发展的必然选择，它不仅关乎当前的生存环境，更关乎未来世代的生存和发展。

【辩证（存在顾虑）】 然而，有人认为可持续发展会增加企业成本，降低竞争力，甚至限制经济增长，因此对其重要性持怀疑态度……

【辩证（化解顾虑）】 然而，实践证明，可持续发展不仅可以提高企业的形象和声誉，还能够减少资源浪费与环境污染，实现企业、社会和环境的三赢。

【结尾】 略

第四章　中间段落

上一章，我们搭建了文章的骨骼——结构。这一章开始，我们要为文章填充血肉——段落。

本章将和大家讲解实用的段落展开方法，大家不必拘泥于这些方法，如果有更好的表达方式能够合理地论证观点，大家也可以使用。

本章分为必须掌握的"核心段落"和选择性掌握的"备用段落"两部分。

第一节　核心段落

在搭建结构积木的时候，大家已经初步了解了下面两种核心段落。

一个是正论，直接告诉读者观点对在哪儿、好在哪儿。

一个是辩证，找到反对观点的理由、顾虑，并且推翻。

有了支持观点的理由，且推翻了不支持观点的理由，一篇文章的论证力度自然就加强了。

一、正论

正论就是直接通过论述和论据来证明论点的正确性。

思路一：观点有好处

大家在展开段落的时候可以直接论证"观点"的价值、正确性、益处、良性影响等，通过描述观点的好处增强"观点"的可信度。

在思考观点的好处时，可以基于不同维度进行分析。例如：

（1）时间维度。可以分别思考观点对当下和未来可能产生什么影响。

（2）主体维度。可以分别思考观点对不同的主体可能产生什么影响。

常见的主体有：内部、外部 / 个体、整体 / 员工、管理者、团队、企业等 / 销售部门、产品部门、管理部门等 / 消费者、竞争者、政策方、合作方等 / 公民、社会、国家等。

（3）价值维度。可以阐述观点的价值及影响。

这是最容易理解的思路，但对大家写作能力的要求比较高，否则很容易变成车轱辘话，或是凑不够字数。

示例

（1）去功利化，有利于学者术业专攻，有所成就。在当今知识经济迅速发展的时代，掌握某些知识可以快速获取财富。然而，如果学者们都为了追逐财富而舍弃自己擅长的领域，投身于快速获取财富的领域，那么该领域很可能会快速达到饱和而不再衍生财富，并且学者最初专攻的领域也会荒废。如袁隆平、屠呦呦等伟人，一心专自己所长，为所研究领域的发展做出了杰出贡献。

（2）人工智能的发展是社会进步的催化剂。功能不断进化的机器人不仅没有人类自身生理和心理上的缺陷，而且可以替代人们从事高危工作，减少不必要的伤亡。在从事重复性的工作时，机器人可以有效提高工作效率。与此同时，人们可以从繁重、枯燥的工作中解放出来，将会有更多时间用在自己的兴趣爱好上。这不仅有利于企业的生产发展，还有利于幸福社会的构建。

（3）人工智能有利于加速技术变革。第一，人工智能的出现要求人们具有与时代发展相匹配的专业技能，这促使全社会加大对科技教育领域的投入，培养更多致力于技术研发的人才；第二，人工智能提供了更多高端和人性化的工作机会，使得人才能够摆脱低端烦琐的工作，拥有更高的平台，从而更好地发挥自身的价值，为加速技术变革贡献自我力量。

思路二：时代背景变了，所以需要观点（描述客观环境＋观点的必要性）

大家可以在段落中先描述与"观点"相关的社会背景、社会现状或自身现状，通过这些背景信息引出"观点"，指出"观点"被需要，也就是指出这样的现状需要"观点"。

常见的背景信息有：人工智能、5G、扶贫、社会主要矛盾变化、信用社会、经济发展、共享经济、消费升级、万众创新、迭代加速、绿水青山就是金山银山、各种政策变化等。

思路二在思路一的基础上，增加了一个论证环节：描述客观环境。这会使得论证本身更有层次，也更容易写够字数。更重要的是，很多对客观环境的描述话术是万能的，可以适用于大多数真题，方便大家在备考过程中进行话术的储备。

【观点】 成功需要创新

【段落】（分论点）创新有利于推动企业适应时代的变化。（描述客观环境）现如今，企业处在一个日新月异、竞争日益激烈的时代。科技的迅速发展不仅改变了我们的生活方式，也彻底改变了商业模式。全球市场的互联互通使得竞争不再受地域限制，而是在全球范围内进行。消费者的需求和期望也变得更加多样化和挑剔，他们追求创新、品质和个性化。（观点的必要性）在这样的时代背景下，企业需要不断适应变化，需要不断创新，以应对激烈的市场竞争和日益复杂的经济形势。

【观点】 延迟退休应当推广

【段落】（分论点）延迟退休符合当前社会发展、分工背景。（描述客观环境）在我国公民的平均寿命延长，医疗体系日渐完善，社会分工逐渐精细化、智能化的背景下，延迟退休既是发展所趋，也是提高人才利用效率的有效措施。现代人的个体生活质量、工作方式和环境已经发生较大改变，在人工智能等技术的辅助下，很多工作不再依赖体力，而是需要根据工作经验、行业经验等进行深入思考，这使得很大一部分人即便延迟退休，也能继续工作。（观点的必要性）延长退休年龄使这部分劳动人群有机会继续在岗位上实现自我价值的"二次发热"，同时也调动了各种积极因素整合社会人力资源，使社会分工更有效、更完善。

什么样的时代背景是万能的呢？

在经管类综合能力考试中，所有论说文真题的主题都可以总结为：要做对的事，变更好。

那么什么样的时代背景需要我们变得更好呢？

如今社会主要矛盾变化了，需要我们变得更好。

如今由短缺经济转变为过剩经济了，需要企业变得更好。

如今赢家通吃了，需要我们变得更好。

…………

这些"需要我们变得更好"的时代背景通常都可以作为万能时代背景。

既然时代背景是万能的，话术自然也就是万能的了。

在本套书的《背诵篇》中为大家提供了非常多万能背景的话术。这里先选取一个话术为例，来演示一下如何将其应用于不同的真题。大家在背诵话术的时候，不要死记硬背，而应将其理解后变为自己的话。

示例

【关键词】　物质过剩

【参考话术】　前工业时代，物质匮乏是社会主旋律，人们为满足物质需求疲于奔命。正如马克思在《德意志意识形态》中写道："只有我们的基本物质需要得到满足之后，我们才会去学习弹琴、写诗词，或者装饰房间。"如今，机器化大生产从根本上解决了生产资料受劳动力制约的问题，人类快速告别了食物匮乏的时代，进入了物质丰富乃至过剩的时代。当人们各项基本需求得到满足，生存图景发生巨大变化后，就开始积极寻求更高层级的精神满足，从构建棱角分明的物质家园走向寻觅抽象复杂的精神港湾，从寻找物质满足到寻找精神幸福感。

类别	年份	历年真题应用参考
管理类	2024年	【题目】　发散性思维有利于获得竞争优势 【应用】　发散性思维，是在当代社会获得竞争优势的关键要素。前工业时代，物质匮乏是社会主旋律，人们为满足物质需求疲于奔命。正如马克思在《德意志意识形态》中写道："只有我们的基本物质需要得到满足之后，我们才会去学习弹琴、写诗词，或者装饰房间。"如今，机器化大生产从根本上解决了生产资料受劳动力制约的问题，人类快速告别了食物匮乏的时代，进入了物质丰富乃至过剩的时代。当人们各项基本需求得到满足，生存图景发生巨大变化后，就开始积极寻求更高层级的精神满足，从寻找物质满足到寻找精神幸福感。这正是发散性思维的用武之地。发散性思维能够使我们更好地理解和把握复杂的社会现象，帮助个体更好地适应并融入这个多元化的世界。在竞争激烈的社会中，拥有发散性思维的个体更能够敏锐地捕捉到机会，并创造出与众不同的价值

续表

类别	年份	历年真题应用参考
管理类	2023 年	【题目】　掌握领导艺术，助力组织发展 【应用】　在当今物质丰富的时代，掌握领导艺术显得尤为重要。过去，为了满足基本物质需求，人们不遗余力地奔波。然而，随着机器化大生产的兴起，物质匮乏渐行渐远。如今，机器化大生产解决了生产资料受制约的问题，使人类告别了食物匮乏的时代，进入了物质过剩的新时代。在这个转折点上，掌握领导艺术显得至关重要。随着个体基本需求得到充分满足，人们开始寻求更高层次的精神满足。工作不再仅仅是为了填饱肚子，更是追求对领导者的尊重和认可，这种认可早已超越了物质层面。在新时代的求索中，领导者的情商、团队建设和激发员工潜力的能力显得尤为关键。精湛的领导艺术，有利于组织在人才激励和员工发展方面具备独特的竞争优势
	2022 年	【题目】　优化结构推动组织发展 【应用】　优化结构有利于组织适应发展趋势。过去，社会主旋律是物质匮乏，人们为了满足基本的生存需求而疲于奔命，正如马克思在《德意志意识形态》中所述："只有我们的基本物质需要得到满足之后，我们才会去学习弹琴、写诗词，或者装饰房间。"然而，随着机器化大生产的崛起，人类告别了食物匮乏的年代，进入了物质丰富乃至过剩的新时代。在这个时代背景下，优化结构成为推动组织发展的重要路径。随着个体基本需求的充分满足，生存图景发生巨大变化，人们开始寻求更高层级的精神满足。优化组织结构不仅仅是为了适应物质过剩的环境，更是为了构建一个更有活力和创新力的组织，使得组织在不断变化的环境中找到坚实的立足点，保持竞争力
	2021 年	【题目】　实业人才培养应重视道德教育和科学教育 【应用】　在前工业时代，社会主导一种为满足基本物质需求而奔波劳碌的生存模式。正如马克思在《德意志意识形态》中所述："只有我们的基本物质需要得到满足之后，我们才会去学习弹琴、写诗词，或者装饰房间。"然而，随着机器化大生产的崛起，人类迅速告别了物质匮乏的阶段，踏入了物质充裕乃至过剩的新时代。在这个时代背景下，人们开始追求更高层次的精神满足。相比较于一味强调学历教育和技能培训，道德教育和科学教育能够更全面地助力实业的发展。一方面，道德教育有助于培养员工的团队协作精神和社会责任感，构建和谐的工作环境。在一个充满竞争和挑战的时代，具备良好道德素养的团队能更好地应对各种复杂情境，增强企业的凝聚力和战斗力。同时，科学教育则培养了创新思维和解决问题的能力，为实业的发展提供了源源不断的动力
	2020 年	【题目】　管理者应重视专家意见 【应用】　在当今物质充沛的时代，管理者在引领组织前进的过程中面临着前所未有的挑战，更需要重视专家意见以应对挑战。前工业时代，物质匮乏是社会主旋律，人们为满足物质需求疲于奔命。正如马克思在《德意志意识形态》中写道："只有我们的基本物质需要得到满足之后，我们才会去学习弹琴、写诗词，或者装饰房间。"如今，机器化大生产从根本上解决了生产资料受劳动力制约的问题，人类快速告别了食物匮乏的时代，进入了物质丰富乃至过剩的时代。管理者在面对复杂多变的社会环境时，需要更多的智慧和专业知识来引领组织前行。在这个充满机遇和竞争的时代里，管理者若能理解并积极采纳专家的意见，将更有可能在激烈的市场竞争中脱颖而出

续表

类别	年份	历年真题应用参考
管理类	2019 年	【题目】　论辩有利于发现真理 【应用】　论辩有利于推动真理的发展。在前工业时代，物质匮乏是社会的主旋律，人们为了满足基本的物质需求而辛苦劳作。马克思曾指出："只有我们的基本物质需要得到满足之后，我们才会去学习弹琴、写诗词，或者装饰房间。"然而，随着机器化大生产的崛起，人类告别了食物匮乏的年代，迈入了物质充裕乃至过剩的新时代。随着时代的演变，原本的真理逐渐过时，人们需要通过论辩来构建和发现新的真理，以更好地适应社会的变革。论辩在这一时代的意义愈发突显，因为它不仅仅是思想碰撞的平台，更是深度挖掘和构建新真理的有力工具。通过论辩，人们可以更深刻地理解这个时代，更好地适应社会的变革，从而更新并推动真理的发展
	2018 年	【题目】　人工智能将促进人类社会发展 【应用】　人工智能有利于推动人类社会发展。在前工业时代，人们为满足基本物质需求而不辞劳苦，这成为社会主旋律。如今，生产资料不再受劳动力的制约，人类摆脱了长期的食物匮乏，迎来了物质丰富乃至过剩的时代。在这样的社会变革下，更体现出人工智能的不可或缺性。在过去，人们为了生存不得不全身心投入物质生产，以满足温饱需求。而如今，人工智能的应用使得生产更加高效，释放了人力资源。这使得人们能够更专注于追求更高层次的需求，不再局限于满足基本物质需求。人工智能不仅提高了生产效率，还创造了更多的创新性、有深度的工作机会。新兴的领域，如智能驾驶、人工智能医疗等，为人们提供了更广泛的职业选择。在这个时代，人们不再仅仅为了温饱而劳碌，而是可以追求更加丰富、有意义的人生，进而推动整个人类社会的发展
	2017 年	【题目】　资金有限的企业更要研发新产品 【应用】　在前工业时代，物质匮乏是社会的主旋律，人们为了满足基本物质需求而不遗余力。随着机器化大生产的兴起，生产资料不再受劳动力的制约，人类告别了长期的食物匮乏，进入了物质极大丰富乃至过剩的时代。在各项基本需求得到满足的情况下，人们的生存图景发生了巨大变化，由寻找物质满足转变为追求更高层级的精神满足。在这样的时代大背景下，企业在资金有限时更应该选择研发新产品。因为在当前社会，人们的需求已经不再局限于基本的物质满足，而是更加强调对创新、品质和体验的追求。企业如果只关注现有产品生产的数量而忽略了产品的创新和升级，可能会面临市场竞争的巨大压力，因为消费者逐渐趋向于追求更有内涵、更具附加值的产品。通过研发新产品，企业可以更好地满足消费者对于多样化和个性化的需求，提高产品的竞争力
	2016 年	【题目】　接纳多样性有利于实现一致性 【应用】　接纳多样性更有利于达成一致性目标。在前工业时代，人们为了满足基本物质需求而辛勤努力，这成为社会的主旋律。然而，随着机器化大生产的兴起，生产资料不再受劳动力的制约，人类告别了长期的食物匮乏，进入了物质丰富乃至过剩的时代。在各项基本需求得到满足的情况下，人们的生存图景发生了巨大变化，由寻找物质满足转变为追求更高层级的精神满足。在这个时代的大背景下，社会需求已经超越了简单的物质满足，而转向了更高层级的精神需求。然而，随之而来的是更加复杂多变的问题，需要更广泛的思维方式和观点来解决。接纳多样性正是迎接这一挑战的关键，因为不同的观点能够为问题的解决提供更为全面的视角。实现

类别	年份	历年真题应用参考
管理类	2016 年	一致性不再是简单地满足个体的基本需求，更是需要整合不同元素以迎接社会的多元化和复杂性。在这样的时代背景下，接纳多样性有利于构建更为丰富、坚实的一致性基础，为社会的和谐发展提供强有力的支持
	2015 年	【题目】 为仁，有利于得富 【应用】 为仁者，更有利于得富。在前工业时代，人们为了满足基本物质需求而辛勤努力，这成为社会的主旋律。然而，随着机器化大生产的兴起，生产资料不再受劳动力的制约，人类告别了长期的食物匮乏，进入了物质丰富乃至过剩的时代。在各项基本需求得到满足的情况下，人们的生存图景发生了巨大变化，由寻找物质满足转变为追求更高层级的精神满足。在这个时代的大背景下，为仁者更容易得富。这是因为在物质生活相对富裕的情况下，人们更加关注情感共鸣、社会关系和精神愉悦。为仁者，即具备仁爱和善行的人，更容易在社会中建立良好的人际关系，形成积极的社会网络。这样的社会网络不仅有助于职业发展，还为个体创造了更多机会和资源。同时，关注他人需求并提供帮助的行为，会使为仁者在社会中赢得良好的声誉，进而为他们带来更多的商机和合作机会。在这个精神满足成为主流追求的时代，为仁者的成功路径更符合社会价值观的演进趋势
经济类	2024 年	【题目】 专注铸就卓越 【应用】 在当今社会，专注铸就卓越。回顾前工业时代，社会的主旋律是为满足基本物质需求而不遗余力，马克思在《德意志意识形态》中指出："只有我们的基本物质需要得到满足之后，我们才会去学习弹琴、写诗词，或者装饰房间。"然而，随着机器化大生产的兴起，人类告别了长期的食物匮乏，进入了物质丰富乃至过剩的时代。在这个时代的大背景下，专注于个体事业和精神追求，成为取得卓越成就的必经之路。在现代社会，随着竞争的加剧，只有通过持续的专注和努力，个体才能在职业生涯中脱颖而出，实现自身的卓越成就。专注不仅能够引导个体不断追求事业精进和精神满足，而且为个体在竞争激烈的现代社会中赢得更多机会提供了明确的方向
经济类	2023 年	【题目】 处理社会事务需要通力合作 【应用】 在当今社会，处理社会事务需要通力合作。在前工业时代，物质匮乏是社会主旋律，人们为满足基本物质需求而不遗余力。正如马克思在《德意志意识形态》中写道："只有我们的基本物质需要得到满足之后，我们才会去学习弹琴、写诗词，或者装饰房间。"然而，随着机器化大生产的兴起，生产资料不再受劳动力的制约，人类告别了长期的食物匮乏，进入了物质丰富乃至过剩的时代。面对这样的背景，个体之间相互依存和协作的需求愈发明显。社会事务的复杂性和多样性需要集体智慧和团队协作来有效解决。通力合作不仅能够提高问题解决的效率，还有助于创造更加公正、平等的社会环境

续表

类别	年份	历年真题应用参考
经济类	2022 年	【题目】 老年人免费乘车改为发放津贴更可取 【应用】 在当今社会，老年人免费乘车改为发放津贴更可取。这一观点突显了对社会政策的创新与人们需求变化的思考。回溯至前工业时代，人们为满足基本物质需求而辛劳努力，这是社会的主旋律。然而，随着机器化大生产的兴起，人类告别了长期的食物匮乏，进入了物质丰富乃至过剩的时代。在各项基本需求得到满足的情况下，人们的生存图景发生了巨大变化，由寻找物质满足转变为追求更高层级的精神满足。在这个时代的大背景下，老年人免费乘车改为发放津贴更可取。发放津贴能够更好地满足老年人多样化的需求，让他们更加自主地选择出行方式，促进社交活动，提高生活质量。与免费乘车相比，津贴的方式更能体现尊重和关爱，让老年人在享受社会福利的同时保持尊严。同时这也是出于对社会结构和个体需求变化的理解，是顺应时代潮流的社会政策创新，也是关爱和尊重老年人的具体体现

至此，我们就将这段话术应用在了近年真题上。类似的话术还有很多，大家可以参考《背诵篇》进行积累。

这里也再次提醒大家，要自然结合，不要生搬硬套。

思路三：有个目标特别重要，通过观点可以实现（描述目标的重要性 + 观点的必要性）

很多同学构思论说文段落的过程是这样的：

先问自己，为什么要创新呢？这时脑海中闪过一个词，叫作品牌影响力。于是赶紧在答题卡上写："因为创新能提高品牌的影响力。"然而，就没有然后了。

这样写字数很少不说，也没有什么论证力度。

如果大家构思段落的情况与我所描述的类似，那么可以参考一下思路三，将脑海中闪过的理由关键词进行详细的解释。分析一下为什么某个理由、某个目标很重要，再写为了实现这个目标，我们需要支持"观点"。

值得高兴的是，很多目标也是万能的，很多对目标重要性的描述话术可以适用于大多数真题，方便大家在备考过程中进行话术的储备。

【观点】 成功需要创新

【段落】（分论点）创新有利于提高品牌的影响力。（目标的重要性）强大的品牌影响力是企业长盛不衰的关键。受欢迎的品牌不仅仅是产品或服务的标志，更是企业价值观和信誉的象征。品牌影响力的提升不仅可以提升客户的忠诚度，吸引更多潜在客户，还能够为企业创造更多商机，拓展市场份额。（观点的必要性）在这种情况下，创新成为提高品牌影响力的不二选择。通过不断创新，企业可以打造独特、引人注目的品牌，提高品牌影响力，吸引更多关注，赢得市场和客户的信任。

常见的万能目标有：持续发展、竞争优势、口碑、满足需求、品牌影响力等。

思路四：我不行，所以需要观点（描述主观的局限 + 观点的必要性）

该思路无法像思路二和思路三一样，彻底地套路化使用，而是需要自己来构思话术和理由。但思路四对于很多真题来说都是适用的。

【观点】　成功需要创新

【段落】（分论点）创新有利于提高自身竞争力。（主观的局限）在当今严峻的商业竞争中，几乎没有哪家企业能够做到百分之百的完美。无论是技术领域的滞后、市场拓展上的瓶颈，还是内部管理中的协同不畅，都是企业普遍面临的难题。这种现状并不令人意外，反而是商业世界的常态。企业之所以成为企业，就是因为它们不断面临挑战，不断克服困难，不断超越自我。（观点的必要性）这些不足之处，也正是企业创新的契机。全方位的创新有助于企业在竞争中脱颖而出，不断提高其竞争力，实现长期健康发展。

思路五：用事实证明观点是对的（引入理论 / 案例 + 证明观点）

大家在展开段落的时候可以结合一些经典理论或案例，以经典理论支撑论证"观点"。

【观点】　为富有利于为仁（段落分论点，非文章论点）

【段落】（分论点）为富有利于为仁。（引入案例）富人拥有更丰富的资源，通过慈善捐赠、公益投资等方式，他们能够直接参与社会福利事业，为贫困人群提供帮助，推动教育和医疗事业的发展。此外，富人可以在经济投资和创业中创造更多就业机会，推动社会经济发展，使更多人分享到繁荣的果实。富人的知识和经验也可以通过教育资助等方式传承给更多人，促进社会的文化和科技进步。（证明观点）综合而言，富有的力量不仅为个体带来繁荣，更为整个社会注入了为仁的精神，推动社会向着更加公正、平等的方向迈进。

【观点】　为富有利于为仁（段落分论点，非文章论点）

【段落】（分论点）众多富人的善举充分印证了"为富有利于为仁"。（引入案例）以比尔·盖茨为例，他的基金会长期致力于全球卫生与教育，捐助数百亿美元。沃伦·巴菲特等知名人士也以慷慨捐赠助推慈善事业。这些慈善行为不仅是金钱的奉献，更是对社会活动的积极参与，通过投资社会创新项目、支持可持续发展，改善了数百万人的生活。（证明观点）这样的实际行动生动诠释了富人以财富回馈社会、关怀弱势群体的决心，为仁的理念在这些实践中显得自然而有力。

【观点】　应该对穷人提供福利

【段落】（分论点）对穷人提供福利有利于稳定社会秩序，促进社会和谐。（引入理论）从社会学的角度看，马太效应解释了这样一种社会现象：凡是有的，还要加倍给他，使他富足；但凡没有的，连他所有的，也要夺去。这使社会整体财富的 80% 掌握在 20% 的人手中，而 80% 的人手中只有 20% 的财富，因此贫者越贫，富者越富，贫富差距不断拉大。（证明观点）此时，如果能给穷人提供福利，则有利于缓解由贫富差距引发的社会矛盾，稳定社会秩序，促进社会和谐。

二、辩证

这是一种论证力度很强的论证方式，建议大家熟练掌握。大家在构思辩证分析段落时，可以设想一下"杠精"会如何反驳我们的观点，找到"杠精"的观点，并"怼回去"，这个过程就是一个精彩的辩证分析。

辩证分析法的整体思路：质疑／不同的见解／顾虑—化解质疑／不同的见解。在此基础上，可以变形为如下论证思路。

思路一：影响恶劣—但可以化解

段落构成：引入观点的负面影响—指出其不合理之处—强调观点的合理性。以"考研的重要性"这个主题为例，大家先理解一下：

（引入观点的负面影响）很多人可能会觉得考研是走了一条弯路，认为它会耗费宝贵的青春年华，让人错失了直接步入职场、快速积累工作经验的黄金时期。（指出不合理之处）这种观点似乎合情合理，但实际上却忽略了考研在个人职业发展中的独特价值。考研不仅能够掌握更多专业知识，更重要的是，它能培养人的独立思考和问题解决能力，这些能力在今后的职业生涯中发挥积极作用。而且，在这个竞争激烈的社会里，高学历往往意味着更多的机会和更广阔的发展平台。（强调观点的合理性）因此，从长远来看，考研实际上是一次值得的投资，它不仅为个人的专业成长奠定了坚实的基础，也为将来的职业生涯开辟了更多可能。

示例

（1）还有人认为，依靠福利救助就能消除贫困。但实践中，过分依赖福利救助反而会导致经济效率下降、减贫内生动力减弱等问题，并不利于减贫脱贫。人类要摆脱贫困，亟须以新的理论开拓新的实践。（来源：《人民日报》）

（2）有人认为，国家为穷人提供福利，就是把努力工作的人的财富转移给懒惰的人，这种观点是错误的。有很大一部分人贫穷的原因，并不是由于懒惰。判断为何贫穷除了看主观上是否努力外，还需要考虑很多的其他因素。如一个人受教育程度的高低，是否具有劳动能力，甚至所在地的经济发展程度等。对于这些不是因为懒惰导致贫穷的人，我们应该给他们提供福利，促进他们自身的发展。

（3）考量利益，并非让利益的追求绝对化。表面上看，精致的利益计较未必无益于社会的进步。相反，它有可能在短期内创造出经济奇迹。利益最大化的风轮，很容易鼓荡物质的城堡遍地开花。然而，这样的城堡却精神凋敝，缺乏良性演进的可能。只在意自己的人不会在意公共问题，只关心物质利益的人不会关心社会福祉。从个案来看，我们可以理解"花钱消灾"的选择，也可以理解"息事宁人"的解决，但从整个社会的治理实践、文明实践来说，讲理讲法、奉理守法应该成为更多人的选择，而不是向"闹"让步、为"横"折腰。（来源：《人民日报》）

（4）延长退休年龄并不意味着给青年劳动力造成压力，它反而会成为一种动力，激励年轻人更加踏实学习，掌握专业技能，不断提高自身素质，成为更具有创造力和竞争力的人才。此外，延迟退休留下的熟练劳动者能使资源更快地得到有效利用，从而在增加国民产出的同时，也为年轻人创造新的就业机会。

（5）有一种观点认为，市场经济只讲赚钱，不问手段，"赚钱是好汉，没钱玩不转"，讲不讲诚信无关紧要。这是对市场经济的一种误解。诚然，有市场就会发生欺诈现象，这是古今中外任何市场都无法避免的。但从本质上看，欺诈现象并不是市场本身的必然属性。从最基本的意义上说，市场经济是交换经济。人们在市场上进行的交易也是信用的交易，信用是维系交换行为的无形纽带，失去这根纽带，交换就无法正常健康地进行。我们要健全"统一、开放、竞争、有序"的现代市场体系。这里的"有序"，核心内容就是讲诚信。诚信是市场秩序的支柱，是市场繁荣的基石；失信必然损害市场、丧失市场。无论哪一种市场经济，实际上都离不开诚信，都应大力倡导诚信。市场经济当然要讲利益，但这不能成为不讲诚信的理由。"君子爱财，取之有道。"这里所讲的"道"，其中一个重要内涵就是诚信。

思路二：错误理解一但并非如此

段落构成：描述对观点本身的负面理解／错误做法—指出其不合理之处／正确做法。以"考研的重要性"这个主题为例，大家先理解一下：

（描述对观点本身的负面理解／错误做法）考研不是一次简单的考试，（指出其不合理之处／正确做法）而是一次改变命运的机会。

示例

（1）诚信不光是一种态度和意愿，也是一种能力。屡屡有意愿却达不到效果，一样是不诚信。

（2）值得一提的是，我们不应错误地理解兼听则明。兼听则明不是别人说什么就信什么，很多企业家总是迷信所谓的专家，他们为了避免走弯路或者避免决策错误，总是会找很多专家来交流讨论，但这样做往往让他们错过了很多机会，最终只能不停地扼腕叹息。由此可见，仅仅兼听还不够，还必须结合自己的经验和视角，准确地做出判断，这样才能兼听则明。

（3）听取意见的过程中也要注意一些问题。首先，意见不是随意地发表，而是在有强大的知识背景下，提出的客观的、有建设性的观点，尤其是那些由专业人员多次提出的问题，一定要予以重视。其次，企业要避免出现权力集中、"一人独大"的现象。若此时管理者能力不足，很可能影响决策的有效性，从而做出错误的决策，不利于企业发展。正如斯沃克公司的高层管理人员，即便对零部件问题召开了会议，也未能改变其结果。

思路三：例子不符一但只是个例

段落构成：引入反面例子—指出反面例子是个例／对例子有误解—强调观点的合理性。

这里的反面例子指"做到了，观点却失败了"的例子和"没有做到，观点却成功了"的例子。例如，我们想论证成功需要创新，我们需要找"创新了却失败了"的例子或者"没创新却成功了"的例子，而不是寻找"不创新失败了"的例子。

以"考研的重要性"这个主题为例，大家先理解一下：

（引入反面例子）很多人说，考研并没有想象中那么重要。以互联网行业为例，无论是马云、刘强东，还是马化腾等，他们都是本科毕业，没有研究生学历却依然取得了卓越的成绩。（指出反面例子是个例／对例子有误解）然而，我们不能基于个例否定考研的作用，因为马云等人毕业时的社会环境与今天已经有了天壤之别。我们应该基于当下的社会环境以及自身的发展规划做出决策。（强调观点的合理性）如今，高学历人才越来越多，岗位竞争越来越激烈，研究生学历无疑是一个有力的"敲门砖"。

示例

（1）当然，我们也需要清醒地意识到，并不是创新了就一定会成功，如乐视公司不停地涉猎其他领域，试图创新却最终没落，但是我们不该因此而畏首畏尾。第一，我们所说的创新并不是指天马行空地尝试，而是应该建立在理性思考的基础上；第二，我们从不否认创新会有风险，但是不能因噎废食，而是应该在一次次创新中总结经验教训，最终实现由量变到质变的转化。

（2）"长线是金"——从事过股票投资的人几乎都听说过这句名言。最好的例证就是那位全世界家喻户晓的美国老太太，在第二次世界大战期间，其丈夫买下了价值 1 000 美元的股票，如今这些股票已经价值数百万美元。然而，尽管大多数人对"长线是金"深信不疑，但能据此入市操作的人却寥寥无几。为什么？因为经不起眼前机会的诱惑。在股市中，某一只股票短短几天就能翻一番是常有的事。如果每一次都能踩准行情节奏，捕捉到股价翻番的大黑马，那么，成为百万富翁的梦想就指日可待了。谁能捂着一只蜗牛似的股票过上半辈子呢？于是，绝大多数股市参与者都在追涨杀跌中搏杀，几个回合下来，能保住本金的都算幸运者了。当他们真正明白"长线是金"的深刻含义时，通常已经晚了。

思路四：现状糟糕—但可以改变

段落构成一：描述负面的社会现状—随着各种措施的推进／社会发展／时间推移等可以改变现状—强调观点的合理性。

段落构成二：描述负面的社会现状—总结负面现状的原因—随着各种措施的推进／社会发展／时间推移等可以改变现状—强调观点的合理性。

以"考研的重要性"这个主题为例，大家先理解一下。

（1）（描述负面的社会现状）每到毕业季，总是会出现研究生就业难的相关新闻，现实的情况也的确不容乐观，很多研究生寒窗苦读多年却依然找不到合适的工作。这也让很多人不愿考研。（随着各种措施的推进／社会发展／时间推移等可以改变现状）然而，我们不能基于少数人的情况就否定考研的价值。当下，我国在不断普及专业硕士，改革研究生教育模式，同时在高校中开展就业教育和培训。（强调观点的合理性）随着这些措施的推进，研究生的就业难问题会得到有效缓解，研究生学历依然是好工作的"敲门砖"。

（2）（描述负面的社会现状）每到毕业季，总是会出现研究生就业难的相关新闻，现实的情况也的确不容乐观，很多研究生寒窗苦读多年却依然找不到合适的工作。这也让很多人不愿考研。（总结负面现状的原因）归其原因，一是因为很多研究生院校的专业设置与岗位需求不匹配，二是因为很多研究生没有正确的就业观念。（随着各种措施的推进/社会发展/时间推移等可以改变现状）然而，我们不能基于少数人的情况就否定考研的价值。当下，我国在不断普及专业硕士，改革研究生教育模式，同时在高校中开展就业教育和培训。（强调观点的合理性）随着这些措施的推进，研究生的就业难问题会得到有效缓解，研究生学历依然是好工作的"敲门砖"。

示例

（1）现行法定退休年龄较低会造成一个问题，即知识型员工的就业年限使其职业生涯周期与人力资本的投入不相匹配，导致人力资本被闲置和浪费。通过延长退休年龄这一举措，在一定程度上能延长员工的知识能力与职业能力处于高度匹配的时期，从而最大限度地提高经济效益。

（2）但不可否认，当前国产服装行业在品牌认可度上与外国企业还有一些差距。究其原因，一方面是因为一些国际品牌经过上百年的时间沉淀，在消费者中形成了较为坚实的口碑和信誉，它们大举进入中国市场，给本土品牌带来的冲击可想而知。另一方面也是因为部分国产品牌在样式设计、形象维护、影响辐射等方面下的功夫不足、投入不够。告别低价竞争、相互抄袭、"傍名牌"等小伎俩，注重提升设计内涵、提高技术含量、优化售后服务等大韬略，"国产品牌自强超越"才能照进现实，更好地回应"90后""00后"年轻人的期待。由此来看，要想抓住机遇实现弯道超车，不能把希望寄托于消费者对国外品牌的抵制上，关键要靠相关企业下大气力解决自身存在的问题。对于服装企业而言，满足于代工只能赚点辛苦钱，努力向产业链的上下游延伸、向产品"微笑曲线"的两端发力，才能推动行业转型升级。对于国产品牌而言，当务之急是要真正把产品质量搞上去、把品牌吸引力提升起来，在设计、研发和创新上加大投入，靠更高质量的产品、更加时尚的设计、更为人性化的服务，构筑起国产品牌的"护城河"，赢得消费者的信任。（来源：沈慎《对H&M等国际品牌，最强的回应是超越》）

（3）诚然，延长退休年龄背后的担忧和反思不无道理。年轻人的就业压力、养老年限减短的确都是政策实施后短时间内可能凸显的问题。但国家后续政策的丰富和完善，提高就业质量、加快产业结构改革等诸多措施，都将逐步对新政策落地后可能出现的负面影响有较好的应对和修正。利弊权衡下，延长退休年龄政策的优势显而易见，不能因为可能存在的负面影响就因噎废食，拒绝改革，而应逐渐完善，渐进推行。

（4）有一种观点认为，诚信是一种理想化的美德，现实生活中难以实现，讲诚信者往往会吃亏。然而，这种认识有很大的片面性。不可否认，在现实生活中的确存在"不诚信者占便宜、老实人吃亏"的现象，但这毕竟不是我们社会生活的普遍现象。改革开放四十多年来取得的巨大成就，是与广大人民群众的艰苦奋斗、诚实劳动紧密联系在一起的。在党的富民政策指引下，千百万群众扎实苦干、合法经营、照章纳税、奔向小康。这是基本方向，也是社会主流。

第二节　备用段落

一、下定义

下定义是一种用简洁、明确的语言对事物的本质特征做概括的说明方法。但需要注意的是，论说文中的定义最好能够对文章论证产生支持作用。

（一）行文思路

什么时候需要下定义？字数不够或中心的内涵不够明确时。

思路：辩证地下定义（指出中心词不是什么，而是什么）。

在考场上，可以辩证地对"中心"下定义。即先指出"中心"的错误定义，推翻后再指出"中心"的正确定义。这样可以让"下定义"更加立体。

辩证下定义的方法并非在所有题中都适用，不要生搬硬套。

考场建议的下定义话术

【话术1】什么是创新呢？在讨论创新的积极意义之前，有必要明确创新的内涵。因为很多时候，人们对创新的理解并非一致，这种理解的差异可能导致对创新价值的低估。通过明确定义创新，我们能够为接下来的论证提供一个共同的基础，避免产生基于误解的争议。创新不是简单的复制或模仿。它不是单纯地增加数量或改变外观，而是在原有基础上寻找新的解决方案，产出更高效、更经济、更满足需求的产品或服务。

【话术2】开宗明义，在深入探讨创新的意义之前，我们先界定一下创新的内涵。由于人们对创新的理解存在多样性，缺乏明确定义会导致对创新的价值产生误解。通过清晰的定义，我们能够为不同观点的交流创造有益的基础。我们今天所探讨的创新不是简单的复制或模仿。它不是单纯地增加数量或改变外观，而是在原有基础上寻找新的解决方案，产出更高效、更经济、更满足需求的产品或服务。

【话术3】什么是创新呢？很多人对于创新存在着一定的误解，并基于对创新的错误理解拒绝创新。故在探讨创新的积极意义之前，我们先开宗明义，界定一下创新的内涵。我们所倡导的创新并不是天马行空、不切实际的设想，而是基于理性的探索和尝试。

（二）注意事项

（1）下定义非必需。不要为了下定义而下定义，如果没有合适的定义或者定义不能加强论证，可以不加。

（2）下定义通常是在文章的第二段，即开头的后一段。如果以辩证的方式下定义或者由定义引入讨论，则放在辩证段落或其他段落也可以。

（3）下定义可以自成一段，也可以作为段落的一部分。

（三）不建议的行文思路

下定义是为了让观点更可靠，下定义的过程不是简单的叙述，而是要在下定义的过程中强化论点。故在下定义的过程中不建议只描述"中心词"的内涵或外延，这样对于观点的论证力度比较弱。

论证力度不强的下定义方式并非错误，但这样很难在考场上快速组织语言，也很难写得很准确、很精彩。

以下是论证力度不强的下定义方式。

（1）诚信是中华民族的传统美德。

（2）诚信是指要说到做到。

（3）什么是诚信？诚，即真诚、诚实；信，即守承诺、讲信用。诚信的基本含义是守诺、践约、无欺。通俗来讲，诚信就是说老实话、办老实事、做老实人。

（4）"富"指的是创造财富的过程，"仁"指的是乐善好施的品质。

（四）下定义段落参考示例

参考段落一：一件商品，最重要的是质量。但我们不可以错误地理解这句话。想提高质量，最关键的是要精准地把握用户需求的本质：无论产品的品质有多高，功能有多丰富，只要它们不是用户所需要的，这些产品就被视为劣质的，最终只是制造方的自我满足而已。我们决不能为这些东西浪费时间、牺牲速度。

参考段落二：国家提供的福利，并不完全是经济上的支持。"授人以鱼，不如授人以渔"，在引导贫困群众脱贫的过程中，除了要给予一定的经济支持外，更重要的是要推动贫困地区的产业发展，为贫困群众提供相关的就业保障政策。这种制度上的福利往往比经济上的福利更重要，它可以真正地让贫困群众摆脱贫困的现状。

参考段落三：究竟什么是社会责任，这在我们大多数人的观念中都是一个比较模糊的概念，我们对它熟悉，但并不熟知。很多人将社会责任理解成捐赠，认为那只是富人的专属行为，而正在为生计忙碌的人没有能力去做这样的事情，但事实并非如此。我们在考量一个人或一个企业的社会责任时，捐赠的数额只是一种形式上的差别，在这些不同的数额背后，是每一个具有社会责任感的人所付出的同等重要的爱心与善良。而爱心与善良是无法用任何标准来衡量的。

参考段落四：其实，不管是科技研究、手工制造、养殖、种植，还是行医执教、著书立说，行业有千万种，从业者至少应该有一颗基本的"匠心"。这颗匠心，不仅是对规律的尊重，对创造的敬畏，更是一种一丝不苟、追求卓越的精神。有此匠心，则会耐得住寂寞，坐得住冷板凳，下得了苦功夫，生出一种宁静致远、潜心于事的定力。涵养工匠精神，容不得浮躁，容不得唯利是图，容不得急功近利的"速成"。

参考段落五：诚信不光是一种态度和意愿，也是一种能力。屡屡有意愿却达不到效果，一样是不诚信。

参考段落六：很多人对创新有个误解，认为创新就是一刹那的灵感火花，只要有天分，就能做到。但实际上每一项看似很光鲜的创新都是靠背后无数的苦活、累活完成的。很多时候，实现创新的过程是非常累、非常普通、毫无美感的，你只能靠日复一日的平凡劳动去把事情做出来。

参考段落七：批评是容易的，不容易的是批评后给出建议。阿里巴巴集团鼓励员工给出建设性意见，而不是仅提出批评。你批评一次，大家不会怪你；但你天天批评，肯定会有人跟你说："你到底什么情况？"批评也得有正能量，你必须拿出建议来。

（五）下定义在文章中的应用参考

竞合促进发展

面对激烈的竞争，美国飞机制造商波音和麦道两大霸主选择通过合作来抗衡市场挑战。在其他行业中，企业也应在竞争中寻求合作，促进发展，实现共赢。

所谓竞合，是指原本互为竞争关系的企业达成合作、整合力量，共同抗衡更强大的竞争对手，在市场博弈中实现共赢。值得一提的是，竞合并非盲目合作，而是在竞争状态下，根据自身实力和企业特点，选择最合适的合作伙伴，进行风险共担、利益共享。

竞合可以使企业实现效用最大化，形成竞争中的优势。原本互为竞争对手的企业，资源难免分散，此时选择合作，反而可以对其资源进行整合，补劣促优，最大限度地避免其在经营过程中因短板效应而失去抢占市场的先机，进而实现共赢。同时，竞争企业间的强强联合，可以将彼此所具有的品牌效应相互叠加，从而产生更大的影响力，避免"鹬蚌相争，渔翁得利"的惨淡结局。小微企业间打破竞争格局，进行合作，也可以产生"1+1>2"的优势升级，为与大企业抗衡博得一分胜算。

若企业固守自己的一亩三分地，则很难在短期内实现利益最大化，甚至可能沦为市场竞争的"炮灰"。企业在竞争过程中，如果把资源用于与对手博弈，则会对企业研发、扩大生产造成一定影响。即使博弈成功，其收益是否能够覆盖成本尚且是个未知数，更不要提利益最大化了。而如果退一步，选择与竞争对手合作，看似谁都没能成为最终霸主，但很可能双方都会成为收益颇丰的市场赢家。

在竞合中寻求更好的发展，实现企业的共赢。

二、反论：无"观点"不好

反论就是从论点的对立面入手，通过证明它的错误来体现论点的正确性。

举个简单的例子，论证"考研是非常重要的"这个论点，如果我从"考研有利于发展"这个角度出发，就是正论。而我从"不考研会心存遗憾"这个角度出发，就是反论。也就是说，正论就是直接肯定自己的观点，而反论则是否定与自己观点相反的观点，来间接达到论证目的。

正论和反论都是非常重要的论证方法。

段落构成：直接阐述无"观点"的弊端 / 不合理之处 / 恶果。

示例

（1）钱学森曾告诫我们，国防科技创新决不能满足于"追尾巴""照镜子"。习惯于"追尾巴"就容易一步赶不上、步步赶不上；一味"照镜子"就如同照葫芦画瓢，没有自己的创新。（来源：《人民日报》）

（2）一旦利益的巨浪吞噬了理想情怀，我们的身边便会充斥利己主义的铁杆拥趸，责任能够淡忘、道德可以离席、灵魂容许出丑。不是吗？毒奶粉泛滥，地沟油盛行，在唯利是图的利益尽头，是良知的出局和底线的崩塌。（来源：《人民日报》）

（3）志愿服务，主动回报社会，却被猜测其中掩藏着利益动机；应对灾难，企业献出爱心，却被揣度背后有着利益交换。杨善洲图什么，用利益的逻辑说不通，就斥为"傻瓜"；郭明义为什么，用功利的尺子量不了，就断言"神经病"。利益的风暴撕碎了悬在一些人头顶的崇高云层，人不过是欲念死海中一个小小的漩涡。"天下熙熙，皆为利来；天下攘攘，皆为利往"，不与实利挂钩的理想不是"做作"，便是"矫情"，利益于是成为时代价值的"粉碎机"，让我们的社会只剩诛心之论，难言感动信任。（来源：《人民日报》）

（4）盲从代表的是一种盲目跟随他人，缺乏自己独立思考、判断的行为和选择。生活中，许多人会基于怕冒风险、怕担责任、不愿思考等原因而选择盲目跟随他人，以此来获得某种程度上的心理安全感。但随着经济社会的不断发展以及对个性化思维、批判性思考能力的不断重视，习惯于盲从的人不得不面对机会缺失、竞争力降低、个人能力得不到锻炼等种种问题。

（5）毋庸讳言，我们的社会在诚信建设方面还存在种种问题，信用缺失引发的矛盾屡见不鲜。从市场反映出的情况来看，无照经营、商标侵权、制假售假、合同欺诈、虚假招标、骗税逃税、伪造假账、恶意拖欠、变相传销等行为像"病毒"一样侵蚀着社会的"肌体"，像"沙尘暴"一样吞噬着信用的"绿洲"。不讲诚信、欺骗欺诈已成为人人痛恨的一大公害，成为制约社会主义市场经济健康发展的一大障碍。

三、阐述关系

近年考试中，经常出现关系型试题，故我们在行文时还可以阐述不同关键词之间的关系。由于不同试题中关键词的关系也不同，大家需要根据试题要求展开论证，不要生搬硬套。

示例

　　社会责任与经济利益是看似对立的两极，其实在本质上有着微妙的相通性。责任与利益始终贯穿在社会发展之中，但我们在倡导履行社会责任的同时却并不大力宣传经济利益的获得，这导致了一些误读与逃避社会责任的现象出现。这些问题的出现在一定程度上是因为一种割裂经济利益与社会责任关系的思想偏见的存在，但实际上社会责任就是实现经济利益的有效手段之一，有必要纠正对它的理解偏差。

第五章　开头、结尾

一、开头

（一）开头的写法

论说文的考试大纲告诉我们："（论说文）要求考生在准确、全面地理解题意的基础上，对命题或材料所给观点进行分析，表明自己的观点并加以论证。"

其中"对命题或材料所给观点进行分析，表明自己的观点"就是论说文开头的构成。因此建议开头由如下部分构成：

（1）引入材料。

（2）合理过渡。

（3）表达观点。

在引入材料的时候语言要精练，只引入和观点相关的材料，且后续描述要能够自然地引出观点。由材料过渡到观点的时候需要注意不要出现逻辑缺陷。因为材料往往是个例、寓言故事、一家之言等，由材料过渡到观点很可能会出现以偏概全、不当类比、诉诸权威、忽略发展等逻辑谬误，所以需要注意表达方式。

最后，开头所表达的观点应该与题目及下文保持一致。

思路：引入材料—合理过渡—表达观点。

题干为故事：人＋事＋结果＋过渡句（启发／警醒）＋观点。

题干为观点：精简材料＋过渡句（表达态度）＋观点。

题干为择一：表达争议＋过渡句（给出标准／表达态度）＋观点。

1. 故事类型材料开头

故事类型材料的开头需要精练地引入故事情节。在引入故事情节时，不应直接照抄原文，而是要引入与观点相关的情节。

行文思路：引入与观点相关的人、事、结果—受到启发—表达观点。例如：

【材料】［199-2008-10］南美洲有一种奇特的植物——卷柏。说它奇特，是因为它会走。卷柏生存需要充足的水分，当水分不充足时，它就会把根从土壤里拔出来，整个身躯卷成一个圆球状。由于体轻，只要稍有一点风，它就会随风在地面滚动。一旦滚到水分充足的地方，圆球就会迅速打开，根重新钻到土壤里，暂时安居。当水分又不充足，住得不称心如意时，它就会继续游走，以寻求更好的生存环境。

难道卷柏不走就不能生存了吗？一位植物学家做了一个实验：用挡板圈出一块空地，把一株卷柏放到空地中水分最充足的地方，不久卷柏便扎根生存下来。几天后，当这里水分减少时，卷柏便拔出根须，准备漂移。但实验者用挡板对其进行严格控制，限制了它游走的可能。结果实验者发现，卷柏又回到那里重新扎根生存；而且在几次将根拔出又不能移动以后，便再也不动了；而且，卷柏此时的根已经深深扎入泥土，长势比任何时期都好，也许它发现，根扎得越深，水分越充分……

【开头】 当水分不充足或住得不称心如意时，卷柏就会游走以寻求更好的生存环境。但当实验者用挡板对其进行严格控制后发现，卷柏开始将根深深地扎入泥土，长势比任何时期都好。不难发现，卷柏之所以能够获得比任何时期都要好的长势，关键在于它能专注。其实，卷柏如此，人亦如此。专注助力未来。

2. 单一类型材料开头

单一类型材料的开头相对比较简单。只要引入与观点相关的内容并合理过渡到观点即可。例如：

【材料】 ［199–2012］中国现代著名哲学家熊十力先生在《十力语要》（卷一）中说："吾国学人，总好追逐风气，一时之所尚，则群起而趋其途，如海上逐臭之夫，莫名所以。曾无一刹那，风气或变，而逐臭者复如故。此等逐臭之习，有两大病。一、各人无牢固与永久不改之业，遇事无从深入，徒养成浮动性。二、大家共趋于世所矜尚之一途，则其余千途万途，一切废弃，无人过问。此二大病，都是中国学人死症。"

【开头】 如熊十力先生所言，我国学者中跟风者屡见不鲜，一旦出现热门话题，便一拥而上，浮躁之风横行。然而，此等逐臭之风气并不可取。学者当拒绝跟风。

3. 择一类型材料开头

择一类型材料的开头在引入的时候需要体现择一的困境，也就是将争议引入，在过渡的时候可以给出一个标准，这样有利于更自然地得出观点。

行文思路：A 和 B 存在争议，基于某标准，A 更重要。例如：

【材料】 ［199–2011］众所周知，人才是立国、富国、强国之本。如何使人才尽快地脱颖而出，是一个亟待解决的问题。人才的出现有多种途径，其中有"拔尖"，有"冒尖"。拔尖是指被提拔而成为尖子，冒尖是指通过奋斗、取得成就而得到社会公认。有人认为，我国当今某些领域的管理人才，拔尖的多而冒尖的少。

【开头】 在人才选拔的过程中，到底是"拔尖"还是"冒尖"的方式更有利于人才尽快地脱颖而出，是一个难以回答的问题。而从发展的角度考量，我们更应该用"冒尖"的方式选拔人才。

4. 关系类型材料开头

关系类型材料往往是题干中给出了一种关系，我们需要表达对这种关系的态度。故开头在引入的时候可以直接引入题干中的关系；在过渡的部分如果我们同意就直接顺承，如果不同意就利用转折；过渡后直接给出我们对关系的看法。

行文思路：描述题干关系—同意/反对—表达观点。例如：

【材料】［199-2015］孟子曾引用阳虎的话："为富，不仁矣；为仁，不富矣。"（《孟子·滕文公上》）这段话表明了古人对当时社会上为富为仁现象的一种态度，以及对两者之间关系的一种思考。

【开头】"为富，不仁矣；为仁，不富矣。"这句话表达了古人对当时社会上"为富""为仁"现象的一种态度，然而这种态度在当今社会背景下已经不再适用了。随着社会制度和法律法规的不断完善，"为富""为仁"应是相辅相成的关系。

（二）近年真题开头参考示例

2024 年管理类综合能力考试论说文真题

发散性思维是指不依常规、寻求变异和多种答案的思维形式。具有这种思维形式的人，其言行往往会与众不同。

【开头】（引入材料）发散性思维是指不依常规、寻求变异和多种答案的思维形式，（合理过渡）这也是未来每个管理者不可或缺的一种思维方式，（表达观点）具备发散性思维的管理者往往能更好地适应发展。

2023 年管理类综合能力考试论说文真题

人们常说"领导艺术"，可见领导与艺术之间存在着某种相似点，如领导一个团队完成某项任务就和指挥一个乐队演奏某首乐曲一样。

【开头】（引入材料）领导一个团队完成某项任务就和指挥一个乐队演奏某首乐曲一样，需要一定的艺术性。（合理过渡）也就是说，（表达观点）团队目标的达成离不开领导艺术。

2022 年管理类综合能力考试论说文真题

鸟类会飞是因为它们在进化中不断优化了其身体结构。飞行是一项较特殊的运动，鸟类的躯干进化成了适合飞行的流线型；飞行也是一项需要付出高能量代价的运动，鸟类增强了翅膀、胸肌部位的功能，又改进了呼吸系统，以便给肌肉持续提供氧气。同时，鸟类在进化过程中舍弃了那些沉重的、效率低的身体部件。

【开头】（引入材料）鸟类会飞是因为它们在进化中不断优化了其身体结构。（合理过渡）对于组织来说，（表达观点）其在发展过程中同样需要不断优化结构。

2021 年管理类综合能力考试论说文真题

我国著名实业家穆藕初在《实业与教育之关系》中指出，教育最重要之点在道德教育（如责任心和公共心之养成，机械心之拔除）和科学教育（如观察力、推论力、判断力之养成）。完全受此两种教育，实业界中坚人物遂由此产生。

【开头】（引入材料）正如我国著名实业家穆藕初在《实业与教育之关系》中所说，教育最重要之点是道德教育和科学教育。完全受此两种教育，实业界中坚人物遂出之。（合理过渡）穆藕初先生的话对我们当下的实业教育依然具有启发意义，（表达观点）培养实业人才的过程中，我们应重视道德教育和科学教育。

2020 年管理类综合能力考试论说文真题

据报道，美国航天飞机"挑战者号"采用了斯沃克公司的零配件。该公司的密封圈技术专家博易斯乔利多次向公司高层提醒：低温会导致橡胶密封圈脆裂而引发重大事故。但是，这一意见一直没有受到重视。1986 年 1 月 27 日，佛罗里达州卡纳维拉尔角发射场的气温降到零摄氏度以下，美国宇航局再次打电话给斯沃克公司，询问其对航天飞机的发射还有没有疑虑之处。为此，斯沃克公司召开会议，博易斯乔利坚持认为不能发射，但公司高层认为他所持理由还不够充分，于是同意宇航局发射。1 月 28 日上午，航天飞机离开发射平台，仅过了 73 秒，悲剧就发生了。

【开头】（引入材料）斯沃克公司高层因为没有重视专家的提醒，一意孤行地同意宇航局发射，酿成了美国航天飞机"挑战者号"的悲剧。（合理过渡）这一悲剧也在时刻警醒（表达观点）管理者们要重视专家意见。

2019 年管理类综合能力考试论说文真题

知识的真理性只有经过检验才能得到证明。论辩是纠正错误的重要途径之一，不同观点的冲突会暴露错误而发现真理。

【开头】（引入材料）论辩是纠正错误的重要途径之一，不同观点的冲突会暴露错误而发现真理。（合理过渡）对此，我深表认同，（表达观点）论辩有利于发现真理。

2018 年管理类综合能力考试论说文真题

有人说，机器人的使命，应该是帮助人类做那些人类做不了的事，而不是代替人类。技术变革会夺取一些人低端烦琐的工作岗位，最终也会创造更高端、更人性化的就业机会。例如，历史上铁路的出现抢去了很多挑夫的工作，但又增加了千百万的铁路工人。人工智能也是一种技术变革，人工智能也将促进未来人类社会的发展。有人则不以为然。

【开头】（引入材料）（表达观点）人工智能作为一种技术变革，将促进未来人类社会的发展。（合理过渡）对此，我深表认同。

（提示：该开头引入的材料即为观点，故观点不需要重复出现。）

2017 年管理类综合能力考试论说文真题

一家企业遇到了这样一个问题：究竟是把有限的资金用于扩大生产呢，还是用于研发新产品？有人主张投资扩大生产，因为根据市场调查，原产品还可以畅销三到五年，由此可以获得可靠而丰厚的利润。有人主张投资研发新产品，因为这样做虽然有很大的风险，但风险背后可能有数倍甚至数十倍于前者的利润。

【开头】（引入材料）企业究竟是应该把有限的资金用于扩大生产呢，还是用于研发新产品？（合理过渡）从长远发展的角度考虑，（表达观点）企业更应该研发新产品。

2016 年管理类综合能力考试论说文真题

亚里士多德说："城邦的本质在于多样性，而不在于一致性。……无论是家庭还是城邦，它们的内部都有着一定的一致性。不然的话，它们是不可能组建起来的。但这种一致性是有一定限度的。……同一种声音无法实现和谐，同一个音阶也无法组成旋律。城邦也是如此，它是一个多面体。人们只能通过教育使存在着各种差异的公民统一起来组成一个共同体。"

【开头】（引入材料）正如亚里士多德所说，同一种声音无法实现和谐，同一个音阶也无法组成旋律。城邦也是如此，需要各种差异的公民统一起来组成一个共同体。（合理过渡）也就是说，（表达观点）接纳多样性更有利于实现城邦的一致性。

2015 年管理类综合能力考试论说文真题

孟子曾引用阳虎的话："为富，不仁矣；为仁，不富矣。"（《孟子·滕文公上》）这段话表明了古人对当时社会上为富为仁现象的一种态度，以及对两者之间关系的一种思考。

【开头】（引入材料）在古人看来，"为富，不仁矣；为仁，不富矣"。即仁、富为矛盾双方，不可共存。（合理过渡）但这样的观点如今已经不再适用，（表达观点）实际上仁、富可兼顾，且二者相辅相成。

2014 年管理类综合能力考试论说文真题

生物学家发现，雌孔雀往往选择尾巴大而艳丽的雄孔雀作为配偶，因为雄孔雀尾巴越大越艳丽，表明它越有生命活力，其后代的健康越能得到保证。但是，这种选择也产生了问题：孔雀尾巴越大越艳丽，就越容易被天敌发现和猎获，其生存反而会受到威胁。

【开头】（引入材料）雌孔雀往往选择尾巴大而艳丽的雄孔雀作为配偶，这虽然会使其生存受到威胁，却能使其后代的健康更能得到保证。（合理过渡）孔雀的选择也在警醒着企业经营者们，（表达观点）相比较于规避风险，更应该直面风险。

2024 年经济类综合能力考试论说文真题

在人的一生中，有些人只做一件事。如袁隆平院士一生致力于杂交水稻研究，创建了超级杂交稻技术体系，使我国杂交水稻研究始终居于世界领先水平。

【开头】（引入材料）袁隆平院士一生只做一件事——致力于杂交水稻研究。他的专注使我国杂交水稻研究始终居于世界领先水平。（合理过渡）袁隆平院士所取得的成就也在激励着我们（表达观点）做事要专注。

2023 年经济类综合能力考试论说文真题

一种社会事务，往往涉及诸多因素（如春运涉及交通设施、气候条件、民俗文化、经济环境、科学技术等），所以要依赖诸多部门的通力合作才能处理好。

【开头】（引入材料）社会事务的处理往往涉及诸多因素，（合理过渡）仅凭一方的力量和资源来解决，效果往往不尽如人意。（表达观点）而通力合作则可以充分利用各方的资源和优势，以达到更好地处理社会事务的效果。

2022 年经济类综合能力考试论说文真题

我国不少地方规定老年人可以免费乘坐公共交通工具，这一规定体现了对老年人的关怀。但是在具体实施过程中出现了一些问题。如在早晚高峰时，老年人免费乘车在一定程度上影响了上班族的通勤；还有，有些老年人也由于各种原因无法享受这一福利。因此，有的地方把老年人免费乘车的福利改为发放津贴。

【开头】（引入材料）我国不少地方规定，老年人可以免费乘坐公共交通工具。这一规定在体现对老年人关怀的同时，也引发了不少问题。因此，有的地方把老年人免费乘车的福利改为发放津贴。（合理过渡）这一措施既体现了对老年群体的关怀，又缓解了公共交通的压力，（表达观点）值得进一步推广。

2021 年经济类综合能力考试论说文真题

巴西热带雨林中的食蚁兽在捕食时，使用灵活的带黏液的长舌伸进蚁穴捕获白蚁，但不管捕获多少，每次捕食都不超过 3 分钟，然后去寻找下一个目标，从来不摧毁整个蚁穴。而那些没有被食蚁兽捕获的工蚁就会马上修复蚁穴，蚁后也会开始新一轮繁殖，很快产下更多的幼蚁，从而使蚁群继续生存下去。

【开头】（引入材料）无论是食蚁兽还是蚁群，都在努力地实现持续生存。（合理过渡）自然界尚且如此，人类更应如此，（表达观点）应坚持可持续发展的道路。

二、结尾

（一）结尾的写法

论说文结尾只要能够起到总结的作用，能呼应开头即可。例如：

（1）综上，我们应专注，专注成就未来。

（2）环境与我们每个人都息息相关，保护环境也需要我们每个人身体力行。让我们共同努力，节能降耗，共建美丽中国。

（二）结尾的注意事项

（1）结尾需要与材料、题目及文中的中心词保持一致。

（2）结尾不要提出新的观点。

（3）结尾不要过于花哨，观点要鲜明。

（4）结尾需要调节文章字数。文章的规定字数是 700 字左右，我们需要借助结尾调整文章的总字数。

（5）在时间紧张的情况下，哪怕字数不够，也要尽可能加一个结尾。

（三）近年真题结尾参考示例

类别	年份	结尾
管理类	2024 年	综上，具备发散性思维的管理者，才能灵活地应对不断变化的时代，更好地适应时代的发展
	2023 年	综上，具备领导艺术，能更好地助力团队目标达成
	2022 年	综上，鸟类尚且在不断地进行自我优化，组织也应该不断地优化结构，促进发展
	2021 年	基于此，在培养实业人才的过程中，我们应重视道德教育和科学教育
	2020 年	综上，为了做出科学的管理决策，管理者应当重视专家意见
	2019 年	综上，论辩出真知，相信知识的真理性通过论辩的不断检验能得到更好的证明
	2018 年	基于以上讨论不难看出，人工智能将促进人类社会发展，但人类也要找准自己的定位，努力工作助力社会发展
	2017 年	综上，相比较于扩大生产，将有限的资金用于创新研发更有助于企业的长久发展
	2016 年	综上所述，多样性和一致性不可分割，接纳多样性更有利于实现城邦的一致性
	2015 年	综上，为仁者亦可为富，为富者亦在为仁，仁与富两者并不矛盾，而是相辅相成的
经济类	2024 年	基于此，我们应以专注铸就卓越
	2023 年	综上，通力合作是处理社会事务的有效方式，诸多部门之间应该通力合作，以更好地应对社会事务
	2022 年	综上，虽然老年人免费乘坐交通工具体现了社会福利政策对老年人的关怀，但是发放津贴的方式更可取

第六章　审题

论说文审题，就好像有人突然对你说了一段话，然后问："你怎么看，为什么这么看？"

这段话可能是故事、名言、道理，也可能是一些难以解决的问题等。我们需要基于对方所说的话，给出自己的立场，这个立场通常就是文章的题目。

只有理解了什么是论说文审题，大家才能更加理性地看待审题方法。

在我看来，审题方法的学习并非必需的。

如果大家的语感很强，或者对于某些题目产生了共鸣，即便我们没有学习任何审题方法，也能把很多题审对。

如果大家的语感很弱，即便大家学习了很多看似高大上的方法和技巧，也可能抓错重点、审错题。

审出来题其实不难，难的是审题不犯错。

所以接下来在梳理审题的时候，希望大家不但要关注审题的方法，更要关注审题的雷区。

为了能快速、准确地审题，本书将审题分为三步。

第一步：宏观定方向。梳理材料形式，找准审题方向。

第二步：微观找细节。关注核心信息，提炼中心词、主语等细节。

第三步：细节变观点。将细节搭建为观点，将其优化后作为题目。

简单来说，就是在拿到材料后，先从宏观上理解题干的意思，找到审题的方向；再从微观上关注细节，确定审题细节；最后拟定题目。

第一步：宏观定方向

宏观定方向是指拿到真题后应首先从宏观层面关注材料，暂时不要关注细节。具体应关注以下内容：

（1）材料类型。

判断材料是故事类型，还是说理类型。

如果是说理类型，题干是在论述单一观点、在择一，还是在阐述关系等。

（2）价值取向。

判断材料是在说好事、坏事，还是在做抉择。

如果题干中的故事／理论的结果是好事，我们应该对该事件表示支持，需要重点寻找导致好事发生的情节。

如果题干中的故事／理论的结果是坏事，我们应该对该事件表示反对，需要重点寻找导致坏事发生的情节。

如果题干中的故事/理论的结果是未知的，或者是在做选择，又或者是在讨论，我们需要根据题干的引导选择审题方向。

（3）关键词个数。

判断材料只有一个关键词，还是有多个关键词。

如果题干中只有一个关键词，那么根据题干信息表达对该关键词的支持或反对即可。

如果题干中有多个关键词，那么首先需要根据题干信息判断这些关键词中有没有干扰词，如果有的话应迅速排除。然后需要根据题干信息判断多个关键词之间的关系，来决定审题方向是择一、共存，还是其他。

接下来，和大家总结一下在不同类型的材料中如何确定审题方向。

1. 故事类型

故事类型的材料，需要重点关注题干中的主语、事件和结果。根据这三个要素可以确定审题方向，具体情况如下表：

主语数量（$N \geq 1$）	事件数量（$N \geq 1$）	结果数量	审题方向
1	1	1	做/不做该事件
N	N	1	找 N 个事件的共性
N	N	2	找 N 个事件的差异
1	1	2	在做/不做中择一
N	N	无	根据题干信息决定

情况一：一个主语，发生一个事件，取得一个结果，审题方向为"做/不做该事件"

[199–2012–10] 2012 年 7 月 6 日《科技日报》报道：我国主导的 TD-LTE 移动通信技术已于 2010 年 10 月被国际电信联盟确立为国际 4G 标准。TD-LTE 是我国自主创新的第三代移动通信技术 TD-SCDMA 的演进技术。TD-SCDMA 的成功规模商用为 TD-LTE 的快速发展奠定了坚实的基础。目前，TD-LTE 已形成由中国主导、全球广泛参与的产业链，全球几乎所有通信系统和芯片制造商都已支持该技术。

在移动通信技术的 1G 和 2G 时代，我们只能使用美国和欧洲的标准。通过艰难的技术创新，到 3G 和 4G 时代中国自己的通信标准已经成为世界三大国际标准之一。

在该年真题中，主语是"我国"，事件是"技术创新"，结果是"成为世界三大国际标准之一"。题干中只有一个主语、一个事件、一个结果，故审题方向为：做/不做该事件。又由于结果是好的，故审题方向为"应该做该事件"，也就是"应该技术创新"。

情况二：N 个主语，发生 N 个事件，取得一个结果，审题方向为"找 N 个事件的共性"

[199–2020] 据报道，美国航天飞机"挑战者号"采用了斯沃克公司的零配件。该公司的密封圈技术专家博易斯乔利多次向公司高层提醒：低温会导致橡胶密封圈脆裂而引发重大事故。

但是，这一意见一直没有受到重视。1986 年 1 月 27 日，佛罗里达州卡纳维拉尔角发射场的气温降到零摄氏度以下，美国宇航局再次打电话给斯沃克公司，询问其对航天飞机的发射还有没有疑虑之处。为此，斯沃克公司召开会议，博易斯乔利坚持认为不能发射，但公司高层认为他所持理由还不够充分，于是同意宇航局发射。1 月 28 日上午，航天飞机离开发射平台，仅过了 73 秒，悲剧就发生了。

在该年真题中，结果是"悲剧发生了"，导致悲剧发生的主语只有一个，即"公司高层"。导致悲剧发生的事件有两个，一个是"该公司的密封圈技术专家博易斯乔利多次向公司高层提醒：低温会导致橡胶密封圈脆裂而引发重大事故。但是，这一意见一直没有受到重视"。另一个是"斯沃克公司召开会议，博易斯乔利坚持认为不能发射，但公司高层认为他所持理由还不够充分，于是同意宇航局发射"。本题为一个主语、两个事件、一个结果，且结果是不好的，故审题方向为：找到这两个事件的共性，并予以否定。本题中两个事件的共性是都没有重视专家的意见，故审题方向为"要重视专家的意见"。

情况三：N 个主语，发生 N 个事件，取得两个结果（结果有好有坏），审题方向为"找 N 个事件的差异"

［199-2008-10］南美洲有一种奇特的植物——卷柏。说它奇特，是因为它会走。卷柏生存需充足的水分，当水分不充足时，它就会把根从土壤里拔出来，整个身躯卷成一个圆球状。由于体轻，只要稍有一点风，它就会随风在地面滚动。一旦滚到水分充足的地方，圆球就会迅速打开，根重新钻到土壤里，暂时安居。当水分又不充足，住得不称心如意时，它就会继续游走，以寻求更好的生存环境。

难道卷柏不走就不能生存了吗？一位植物学家做了一个实验：用挡板圈出一块空地，把一株卷柏放到空地中水分最充足的地方，不久卷柏便扎根生存下来。几天后，当这里水分减少时，卷柏便拔出根须，准备漂移。但实验者用挡板对其进行严格控制，限制了它游走的可能。结果实验者发现，卷柏又回到那里重新扎根生存；而且在几次将根拔出又不能移动以后，便再也不动了；而且，卷柏此时的根已经深深扎入泥土，长势比任何时期都好，也许它发现，根扎得越深，水分越充分……

在该年真题中，主语有两个，为两种生存环境下的不同的卷柏。

事件有两个，第一种环境下的卷柏"当水分不充足时，它就会把根从土壤里拔出来，整个身躯卷成一个圆球状。由于体轻，只要稍有一点风，它就会随风在地面滚动。一旦滚到水分充足的地方，圆球就会迅速打开，根重新钻到土壤里，暂时安居。当水分又不充足，住得不称心如意时，它就会继续游走，以寻求更好的生存环境"。第二种环境下的卷柏"实验者用挡板对其进行严格控制，限制了它游走的可能。结果实验者发现，卷柏又回到那里重新扎根生存；而且在几次将根拔出又不能移动以后，便再也不动了"。

结果也有两个，第一种环境下的卷柏根扎得不深，第二种环境下的卷柏"根已经深深扎入泥土，长势比任何时期都好"。故本题的审题方向为"找这两个事件的差异"。在这两个事件中，最主要的差异是第一种环境下的卷柏一直在不停地游走，第二种环境下的卷柏无法游走。故最终的审题方向为"不应游走，要专注"。

> ☀ **小贴士**
>
> 很多同学在审本题时，会重点关注挡板的差异，即第一种环境下的卷柏没有挡板，第二种环境下的卷柏有挡板。不建议选择这一审题方向，因为我们需要关注的是主语发生了什么行为，而不是关注外力。

情况四：一个主语，发生一个事件，取得两个结果（结果有好有坏），审题方向为"在做 /不做中择一"

[199–2014]生物学家发现，雌孔雀往往选择尾巴大而艳丽的雄孔雀作为配偶，因为雄孔雀尾巴越大越艳丽，表明它越有生命活力，其后代的健康越能得到保证。但是，这种选择也产生了问题：孔雀尾巴越大越艳丽，就越容易被天敌发现和猎获，其生存反而会受到威胁。

在该年真题中，只有一个主语"雌孔雀"，发生了一个事件"往往选择尾巴大而艳丽的雄孔雀作为配偶"，得到了两个结果：第一个结果是"后代的健康越能得到保证"，第二个结果是"其生存反而会受到威胁"。显然这道题中有一个主语，发生了一个事件，取得了两个结果，故审题方向为"在应该和不应该选择尾巴大而艳丽的雄孔雀之间择一"。这道题中没有选择倾向，故选择哪一个都可以。

> ☀ **小贴士**
>
> 很多同学会将该题审为"事物具有两面性""凡事有利必有弊""风险和收益并存"等，该类题目虽然不算错误，却没有现实意义，没有给出明确的立场，难以拿到一、二类卷的分数。

情况五：N个主语，发生N个事件，无结果，审题方向为"根据题干信息决定"
[199–2010–10]

唐山地震孤儿捐款支援汶川灾区

2008年5月18日，在中宣部等共同发起的《爱的奉献》抗震救灾大型募捐活动中，天津民营企业荣程联合钢铁集团有限公司董事长张祥青代表公司再向四川灾区捐款7 000万元，帮助灾区人民重建"震不垮的学校"。至此，荣程联合钢铁集团公司在支援四川灾区抗震救灾中累计捐款1亿元。

"我们对灾区人民非常牵挂，荣钢集团人大多来自唐山，亲历过32年前的唐山大地震，接受过全国人民对唐山灾区的无私援助，32年后为四川地震灾区捐款，回馈社会，是应尽的义务，我们必须做！"张祥青说。

张祥青在 1976 年唐山大地震时失去父母，年仅 8 岁的他不幸成为孤儿，他深深感受到来自全国四面八方的涓涓爱心。1989 年，张祥青与妻子张荣华开始了艰苦的创业历程，从卖早点、做豆腐开始，最后组建了荣钢集团。企业发展了，荣钢集团人不忘回报社会，支援汶川地震灾区是其中一例。

在该年真题中，主语是"张祥青"，事件是"不忘回报社会"，但这道题中并没有结果，没有告诉我们在回报社会后张祥青获得了什么结果。故本题属于"一个主语，发生一个事件，无结果"类型。审题方向需要根据材料决定，很明显材料中对于张祥青的行为持有肯定的态度。故审题方向为"支持该事件"，即"支持回报社会"。

2. 单一类型

单一类型是最简单的说理类型材料。通常题干中只有一个关键词，找到这一关键词，根据题干中的价值取向，表达支持或反对即可。

［396–2013］被誉为清代中兴名臣的曾国藩，其人生哲学很独特，就是"尚拙"，他曾说"天下之至拙，能胜任天下之至巧，拙者自知不如他人，自便会更虚心"。

在该年真题中，只有一个关键词"尚拙"，且题干对其持支持态度。故审题方向为"支持尚拙"。

3. 择一类型

当题干中出现两个或者两个以上关键词，且材料在对二者进行比较或者选择时，往往就是择一类型。择一类型的审题方向为择一，即从多个关键词中选择一个。如何确定选择哪一个呢？

（1）看题干本身是否有倾向。

（2）看社会主流价值观是否有倾向。

（3）如果没有以上倾向，就看自己擅长的方向。

［199–2017］一家企业遇到了这样一个问题：究竟是把有限的资金用于扩大生产呢，还是用于研发新产品？有人主张投资扩大生产，因为根据市场调查，原产品还可以畅销三到五年，由此可以获得可靠而丰厚的利润。有人主张投资研发新产品，因为这样做虽然有很大的风险，但风险背后可能有数倍于甚至数十倍于前者的利润。

在该年真题中，题干中有"扩大生产"和"研发新产品"两个关键词，且题干在对二者进行选择，故为择一类型。

题干在非常中立地描述二者的利弊，故题干本身没有倾向。

如果将题干改编为"一家企业遇到了这样一个问题：究竟是把有限的资金用于扩大生产呢，还是用于研发新产品？有人主张投资扩大生产，因为根据市场调查，原产品还可以畅销三到五年，由此可以获得可靠而丰厚的利润。然而这种主张却忽视了：若是投资研发新产品，虽然有很大的风险，但风险背后可能有数倍于甚至数十倍于前者的利润。"此时题干本身倾向于"研发新产品"。

题干中将"扩大生产"和"研发新产品"做比较，从社会主流价值观来看也没有倾向。因为扩大生产是企业正常运转的基本保障，研发新产品是企业长远发展的有效途径，二者对于企业而言都非常重要。故同学们可以选择自己擅长的方向拟题。故审题方向为"选择支持其中一个"。

4. 关系类型

如果材料中有多个关键词，且题干在讨论关键词之间的关系，往往就是关系类型。关系类型材料的审题方向为支持或反对材料中的关系。

［199-2015］孟子曾引用阳虎的话："为富，不仁矣；为仁，不富矣。"（《孟子·滕文公上》）这段话表明了古人对当时社会上为富为仁现象的一种态度，以及对两者之间关系的一种思考。

在该年真题中，题干有"仁"和"富"两个关键词，但是题干没有对二者进行比较或是选择。故审题方向不是择一。题干是在论述二者的关系，所以该题为关系类型。题干认为二者的关系是"仁富不共存"，但是该观点的思想不健康，故我们应予以反对。故审题方向为"反对'仁富不共存'"，即"仁富可共存"。

第二步：微观找细节

在确定了审题方向后，我们应找到题干中与观点有关的情节或语句，从中提炼中心。

如果材料是故事、生物现象等，我们需要将寓言、生物的行为翻译成中心词，这一步要注意用词的准确性。以 2014 年管理类综合能力考试真题（孔雀的选择）为例，虽然我们明确了审题方向是"支持雌孔雀选择尾巴大而艳丽的雄孔雀"或者"反对雌孔雀选择尾巴大而艳丽的雄孔雀"，但依然没有可以用于拟题的中心词，此时，便需要我们对题干情节进行翻译。雌孔雀在明知道尾巴大而艳丽的雄孔雀更有生存威胁的前提下，依然选择了这类孔雀，故可以将材料翻译为"直面风险"；反过来，可以翻译为"规避风险"。

如果材料是说理类型，或者题干中有可用的中心词，建议大家直接使用题干中的原表达作为中心词。以 2015 年管理类综合能力考试真题（仁与富）为例，该年真题中"仁"与"富"可以直接参与拟题，故不需要重新翻译。

在明确了中心词以后，还需要确定题中的范围、主体、结果、关系等其他细节，以帮助后续拟题。

第三步：细节变观点

在明确细节后，我们需要进一步将其转变为观点，也就是题目。

以 2012 年 MBA 综合能力考试真题（3G 和 4G 时代）为例，我们找到的中心词是"技术创新"，还需要继续将其完善为题目。题目中需要体现出我们对技术创新的支持态度。例如可以将题目拟定为"技术创新促进国家发展""我们要坚持技术创新""让技术创新引领发展"等。

在拟定题目的过程中，我们通常需要引入论证主体，但很多同学习惯将所有真题都与企业关联，这是不合理的。

1. 论说文什么时候需要写企业？

（1）题干中明确要求写企业。

［199-2006］根据以下材料，围绕企业管理写一篇论说文，题目自拟，700字左右。

两个和尚分别住在东、西两座相邻的山上的寺庙里。两山之间有一条清激的小溪。这两个和尚每天都在同一时间下山去溪边挑够一天用的水。久而久之，他们就成为好朋友了。光阴如梭，日复一日，不知不觉已经过了三年。有一天，东山的和尚没有下山挑水，西山的和尚没有在意："他大概睡过头了。"哪知第二天，东山的和尚还是没有下山挑水；第三天、第四天也是如此；过了十天，东山的和尚还是没有下山挑水。西山的和尚担心起来："我的朋友一定是生病了，我应该去拜访他，看是否有什么事情能够帮上忙。"于是他爬上了东山，去探望他的老朋友。

到达东山的寺庙，西山和尚看到他的老友正在庙前打拳，一点也不像十天没喝水的样子。他好奇地问："你已经十天都没有下山挑水了，难道你已经修炼到可以不用喝水就能生存的境界了吗？"东山和尚笑笑，带着他走到寺庙后院，指着一口井说："这三年来，我每天做完功课后，都会抽空挖这口井。如今终于挖出水来了，我就不必再下山挑水啦。"西山和尚不以为然："挖井花费的力气远远甚于挑水，你又何必多此一举呢？"

（2）题干是围绕企业展开的。

［199-2017］一家企业遇到了这样一个问题：究竟是把有限的资金用于扩大生产呢，还是用于研发新产品？有人主张投资扩大生产，因为根据市场调查，原产品还可以畅销三到五年，由此可以获得可靠而丰厚的利润。有人主张投资研发新产品，因为这样做虽然有很大的风险，但风险背后可能有数倍于甚至数十倍于前者的利润。

（3）题干描述的是某个企业的行为。

［199-2020］据报道，美国航天飞机"挑战者号"采用了斯沃克公司的零配件。该公司的密封圈技术专家博易斯乔利多次向公司高层提醒：低温会导致橡胶密封圈脆裂而引发重大事故。但是，这一意见一直没有受到重视。1986年1月27日，佛罗里达州卡纳维拉尔角发射场的气温降到零摄氏度以下，美国宇航局再次打电话给斯沃克公司，询问其对航天飞机的发射还有没有疑虑之处。为此，斯沃克公司召开会议，博易斯乔利坚持认为不能发射，但公司高层认为他所持理由还不够充分，于是同意宇航局发射。1月28日上午，航天飞机离开发射平台，仅过了73秒，悲剧就发生了。

2. 论说文什么时候不写企业？

（1）题干在讨论社会现象。

［199-2018］有人说，机器人的使命，应该是帮助人类做那些人类做不了的事，而不是代替人类。技术变革会夺取一些人低端烦琐的工作岗位，最终也会创造更高端、更人性化的就业机会。例如，历史

上铁路的出现抢去了很多挑夫的工作，但又增加了千百万的铁路工人。人工智能也是一种技术变革，人工智能也将促进未来人类社会的发展。有人则不以为然。

（2）题干中心明显与企业无关。

[199-2019]知识的真理性只有经过检验才能得到证明。论辩是纠正错误的重要途径之一，不同观点的冲突会暴露错误而发现真理。

（3）题干有其他可行文主体。

[199-2016]亚里士多德说："城邦的本质在于多样性，而不在于一致性。……无论是家庭还是城邦，它们的内部都有着一定的一致性。不然的话，它们是不可能组建起来的。但这种一致性是有一定限度的。……同一种声音无法实现和谐，同一个音阶也无法组成旋律。城邦也是如此，它是一个多面体。人们只能通过教育使存在着各种差异的公民统一起来组成一个共同体。"

类别	年份	中心词	主语	目的	题目
管理类	2024 年	发散性思维	人	竞争优势	发散性思维有利于获得竞争优势
	2023 年	领导艺术	组织/企业	组织发展	掌握领导艺术，助力组织发展
	2022 年	优化结构	组织	长远发展	优化结构推动组织发展
	2021 年	道德教育、科学教育	实业	培养人才	实业人才培养应重视道德教育和科学教育
	2020 年	重视专家意见	管理者	规避风险	管理者应重视专家意见
	2019 年	论辩	人	真理	论辩有利于发现真理
	2018 年	人工智能	无	社会发展	人工智能将促进人类社会发展
	2017 年	研发新产品	资金有限的企业	长远发展	资金有限的企业更要研发新产品
	2016 年	接纳多样性	城邦	实现一致性	接纳多样性有利于实现一致性
	2015 年	仁富	无	无	仁富相辅相成
经济类	2024 年	专注	人	卓越	专注铸就卓越
	2023 年	合作	部门	处理社会事务	处理社会事务需要通力合作
	2022 年	变通/发放津贴	政府	社会发展	老年人免费乘车改为发放津贴更可取

第七章 案例：三道具有代表性的真题梳理

第一节 单一话题（A 好）类型真题

［199-2023］人们常说"领导艺术"，可见领导与艺术之间存在着某种相似点，如领导一个团队完成某项任务就和指挥一个乐队演奏某首乐曲一样。

第一步：审题

（1）宏观定方向。对领导艺术持肯定态度。

（2）微观定细节。中心词：领导艺术。范围：团队发展。

（3）细节变观点。领导艺术的重要性；掌握领导艺术，推动团队发展。

第二步：确定结构

大家应该选择一个自己熟悉的结构，在考场上不要临时构建结构，否则会浪费时间。这里我选择的是"题目—开头—正论—正论—结尾"这一结构。

第三步：标注理由关键词

＋：主观能动性、积极性、创造性、激励、工作热情。

＋：团队凝聚力、节约成本、组织认同感、提高效率。

第四步：串词行文

这个步骤和论证有效性分析非常像，有了框架后，大家直接按照框架串词行文就可以了。串词的过程就是将这几个词语与观点的关系解释清楚，在串词行文的过程中，需要完善段落表达、充实段落内容。

具备领导艺术，助力目标达成

指挥乐队演奏某首乐曲，不仅需要调动每个乐队成员的积极性，更需要让整个乐队和谐。指挥乐队如此，领导团队又何尝不是如此，团队目标的达成也离不开领导艺术。

具备领导艺术能有效地调动团队成员的主观能动性。团队管理是基于人的管理，如何最大限度地调动团队成员的积极性和创造性，释放每个成员所蕴藏的能量，使其以极大的热情和创造力投身于实现一致性战略目标，这是领导者需要达到的目标。管理是一门高深的学问，管理者不仅要大权在握，更重要的是要有高超的领导艺术，充分调动团队成员的工作积极性。而真正有效的激励手段，往往是不用花多少钱就能够做到的，关键是要抓住人的心，从满足人的内心需要出发，才能让其自动自发、充满热情地努力工作。很多所谓的领导只能视为领导方法，而不能被称为领导艺术，其往往以强制性手段迫使成员完成团队目标，却无法调动成员的内在积极性。领导者只有具备领导艺术，接纳个体的差异，尊重个体的多样化需求和特点，才能持久地、长期地对团队成员产生激励作用，调动他们的主观能动性。

具备领导艺术能有效地提高团队凝聚力。团队的运转就像一台精密的仪器，需要所有的"零部件"紧密配合。仅仅依赖法律法规、规章制度等强行约束，只能使团队成员表面上配合，其内心并没有真正认同团队，团队也就难以形成凝聚力。凝聚力是团队对于成员的吸引力，其不仅是团队存在的必要条件，而且对激发团队的潜能也有着很重要的作用。凝聚力可以激发人们的奋斗热情，推动个人的成长进程，也可以在一定程度上为团队节约人才培养的成本。具备领导艺术能更好地提高成员对组织的认同感，进而提高团队凝聚力，使得团队可以高效运转起来，最终达成团队目标。

综上所述，具备领导艺术能更好地助力团队目标达成。

第二节　比较择一（B 更好）类型真题

［199-2017］一家企业遇到了这样一个问题：究竟是把有限的资金用于扩大生产呢，还是用于研发新产品？有人主张投资扩大生产，因为根据市场调查，原产品还可以畅销三到五年，由此可以获得可靠而丰厚的利润。有人主张投资研发新产品，因为这样做虽然有很大的风险，但风险背后可能有数倍于甚至数十倍于前者的利润。

第一步：审题

宏观定方向。题干中有两个关键词（"扩大生产""研发新产品"）可供选择，故为择一类型试题。两个关键词和社会主流价值观都没有冲突，故选择哪一个都可以。

微观找细节。我们选择第二个关键词作为审题方向，则中心词为"研发新产品"；主语为"企业"；结果为"长远发展"。

细节变观点。题目可以拟定为"我们更要研发新产品"。

第二步：确定结构

题目—开头—反论—过渡段—正论—正论—辩证—结尾。

第三步：标注理由关键词

－：失去主动权。

＋：创造消费需求。柯达、雅虎。

＋：应对竞争者。

B：非极端冒险。

第四步：串词行文

创新研发更有助于企业发展

在面对有限的资金时，企业很可能会陷入艰难的发展抉择：是研发新产品，还是扩大生产？从长远发展来看，在企业持续经营的过程中，我认为研发新产品能为企业带来更大的发展潜力。

扩大生产是不断复制已有的、成熟的明星产品，这一行为的目的多是稳定市场份额。但是，其初衷很可能不会达成。因为在消费更迭的大环境下，竞争者会不断创造新需求，企业一味扩大生产很可能会失去主动权，不仅有可能使生产的产品滞销，还有可能给企业带来资金链断裂的灭顶之灾。

然而，研发新产品则能够化解这一危机。

一方面，创新研发能使企业进军新的产品领域，站在行业领先地位，获得先机；也能使企业有机会创造出新的消费需求，以期创造更多的利润。这里所说的创新研发不是盲目试错的过程，而是经过市场调研后的理性抉择。市场的反馈是企业抉择的见证，那些不进行创新研发的企业，如柯达、雅虎等，都逐渐淡出消费者的视野，成为市场的"炮灰"。

另一方面，创新研发更易使企业适应瞬息万变的市场环境，更好地应对竞争者的调整策略。谁要做守常者，谁就是失败者——这是每个企业都深谙的道理，但是有很多企业知行不一。为什么呢？因为他们惧怕创新的风险所带来的后果，而沉浸于扩大生产所呈现的短暂繁荣中。殊不知，一旦其隐藏的矛盾爆发，企业将无法翻身。

有人认为研发新产品是极端冒险的行为，会给企业带来难以预计的灾难。然而，创新研发不是不考虑风险的冒险，而是在经历产品工程师的成功率预估与市场部门的调研后进行的理性研发行为。尽管很多企业的创新研发可能并不成功，耗费了大量人力、物力却毫无成果。但我们应该明白，不能追求事事一帆风顺，而是应该在不断波折的过程中达成量的积累，形成质变，完成螺旋式上升。

综上所述，比起扩大生产，有限的资金用于创新研发更有助于企业的长久发展。

第三节　关系（A 和 B 好）类型真题

［199–2021］我国著名实业家穆藕初在《实业与教育之关系》中指出，教育最重要之点在道德教育（如责任心和公共心之养成，机械心之拔除）和科学教育（如观察力、推论力、判断力之养成）。完全受此两种教育，实业界中坚人物遂由此产生。

第一步：审题

宏观定方向。完全受此两种教育，实业界中坚人物遂由此产生。

微观定细节。两种教育为：道德教育和科学教育。

细节变观点。实业人才需要道德教育和科学教育。

第二步：确定结构

题目—开头—正论（道德教育好）—正论（科学教育好）—辩证—结尾。

第三步：标注理由关键词

＋：素质、经济发展、事业心、责任心、热爱、忠于职守、塑造价值观。

＋：实力、人工智能、观察力、判断力、推断力。

B：不仅仅传授知识、技能，还有其他作用。

第四步：串词行文

道德教育和科学教育有助于培养实业中坚者

正如我国著名实业家穆藕初在《实业与教育之关系》中所说，教育最重要之点在道德教育和科学教育。完全受此两种教育，实业界中坚人物遂由此产生。穆藕初先生的话对我们当下的实业教育依然具有启发意义，培养实业人才的过程中，我们应重视道德教育和科学教育。

道德教育有利于提高从业者素质。当今中国工业化和信息化步伐加快，随着经济发展方式的转变，就业市场迫切需要一大批高素质的劳动者。然而，缺乏敬业奉献精神、诚信意识淡薄的实业从业者却不在少数。为了提高实业者的道德素养，我们应追根溯源，加强道德教育。道德教育有利于增强人们的事业心和责任心，能够使受教育者热爱自己的事业、忠于职守、胜任本职工作；同时，道德教育还有利于从业者塑造价值观，树立远大理想并为之奋斗。这些都是实业中坚者不可或缺的人格。

科学教育有利于提高从业者实力。当下，随着人工智能、大数据等新兴科技的不断发展，"勤能补拙"不再是万能的真理。重复性的、有规律的劳动正逐渐被机械、科技所取代。靠蛮力和勤奋已经无法适应当下实业发展的需要。科学的方法才是这个时代的主旋律。这就需要我们在教育层面加强对实业者的科学教育，在教学环节中培养和提高学生的观察力、判断力及推断力，以"智力"谋"富力"，以科学教育推动实业人才的培养。

人才是企业发展的根基。所有人才都是在接受教育后被输送到各行各业的，教育的水平将在很大程度上决定人才的水平。教育不仅仅是"教"，更要"育"。实业教育不应仅仅传授知识、技能，还应该培养学生高尚的道德情操和科学的思考能力，这也是培养实业中坚者的关键所在。

基于此，在培养实业人才的过程中，我们应重视道德教育和科学教育。

追风赶月莫停留 平芜尽处是春山

目录

管理类综合能力考试写作真题汇编

MBA 综合能力考试写作真题汇编

经济类综合能力考试写作真题汇编

未特殊说明的情况下，论证有效性分析的题干要求均为：

分析下述论证中存在的缺陷和漏洞，选择若干要点，写一篇600字左右的文章，对该论证的有效性进行分析和评论。（论证有效性分析的一般要点是：概念特别是核心概念的界定和使用是否准确并前后一致，有无各种明显的逻辑错误，论证的论据是否成立并支持结论，结论成立的条件是否充分，等等。）

未特殊说明的情况下，论说文的题干要求均为：根据下述材料，写一篇700字左右的论说文，题目自拟。

管理类综合能力考试写作真题汇编

2024年管理类综合能力考试写作真题

2024年论效（人才引进）

人才是社会经济发展的重要因素，许多单位都十分注重培养自己需要的人才。其实，人才除了靠自己培养，还应该靠引进。

常言道："十年树木，百年树人。"这说明培养人才需要相当长的时间，即使不需要一百年，现在把一个人从小学培养到大学毕业，至少也要十五六年。由此可见，靠自己单位来培养人才根本不能解决当务之急。

其次，只注重培养而不注重引进并留住人才，结果往往事与愿违。例如，企业辛辛苦苦培养的一些人才跳槽了，一些高校的优秀毕业生出国了。因此，只着眼于培养，只能是为他人作嫁衣裳。

再次，从历史上来看，秦孝公靠商鞅变法使秦国强大了，而商鞅是卫国人，是秦孝公招揽引进的。可见，招揽引进人才，就能使国家强大起来。

可喜的是，如今不少单位出台了各种措施，引进了越来越多的人才。这样，我国的人才数量必将大幅增长，国家就会更加富强了。

2024 年论说（发散性思维）

发散性思维是指不依常规、寻求变异和多种答案的思维形式。具有这种思维形式的人，其言行往往会与众不同。

2023 年管理类综合能力考试写作真题

2023 年论效（老年人工作）

随着人口的老龄化，大家都在谈论老年人还要不要继续工作的话题。我们认为，老年人应该继续工作。

我国《宪法》规定："中华人民共和国公民有劳动的权利和义务。"由此可见，老年人继续工作是法律赋予他们的权利。

据统计，我国 2019 年的人均预期寿命已经达到 77.3 岁，这说明老年人的健康水平大大提高了，所以老年人完全有能力继续工作。

如果老年人不再继续工作而退出劳动力市场，就势必会打破劳动力市场的原有平衡，从而造成社会劳动力的短缺。如果老年人继续工作，就能有效地避免这一问题。

此外，老年人有权利享受更高质量的生活。他们想增加收入，改善生活，就应该继续工作。再说，有规律的生活方式有益于身体健康，而工作实际上是一种有规律的生活方式，所以老年人继续工作还有益于其身体健康。

2023 年论说（领导艺术）

人们常说"领导艺术"，可见领导与艺术之间存在着某种相似点，如领导一个团队完成某项任务就和指挥一个乐队演奏某首乐曲一样。

2022 年管理类综合能力考试写作真题

2022 年论效（默默无闻）

默默无闻、无私奉献虽然是人们尊崇的德行，但这种德行其实不可能成为社会的道德精神。

一种德行必须借助大众媒体的传播，让大家受其感染，并化为自觉意识，然后才能成为社会的道德精神。但是，默默无闻、无私奉献的精神所赖以存在的行为特点是不事张扬、不为人知。既然如此，它就得不到传播，也就不可能成为社会的道德精神。

退一步讲，默默无闻、无私奉献的善举经媒体大力宣传后为更多的人所了解，这就从根本上使这一善举失去了默默无闻的特性。既然如此，这一命题就无从谈起了。

再者，默默无闻的善举一旦被媒体大力宣传，当事人必然会受到社会的肯定与赞赏，而这就是社会对他的回报。既然他从社会得到了回报，怎么还可以说是无私奉献呢？

由此可见，默默无闻、无私奉献的德行注定不可能成为社会的道德精神。

2022 年论说（鸟类会飞）

鸟类会飞是因为它们在进化中不断优化了其身体结构。飞行是一项较特殊的运动，鸟类的躯干进化成了适合飞行的流线型；飞行也是一项需要付出高能量代价的运动，鸟类增强了翅膀、胸肌部位的功能，又改进了呼吸系统，以便给肌肉持续提供氧气。同时，鸟类在进化过程中舍弃了那些沉重的、效率低的身体部件。

2021 年管理类综合能力考试写作真题

2021 年论效（眼见未必为实）

常言道："耳听为虚，眼见为实。"其实，"眼所见者未必实"。

从哲学意义上来说，事物的表象不等于事物的真相。我们亲眼看到的，显然只是事物的表象而不是真相。只有将看到的表象加以分析，透过现象看本质，才能看到真相。换言之，我们亲眼看到的未必是真实的东西，即"眼所见者未必实"。

举例来说，人们都看到旭日东升，夕阳西下，也就是说，太阳环绕地球转。但是，这只是人们站在地球上看到的表象而已，其实这是地球自转造成的。由此可见，眼所见者未必实。

我国古代哲学家老子早就看到了这一点。他说过，人们只看到房子的"有"（有形的结构），但人们没看到的"无"（房子中无形的空间）才有实际效用。这也说明眼所见者未必实，未见者为实。

老子还说，讲究表面的礼节是"忠信之薄"的表现。韩非解释时举例说，父母和子女因为感情深厚而不讲究礼节，可见讲究礼节是感情不深的表现。现在人们把那种客气的行为称作"见外"，也是这个道理。这其实也是一种"眼所见者未必实"的现象。因此，如果你看到有人对你很客气，就认为他对你好，那就错了。

2021 年论说（实业与教育）

我国著名实业家穆藕初在《实业与教育之关系》中指出，教育最重要之点在道德教育（如责任心和公共心之养成，机械心之拔除）和科学教育（如观察力、推论力、判断力之养成）。完全受此两种教育，实业界中坚人物遂由此产生。

2020 年管理类综合能力考试写作真题

2020 年论效（冬奥会）

北京将联手张家口共同举办 2022 年冬季奥运会。中国南方的一家公司决定在本地投资设立一家商业性的冰雪运动中心。这家公司认为，该中心一旦投入运营，将获得可观的经济效益。这是因为：

北京与张家口共同举办冬奥会，必然会在中国掀起一股冰雪运动热潮。中国南方许多人从未有过冰雪运动的经历，会出于好奇心而投身于冰雪运动。这正是一个千载难逢的绝好商机，不能轻易错过。

而且，冰雪运动与广场舞、跑步等不一样，需要一定的运动用品，例如冰鞋、滑雪板与运动服装等等。这些运动用品价格不菲而具有较高的商业利润。如果在开展商业性冰雪运动的同时也经营冬季运动用品，则公司可以获得更多的利润。

另外，目前中国网络购物已经成为人们的生活习惯，但相对于网络商业，人们更青睐直接体验式的商业模态，而商业性冰雪运动正是直接体验式的商业模态，无疑具有光明的前景。

2020 年论说（挑战者号）

据报道，美国航天飞机"挑战者号"采用了斯沃克公司的零配件。该公司的密封圈技术专家博易斯乔利多次向公司高层提醒：低温会导致橡胶密封圈脆裂而引发重大事故。但是，这一意见一直没有受到重视。1986 年 1 月 27 日，佛罗里达州卡纳维拉尔角发射场的气温降到零摄氏度以下，美国宇航局再次打电话给斯沃克公司，询问其对航天飞机的发射还有没有疑虑之处。为此，斯沃克公司召开会议，博易斯乔利坚持认为不能发射，但公司高层认为他所持理由还不够充分，于是同意宇航局发射。1 月 28 日上午，航天飞机离开发射平台，仅过了 73 秒，悲剧就发生了。

2019 年管理类综合能力考试写作真题

2019 年论效（选择与快乐）

有人认为选择越多越快乐。其理由是：人的选择越多就越自由，其自主性就越高，就越感到幸福和满足，所以就越快乐。其实，选择越多可能会越痛苦。

常言道："知足常乐。"一个人知足了才会感到快乐。世界上的事物是无穷的，所以选择也是无穷的。所谓"选择越多越快乐"，意味着只有无穷的选择才能使人感到最快乐。而追求无穷的选择就是不知足，不知足者就不会感到快乐，那就只会感到痛苦。

再说，在作出每一选择时，首先需要我们对各个选项进行考察分析，然后再进行判断决策。选择越多，我们在考察分析选项时势必付出更多的精力，也就势必带来更多的烦恼和痛苦。事实也正是如此。我们在做考卷中的选择题时，选项越多选择起来就越麻烦，也就越感到痛苦。

还有，选择越多，选择时产生失误的概率就越高，由于选择失误而产生的后悔就越多，因而产生的痛苦也就越多。有人因为飞机晚点而后悔没选坐高铁，就是因为可选交通工具多样而造成的。如果没有高铁可选，就不会有这种后悔和痛苦。

退一步说，即使其选择没有绝对的对错之分，也肯定有优劣之分。人们作出某一选择后，可能会觉得自己的选择并非最优而产生懊悔。从这种意义上说，选择越多，懊悔的概率就越大，也就越痛苦。很多股民懊悔自己没有选好股票而未赚到更多的钱，从而痛苦不已，无疑是因为可选购的股票太多造成的。

2019 年论说（知识的真理性）

知识的真理性只有经过检验才能得到证明。论辩是纠正错误的重要途径之一，不同观点的冲突会暴露错误而发现真理。

2018 年管理类综合能力考试写作真题

2018 年论效（物质与精神）

哈佛大学教授本杰明·史华慈（Benjamin I. Schwartz）在 20 世纪末指出，开始席卷一切的物质主义潮流将极大地冲击人类社会固有的价值观念，造成人类精神世界的空虚。这一论点值得商榷。

首先，按照唯物主义物质决定精神的基本原理，精神是物质在人类头脑中的反映。因此，物质丰富只会充实精神世界，物质主义潮流不可能造成人类精神世界的空虚。

其次，后物质主义理论认为：个人基本的物质生活条件一旦得到满足，就会把注意点转移到非物质方面。物质生活丰裕的人，往往会更注重精神生活，追求社会公平、个人尊严等等。

还有，最近一项对某高校大学生的抽样调查表明，有 69% 的人认为物质生活丰富可以丰富人的精神生活，有 22% 的人认为物质生活和精神生活没有什么关系，只有 9% 的人认为物质生活丰富反而会降低人的精神追求。

总之，物质决定精神，社会物质生活水平的提高会促进人类精神世界的发展。担心物质生活的丰富会冲击人类的精神世界，只是杞人忧天罢了。

2018 年论说（人工智能）

有人说，机器人的使命，应该是帮助人类做那些人类做不了的事，而不是代替人类。技术变革会夺取一些人低端烦琐的工作岗位，最终也会创造更高端、更人性化的就业机会。例如，历史上铁路的出现抢去了很多挑夫的工作，但又增加了千百万的铁路工人。人工智能也是一种技术变革，人工智能也将促进未来人类社会的发展。有人则不以为然。

2017 年管理类综合能力考试写作真题

2017 年论效（本性与行为）

如果我们把古代荀子、商鞅、韩非等人的一些主张归纳起来，可以得出如下一套理论：

人的本性是"好荣恶辱，好利恶害"的，所以，人们都会追求奖赏、逃避刑罚。因此，拥有足够权力的国君只要利用赏罚就可以把臣民治理好了。

既然人的本性是好利恶害的，那么在选拔官员时，既没有可能也没有必要去寻求那些不求私利的廉洁之士，因为世界上根本不存在这样的人。廉政建设的关键，其实只在于任用官员之后有效地防止他们以权谋私。

怎样防止官员以权谋私呢？国君通常依靠设置监察官的方法。这种方法其实是不合理的。因为监察官也是人，也是好利恶害的，所以依靠监察官去制止其他官吏以权谋私，就是让一部分以权谋私者制止另一部分人以权谋私，结果只能使他们共谋私利。

既然依靠设置监察官的方法不合理，那么依靠什么呢？可以利用赏罚的方法来促使臣民去监督。谁揭发官员的以权谋私就奖赏谁，谁不揭发官员的以权谋私就惩罚谁，臣民出于好利恶害的本性，就会揭发官员的以权谋私。这样，以权谋私的罪恶行为就无法藏身，就是最贪婪的人也不敢以权谋私了。

2017 年论说（扩大研发）

一家企业遇到了这样一个问题：究竟是把有限的资金用于扩大生产呢，还是用于研发新产品？有人主张投资扩大生产，因为根据市场调查，原产品还可以畅销三到五年，由此可以获得可靠而丰厚的利润。有人主张投资研发新产品，因为这样做虽然有很大的风险，但风险背后可能有数倍于甚至数十倍于前者的利润。

2016 年管理类综合能力考试写作真题

2016 年论效（大学生就业难）

现在人们常在谈论大学毕业生就业难的问题，其实大学生的就业并不难。

据国家统计局数据，2012 年我国劳动年龄人口比 2011 年减少了 345 万，这说明我国劳动力的供应从过剩变成了短缺。据报道，近年长三角等地区频频出现"用工荒"现象，2015 年第二季度我国岗位空缺与求职人数的比率约为 1.06，表明劳动力市场需求大于供给。因此，我国的大学毕业生其实是供不应求的。

还有，一个人受教育程度越高，他的整体素质也就越高，适应能力就越强，当然也就越容易就业。大学生显然比其他社会群体更容易就业，再说大学生就业难就没有道理了。

实际上，一部分大学生就业难，是因为其所学专业与市场需求不相适应，或对就业岗位的要求过高。因此，只要根据市场需求调整高校专业设置，对大学生进行就业教育以改变他们的就业观念，鼓励大学生自主创业，那么大学生的就业难问题将不复存在。

总之，大学生的就业并不是什么问题，我们大可不必为此顾虑重重。

2016 年论说（多样一致）

亚里士多德说："城邦的本质在于多样性，而不在于一致性。……无论是家庭还是城邦，它们的内部都有着一定的一致性。不然的话，它们是不可能组建起来的。但这种一致性是有一定限度的。……同一种声音无法实现和谐，同一个音阶也无法组成旋律。城邦也是如此，它是一个多面体。人们只能通过教育使存在着各种差异的公民统一起来组成一个共同体。"

2015 年管理类综合能力考试写作真题

2015 年论效（生产过剩）

有一段时期，我国部分行业出现了生产过剩现象。一些经济学家对此忧心忡忡，建议政府采取措施加以应对，以免造成资源浪费，影响国民经济正常运行。这种建议看似有理，其实未必正确。

首先，我国部分行业出现的生产过剩并不是真正的生产过剩。道理很简单，在市场经济条件下，生产过剩实际上只是一种假象。只要生产企业开拓市场、刺激需求，就能扩大销售，生产过剩马上就会化解。退一步说，即使出现了真正的生产过剩，市场本身也会进行自动调节。

其次，经济运行是一个动态变化的过程，产品的供求不可能达到绝对的平衡状态，因而生产过剩是市场经济的常见现象。既然如此，那么生产过剩也就是经济运行的客观规律。因此，如果让政府采取措施进行干预，那就违背了经济运行的客观规律。

再说，生产过剩总比生产不足好。如果政府的干预使生产过剩变成了生产不足，问题就会更大。因为生产过剩未必会造成浪费，反而可以因此增加物资储备以应对不时之需。如果生产不足，就势必造成供不应求的现象，让人们重新去过缺衣少食的日子，那就会影响社会的和谐与稳定。

总之，我们应该合理定位政府在经济运行中的作用。政府要有所为，有所不为。政府应该管好民生问题。至于生产过剩或生产不足，应该让市场自动调节，政府不必干预。

2015 年论说（仁与富）

孟子曾引用阳虎的话："为富，不仁矣；为仁，不富矣。"（《孟子·滕文公上》）这段话表明了古人对当时社会上为富为仁现象的一种态度，以及对两者之间关系的一种思考。

2014 年管理类综合能力考试写作真题

2014 年论效（制衡与监督）

现代企业管理制度的设计所要遵循的重要原则是权力的制衡与监督。只要有了制衡与监督，企业的成功就有了保证。

所谓制衡，指对企业的管理权进行分解，然后使被分解的权力相互制约以达到平衡，它可以使任何人不能滥用权力；至于监督，指对企业管理进行严密观察，使企业运营的各个环节处于可控范围之内。既然任何人都不能滥用权力，而且所有环节都在可控范围之内，那么企业的运营就不可能产生失误。

同时，以制衡与监督为原则所设计的企业管理制度还有一个固有特点，即能保证其实施的有效性，因为环环相扣的监督机制能确保企业内部各级管理者无法敷衍塞责。万一有人敷衍塞责，也会受这一机制的制约而得到纠正。

再者，由于制衡原则的核心是权力的平衡，而企业管理的权力又是企业运营的动力与起点，因此权力的平衡就可以使整个企业运营保持平衡。

另外，从本质上来说，权力平衡就是权力平等，因此这一制度本身蕴含着平等观念。平等观念一旦成为企业的管理理念，必将促成企业内部的和谐与稳定。

由此可见，如果权力的制衡与监督这一管理原则付诸实践，就可以使企业的运营避免失误，确保其管理制度的有效性、日常运营的平衡以及内部的和谐与稳定，这样的企业一定能够成功。

2014 年论说（孔雀的选择）

生物学家发现，雌孔雀往往选择尾巴大而艳丽的雄孔雀作为配偶，因为雄孔雀尾巴越大越艳丽，表明它越有生命活力，其后代的健康越能得到保证。但是，这种选择也产生了问题：孔雀尾巴越大越艳丽，就越容易被天敌发现和猎获，其生存反而会受到威胁。

2013 年管理类综合能力考试写作真题

2013 年论效（文化软实力）

一个国家的文化在国际上的影响力是该国软实力的重要组成部分。由于软实力是评判一个国家国际地位的要素之一，所以如何增强软实力就成了各国政府高度关注的重大问题。

其实，这一问题不难解决。既然一个国家的文化在国际上的影响力是该国软实力的重要组成部分，那么，要增强软实力，只需搞好本国的文化建设并向世人展示就可以了。

文化有两个特性，一个是普同性，一个是特异性。所谓普同性，是指不同背景的文化具有相似的伦理道德和价值观念，如东方文化和西方文化都肯定善行，否定恶行；所谓特异性，是指不同背景的文化具有不同的思想意识和行为方式，如西方文化崇尚个人价值，东方文化固守集体意识。正因为文化具有普同性，所以一国文化就一定会被他国所接受；正因为文化具有特异性，所以一国文化就一定会被他国所关注。无论是接受还是关注，都体现了该国文化影响力的扩大，也即表明了该国软实力的增强。

文艺作品当然也具有文化的本质属性。一篇小说、一出歌剧、一部电影等，虽然一般以故事情节、人物形象、语言特色等艺术要素取胜，但在这些作品中，也往往肯定了一种生活方式，宣扬了一种价值观念。这种生活方式和价值观念不管是普同的还是特异的，都会被他国所接受或关注，都能产生文化影响力。由此可见，只要创作更多的具有本国文化特色的文艺作品，那么文化影响力的扩大就是毫无疑义的，而国家的软实力也必将同步增强。

2013 年论说（波音麦道）

20 世纪中叶，美国的波音和麦道两家公司几乎垄断了世界民用飞机的市场，欧洲的飞机制造商深感忧虑。虽然欧洲各国之间的竞争也相当激烈，但还是采取了合作的途径，法国、德国、英国和西班牙等决定共同研制大型宽体飞机，于是"空中客车"便应运而生。面对新的市场竞争态势，波音公司和麦道公司于 1997 年一致决定组成新的波音公司，以抗衡来自欧洲的挑战。

2012 年管理类综合能力考试写作真题

2012 年论效（气候变化）

地球的气候变化已经成为当代世界关注的热点。这一问题看似复杂，其实简单。只要我们运用科学原理——如爱因斯坦的相对论——去对待，也许就会找到解决这一问题的方法。

众所周知，爱因斯坦提出的相对论颠覆了人类关于宇宙和自然的常识性观念。不管是狭义相对论还是广义相对论，都揭示了宇宙间事物运动中普遍存在的相对性。

既然宇宙间万物的运动都是相对的，那么我们观察问题时也应该采用相对的方法，如变换视角等。

假如我们变换视角去看一些问题，也许会得出和一般常识完全不同的观点。例如，我们称之为灾害的那些自然现象，包括海啸、地震、台风、暴雨等，其实也是大自然本身的一般现象而已，从大自然的视角来看，无所谓灾害不灾害。只是当它损害了人类利益、危及了人类生存的时候，从人类的视角来看，我们才称之为灾害。

假如再变换一下视角，从一个更广泛的范围来看，连我们人类自己也是大自然的一部分。既然我们的祖先是类人猿，而类人猿正像大熊猫、华南虎、藏羚羊、扬子鳄乃至银杏、水杉、五针松等等一样，是整个自然生态中的有机组成部分，那为什么我们自己就不是了呢？

由此可见，人类的问题就是大自然的问题，即使人类在某一时期部分地改变了气候，也还是整个大自然系统中的一个自然问题。自然问题自然会解决，人类不必过多干预。

2012 年论说（十力语要）

中国现代著名哲学家熊十力先生在《十力语要》（卷一）中说："吾国学人，总好追逐风气，一时之所尚，则群起而趋其途，如海上逐臭之夫，莫名所以。曾无一刹那，风气或变，而逐臭者复如故。此等逐臭之习，有两大病。一、各人无牢固与永久不改之业，遇事无从深入，徒养成浮动性。二、大家共趋于世所矜尚之一途，则其余千途万途，一切废弃，无人过问。此二大病，都是中国学人死症。"

2011 年管理类综合能力考试写作真题

2011 年论效（股市赚钱）

如果你要从股市中赚钱，就必须低价买进股票，高价卖出股票，这是人人都明白的基本道理。但是，问题的关键在于如何判断股价的高低。只有正确地判断股价的高低，上述的基本道理才有意义，否则就毫无实用价值。

股价的高低是一个相对的概念，只有通过比较才能显现。一般来说，要正确判断某一股票的价格高低，唯一的途径就是看它的历史表现。但是，有人在判断当前某一股价的高低时，不注重股票的历史表现，而只注重股票今后的走势，这是一种危险的行为。因为股票的历史表现是一种客观事实，客观事实具有无可争辩的确定性；股票的今后走势只是一种主观预测，主观预测具有极大的不确定性。我们怎么可以只凭主观预测而不顾客观事实呢？

再说，股价的未来走势充满各种变数，它的涨和跌不是必然的，而是或然的，我们只能借助概率进行预测。假如宏观经济、市场态势和个股表现均好，它的上涨概率就大；假如宏观经济、市场态势和个股表现均不好，它的上涨概率就小；假如宏观经济、市场态势和个股表现不相一致，它的上涨概率就需要酌情而定。由此可见，要从股市获取利益，第一是要掌握股价涨跌的概率，第二还是要掌握股价涨跌的概率，第三也还是要掌握股价涨跌的概率。掌握了股价涨跌的概率，你就能赚钱；否则，你就会赔钱。

2011 年论说（拔尖冒尖）

众所周知，人才是立国、富国、强国之本。如何使人才尽快地脱颖而出，是一个亟待解决的问题。人才的出现有多种途径，其中有"拔尖"，有"冒尖"。拔尖是指被提拔而成为尖子，冒尖是指通过奋斗、取得成就而得到社会公认。有人认为，我国当今某些领域的管理人才，拔尖的多而冒尖的少。

2010 年管理类综合能力考试写作真题

2010 年论效（世界是平的）

美国学者弗里德曼的《世界是平的》一书认为，全球化对当代人类社会的思想、经济、政治和文化等领域产生了深刻影响。全球化抹去了各国的疆界，使世界从立体变成了平面，也就是说，世界各国之间的社会发展差距正在日益缩小。

"世界是平的"这一观点，是基于近几十年信息传播技术迅猛发展的状况而提出的。互联网的普及、软件的创新使海量信息迅速扩散到世界各地。由于世界是平的，穷国可以和富国一样在同一平台上接受同样的最新信息。这样就大大促进了穷国的经济发展，从而改善了它们的国际地位。

事实也是如此。所谓"金砖四国"国际声望的上升，无不得益于它们的经济成就，无不得益于互联网技术的发展。特别是中国经济的起飞，中国在世界上的崛起，无疑也依靠了互联网技术的普及，同时也可作为"世界是平的"这一观点的有力佐证。

毋庸置疑，信息传播技术革命还远未结束，互联网技术将会有更大的发展，人类社会将会有更惊人的变化。可以预言，由于信息技术的迅猛发展，世界的经济格局与政治格局将会发生巨大的变化，世界最不发达国家和最发达国家之间再也不会让人有天壤之别的感觉，非洲大陆将会成为另一个北美。同样也可以预言，由于中国的信息技术发展迅猛，中国和世界一样，也会从立体变为平面，中国东西部之间的经济鸿沟将被填平，中国西部的崛起指日可待。

2010 年论说（追求真理）

一个真正的学者，其崇高使命是追求真理。学者个人的名利乃至生命与之相比都微不足道，但因为其献身于真理就会变得无限伟大。一些著名大学的校训中都含有追求真理的内容。然而，近年学术界的一些状况与追求真理这一使命相去甚远，部分学者的功利化倾向越来越严重，抄袭剽窃、学术造假、自我炒作、沽名钓誉等现象时有所闻。

2009 年管理类综合能力考试写作真题

2009 年论效（知识就是力量）

1 000 是 100 的 10 倍。但是当分母大到上百亿的时候，作为分子的这两个数的差别就失去了意义。在知识经济时代，任何人所掌握的知识，都只是沧海一粟。这使得在培养与选拔人才时，知识尺度已变得毫无意义。

现代网络技术可以使你在最短的时间内查询到你所需要的任何知识信息，有的大学毕业生因此感叹何必要为学习各种知识数年寒窗。这不无道理。传授知识不应当继续成为教育，特别是高等教育的功能。学习知识需要记忆。记忆能力，是浅层次的大脑功能。人们在思维方面的差异，不在于能记住什么，而在于能提出什么。素质教育的真正目标，是培养批判性思维与创造性思维能力。知识与此种能力之间没有实质性的联系，否则就难以解释，具备与爱因斯坦相同知识背景的人有的是，为什么唯独他发现了相对论。硕士、博士这些知识头衔的实际价值一再受到有识之士的质疑，道理就在这里。

"知识就是力量"这一曾经激励了几代人的口号，正在成为空洞的历史回声，这其实是时代的进步。

2009 年论说（三鹿奶粉）

以"由三鹿奶粉事件所想到的"为题，写一篇 700 字左右的论说文。

2008 年管理类综合能力考试写作真题

2008 年论效（中医科学性）

下面是一段关于中医的辩论。请分析甲、乙双方的辩论在概念、论证方法、论据及结论等方面的有效性。600 字左右。

甲：有人以中医不能被西方人普遍接受为理由，否定中医的科学性，我不赞同。西方人不能普遍接受中医是因为他们不理解中国的传统文化。

乙：世界上有不同的文化，但科学标准是相同的。科学研究的对象是普适的自然规律，因此，科学没有国界，科学的发展不受民族或文化因素的影响。将中医的科学地位不为西方科学界认可归咎于西方人不了解中国文化，是荒唐的。

甲："科学无国界"是一个广为流传的谬误。如果科学真的无国界，为什么外国制药公司会诉讼中国企业侵犯其知识产权呢？

乙：从科学角度看，现代医学以生物学为基础，而生物学又建立在物理、化学等学科的基础之上。但中医的发展不以这些学科为基础，因此，它与科学不兼容，这样的东西只能是伪科学。

甲：中医有几千年的历史了，治好了那么多人，怎么可能是伪科学呢？人们为什么崇尚科学？是因为科学对人类有用。既然中医对人类有用，凭什么说它不是科学？西医自然有长于中医的地方，但中医同样有长于西医之处。中医体现了对人体完整系统的把握，强调整体观念、系统思维，这是西医所欠缺的。

乙：我去医院看西医，人家用现代科技手段从头到脚给我检查一遍，怎么能说没有整体观念、系统思维呢？中医在中国居于主导地位的时候，中国人的平均寿命在古代和近代都只有三十岁左右；现代中国人平均寿命提高到七十岁左右，完全拜现代医学之赐。

2008 年论说（原则与原则上）

"原则"就是规矩，就是准绳。而在日常生活和工作中，常见的表达方式是："原则上……，但是……"。请以"原则"与"原则上"为议题写一篇论说文，题目自拟，700 字左右。

2007 年管理类综合能力考试写作真题

2007 年论效（诺贝尔经济学奖）

每年的诺贝尔奖，特别是诺贝尔经济学奖公布后，都会在中国引起很大反响。诺贝尔经济学奖的得主是当之无愧的真正的经济学家。他们的研究成果都经过了实践的检验，为人类社会发展，特别是经济发展做出了杰出的贡献。每当看到诺贝尔经济学奖被西方人包揽，很多国人在羡慕之余，更期盼中国人有朝一日能够得到这一奖项。

然而，我们不得不面对的现状却是，中国的经济学还远远没有走到经济科学的门口，中国真正意义上的经济学家，最多不超过 5 个。

真正的经济学家需要坚持理性的精神。马克斯·韦伯说：现代化的核心精神就是理性化，没有理性主义就不可能有现代化。中国的经济学要向现代科学方向发展，必须把理性主义作为基本的框架。而中国经济学界太热闹了，什么人都可以说自己是个经济学家，什么问题他们都敢谈。有的经济学家今天评股市，明天讲汇率，争论不休，莫衷一是。有的经济学家热衷于担任一些大型公司的董事，或在电视上频频上镜，怎么可能做严肃的经济学研究？

经济学和物理学、数学一样，所讨论的都是非常专业化的问题。只有远离现实的诱惑，潜心于书斋，认真钻研学问，才可能成为真正意义上的经济学家，中国经济学家离这个境界太远了。在中国的经济学家中，你能找到为不同产业代言的人，西方从事经济学研究最优秀的人不是这样的，这样的人在西方只能受投资银行的雇用，从事产业经济学的研究。一个真正的经济学家，首先要把经济学当作一门科学来对待，必须保证学术研究的独立性和严肃性，必须保持与"官场"和"商场"的距离，否则，不可能在经济学领域做出独立的研究成果。

说"中国真正意义上的经济学家，最多不超过 5 个"，听起来刻薄，但只要去看一看国际上经济学界那些最重要的学术刊物，有多少文章是来自中国国内的经济学家，就会知道这还是比较客观和宽容的一种评价。

2007 年论说（南极司各脱）

电影《南极的司各脱》描写英国探险家司各脱上校到南极探险的故事。司各脱历尽艰辛，终于到达南极，却在归途中不幸冻死了。在影片的开头，有人问司各脱："你为什么不能放弃探险的生涯？"他回答："留下第一个脚印的魅力。"司各脱为留下第一个脚印付出了生命的代价。

2006 年管理类综合能力考试写作真题

2006 年论效（航空公司订单）

在全球 9 家航空公司的 140 份订单得到确认以后，世界最大的民用飞机制造商之一——空中客车公司 2005 年 10 月 6 日宣布，将在全球正式启动其全新的 A350 远程客机项目。中国、俄罗斯等国作为合作伙伴，也被邀请参与 A350 飞机的研发与生产过程，其中，中国将承担 A350 飞机 5% 的设计和制造工作。

这意味着未来空中客车公司每销售 100 架 A350 飞机，就将有 5 架由中国制造。这表明中国经过多年艰苦的努力，民用飞机研发与制造能力得到了系统的提升，获得了国际同行的认可；这也标志着中国已经可以在航空器设计与制造领域参与全球竞争，并占有一席之地。由此可以看出，在经济全球化的时代，参与国际合作将带来双赢的结果，这也是提高我国技术水平和产业国际竞争力的必由之路。

2006 年论说（和尚挑水）

根据以下材料，围绕企业管理写一篇论说文，题目自拟，700 字左右。

两个和尚分别住在东、西两座相邻的山上的寺庙里。两山之间有一条清澈的小溪。这两个和尚每天都在同一时间下山去溪边挑够一天用的水。久而久之，他们就成为好朋友了。光阴如梭，日复一日，不知不觉已经过了三年。有一天，东山的和尚没有下山挑水，西山的和尚没有在意："他大概睡过头了。"哪知第二天，东山的和尚还是没有下山挑水；第三天、第四天也是如此；过了十天，东山的和尚还是没有下山挑水。西山的和尚担心起来："我的朋友一定是生病了，我应该去拜访他，看是否有什么事情能够帮上忙。"于是他爬上了东山，去探望他的老朋友。

到达东山的寺庙，西山和尚看到他的老友正在庙前打拳，一点也不像十天没喝水的样子。他好奇地问："你已经十天都没有下山挑水了，难道你已经修炼到可以不用喝水就能生存的境界了吗？"东山和尚笑笑，带着他走到寺庙后院，指着一口井说："这三年来，我每天做完功课后，都会抽空挖这口井。如今终于挖出水来了，我就不必再下山挑水啦。"西山和尚不以为然："挖井花费的力气远远甚于挑水，你又何必多此一举呢？"

2005 年管理类综合能力考试写作真题

2005 年论效（MBA 教育）

没有天生的外科医生，也没有天生的会计师。这都是专业化的工作，需要经过正规的培训，而这种培训最开始是在教室里进行的。当然，学生们必须具备使用手术刀或是操作键盘的能力，但是他们首先得接受专门的教育。领导者则不一样，天生的领导者是存在的。事实上，任何一个社会中的领导者都只能是天生的。领导和管理本身就是生活，而不是某个人能够从教室中学来的技术。教育可以帮助一个具有领导经验和生活经验的人提高到更高的层次，但是，即使一个人具有管理天赋和领导潜质，教育也无法将经验灌入他的头脑。换句话说，试图向某个未曾从事过管理工作的人传授管理学，不啻试图向一个从来没见过其他人类的人传授哲学。组织是一种复杂的有机体，对它们的管理是一种困难的、微妙的工作，需要的是各种各样只有在身临其境时才能得到的体验。总之，MBA 教育试图把管理传授给某个毫无实际经验的人不仅仅是浪费时间，更糟糕的是，它是对管理的一种贬低。

2005 年论说（丘吉尔的决策）

根据下述内容，自拟题目写一篇短文，评价丘吉尔的决策，说明如果你是决策者，在当时的情况下你会做出何种选择，并解释决策依据。700 字左右。

第二次世界大战期间，英国首相丘吉尔曾做出一个令他五脏俱焚的决定。当时，盟军已经破译了德军的绝密通信密码，并由此得知德军下一个空袭目标是英国的一个城市考文垂。但是，一旦通知这个城市做出任何非正常的疏散和防备，都将引起德军的警觉，使破译密码之事暴露，从而丧失进一步了解德军重大秘密的机会。所以，丘吉尔反复权衡，最终下令，不对这个城市做任何非正常的提醒。结果，考文垂在这次空袭中一半被焚毁，上千人丧生。然而，通过这个密码，盟军了解到德军在几次重大战役中的兵力部署情况，制定了正确的应对策略，取得了重大的军事胜利。

2004 年管理类综合能力考试写作真题

2004 年论效（公关公司）

目前，国内约有一千家专业公关公司。去年，规模最大的十家本土公关公司的年营业收入平均增长 30%，而规模最大的十家外资公关公司的年营业收入平均增长 15%；本土公关公司的利润率平均为 20%，外资公司为 15%。十大本土公关公司的平均雇员人数是十大外资公关公司的 10%。可见，本土公关公司利润水平高、收益能力强、员工的工作效率高，具有明显的优势。

中国公关协会最近的调查显示，去年，中国公关市场营业额比前年增长 25%，达到了 25 亿元；而日本约为 5 亿美元，人均公关费用是中国的十多倍。由此推算，在不远的将来，若中国的人均公关费用达到日本的水平，中国公关市场的营业额将从 25 亿元增长到 300 亿元，平均每家公关公司就有 3 000 万元左右的营业收入。这意味着一大批本土公关公司将胜过外资公司，成为世界级的公关公司。

2004 年论说（旅行者和三个人）

根据以下材料，自拟题目撰写一篇 600 字左右的论说文。

一位旅行者在途中看到一群人在干活，他问其中一位在做什么，这个人不高兴地回答："你没有看到我在敲打石头吗？若不是为了养家糊口，我才不会在这里做这些无聊的事。"旅行者又问另外一位，他严肃地回答："我正在做工头分配给我的工作，在今天收工前我可以砌完这面墙。"旅行者问第三位，他喜悦地回答："我正在盖一座大厦。"他为旅行者描绘大厦的形状、位置和结构，最后说："再过不久，这里就会出现一座宏伟的大厦，我们这个城市的居民就可以在这里聚会、购物和娱乐了。"

2003 年管理类综合能力考试写作真题

2003 年论效（蜜蜂苍蝇实验）

把几只蜜蜂和苍蝇放进一只平放的玻璃瓶，使瓶底对着光亮处，瓶口对着暗处。结果，有目标地朝着光亮拼命扑腾的蜜蜂最终衰竭而死，而无目的地乱窜的苍蝇竟都溜出细口瓶颈逃生。是什么葬送了蜜蜂？是它对既定方向的执着，是它对趋光习性这一规则的遵循。

当今企业面临的最大挑战是经营环境的模糊性与不确定性。在高科技企业，哪怕只预测几个月后的技术趋势都是件浪费时间的徒劳之举。就像蜜蜂或苍蝇一样，企业经常面临一个像玻璃瓶那样的不可思议的环境。蜜蜂实验告诉我们，在充满不确定性的经营环境中，企业需要的不是朝着既定方向的执着努力，而是在随机试错的过程中寻求生路，不是对规则的遵循而是对规则的突破。在一个经常变化的世界里，混乱的行动比有序的衰亡好得多。

2003 年论说（未考）

提示：该年只考了一篇评论性写作（即现行的论证有效性分析）和一篇文章缩写，未考论说文。

2002 年管理类综合能力考试写作真题

2002 年论效（运动与看电视）

下文摘录于某投资公司的一份商业计划：

"研究显示，一般人随着年龄的增长，用于运动锻炼的时间逐渐减少，而用于看电视的时间逐渐增多。在今后的 20 年中，城市人口中老年人的比例将有明显的增长。因此，本公司应当及时地售出足量的'达达运动鞋'公司的股份，并增加在'全球电视'公司中的投资。"

对上述论证进行评论。分析上述论证在概念、论证方法、论据及结论等方面的有效性。

2002 年论说（压力）

阅读下面一段材料，按要求作文。

在这次激烈的招聘考试中，有些志在必得的应聘者未能通过，有些未抱希望的应聘者却取得了好成绩。前者说，压力太大，影响了发挥；后者说，没有压力，发挥了高水平。看来，压力确实会破坏人的情绪。但是，人们又常说，没有压力就没有动力，这说明压力又不可缺少。究竟应当如何认识和对待压力呢？

请以"压力"为话题，写一篇文章。题目自拟，不少于700字。

2001 年管理类综合能力考试写作真题

2001 年论说（成功女神）

根据所给的材料，写一篇 600 字左右的议论文，题目自拟。

1831 年，瑞典化学家萨弗斯特朗发现了钒元素。对这一重大发现，后来他在给他朋友化学家维勒的信中这样写道："在宇宙的极光角，住着一位漂亮可爱的女神。一天，有人敲响了她的门。女神懒得动，在等第二次敲门。谁知这位来宾敲过后就走了。她急忙起身打开窗户张望：'是哪个冒失鬼？啊，一定是维勒！'如果维勒再敲一下，不是会见到女神了吗？过了几天又有人来敲门，一次敲不开，继续敲。女神开了门，是萨弗斯特朗。他们相晤了，钒便应运而生！"

2000 年管理类综合能力考试写作真题

2000 年论说（毛泽东周谷城）

根据所给材料写一篇 500 字左右的议论文，题目自拟。

解放初期，有一次毛泽东和周谷城谈话。毛泽东说："失败是成功之母。"周谷城回答说："成功也是失败之母。"毛泽东思索了一下，说："你讲得好。"

1999 年管理类综合能力考试写作真题

1999 年论说（画一天，卖一年）

根据所给材料写一篇 500 字左右的议论文，题目自拟。

一位画家在拜访德国著名画家门采尔时诉苦说："为什么我画一张画只要一天的时间，而卖掉它却要等上整整一年？"门采尔严肃认真地对他说："倒过来试试吧，如果你用一年的时间去画它，那么只需一天就能够把它卖掉。"

1998 年管理类综合能力考试写作真题

1998 年论说（儿童高消费）

根据所给材料，写一篇 500 字左右的议论文，题目自拟。

当前，儿童高消费已经越来越严重，许多家长甚至让孩子吃名牌、穿名牌、用名牌、玩名牌，而自己却心甘情愿地过着节俭的日子。

1997 年管理类综合能力考试写作真题

1997 年论说（洋招牌）

根据所给材料，写一篇 500 字左右的议论文。题目自拟。

时下，商店、企业取洋名似乎成了一种时尚，许多店铺、厂家竞相挂起了洋招牌，什么爱格尔、欧兰特、哈勃尔、爱丽芬、奥兰多等触目皆是。翻开新编印的黄页电话号码簿，各种冠了洋名的企业也明显增多。甚至国货产品广告，也以取洋名为荣。

MBA 综合能力考试写作真题汇编

2013 年 10 月论效（勤俭节约）

"勤俭节约"是中国人民的优良传统，也是近百年流传下来的革命传统。在中华人民共和国成立后的建设时期，尤其是 20 世纪 50 年代，国家百废待兴，就是靠全国人民发扬勤俭持家、勤俭建国的艰苦奋斗精神，才在一穷二白的基础上打下了工业化的基础。

时代车轮开进了 21 世纪，中国加入了世贸组织，实现了全面开放。与 30 年前相比，我们面对的国际形势已经发生了天翻地覆的变化。形势在变，任务在变，人的观念也要适应这种变化，也要与时俱进。比如，"勤俭节约"的观念就到了需要改变的时候了。

我们可以从个人、家庭、国家三个层面对"勤俭节约"的观念进行分析。

先从个人的角度谈起，一个人如果过分强调勤俭节约，就会过度关注"节流"，而不重视"开源"。"开源"就是要动脑筋、花气力，最大限度发挥自己的能力合法赚钱。个人的财富不是省出来的，只靠节省，财富的积累是有限的；靠开源，财富才可能会滚滚而来。试想，比尔·盖茨的财富是靠省出来的吗？

再从家庭的角度分析。一个家庭如果过分强调勤俭节约，也就是秉持"勤俭持家"，对于上了年纪的老人，还是应该的，因为他们已经不能出去挣钱了。但对于尚在工作年龄的人，尤其是青年人，提倡勤俭持家有害无益。为了家庭的长远利益，缺钱的时候还可以去借钱，去抵押贷款。为了勤俭持家，能上的学不上，学费是省了，可孩子的前途就耽误了。即使是学费之外的学习费用，也不能一味节俭。试想，如果郎朗的家长当年不买钢琴，能有现在的国际钢琴大师郎朗吗？

最后从国家的角度审视，提倡"勤俭节约"弊远大于利。2008 年以来的金融危机演变为世界性的经济危机，至今还没有完全走出低谷。2008 年之前，中国的高速发展主要靠出口与投资拉动。而今，发达国家一个个囊中羞涩，减少进口，甚至还要"再工业化"，把已经转移到发展中国家的企业再招回去，而且时常举起贸易保护主义的大旗，中国经济已经不能靠出口拉动了。怎么办？投资率已经过高了，只能依靠内需。

如何刺激内需呢？如果每个个人、家庭都秉持勤俭节约的古训，内需是绝对刺激不起来的，也就依靠不上了，结果是只能单靠投资拉动，其后果不堪设想。所以，要刺激内需，必须首先揭示"勤俭节约"之弊端，树立"能挣敢花"之观念。

只要在法律的约束之下，提倡"能挣"就是提倡"奋斗"，就会给经济带来活力，就不会产生许多"啃老族"，也不会产生许多依赖救济的人，就会激励人们特别是年轻人的创新精神，国家的经济可以发展，科技也可以上去。提倡"敢花"就是鼓励消费，就能促进货币和物资流通，就不会产生大量的产品积压，从而也能解决许多企业员工的就业问题，使他们得到挣钱的机会，并进一步增加消费。试想，如果大家挣了钱，都不舍得花，会有多少人因此而下岗失业啊？本来以为勤俭节约是一种美德，结果是祸害了他人。就在你为提倡节约每1度电而津津乐道的时候，有多少煤矿和电厂的工人因为领不到工资在流泪。

综上所述，"勤俭节约"作为一种传统已经过时了。在经济全球化的时代，如果继续秉持"勤俭节约"的理念，对个人，对家庭，特别是对国家弊大于利，甚至是有害无利。

2013 年 10 月论说（实现中国梦）

阅读以下资料，给全国的企业经理写一封公开信，并在信前添加合适的标题文字，700 字左右。

改革开放以来，中国经济发展的速度举世瞩目。按国际货币基金组织的统计，在 188 个国家与地区中，1980 年，我国按美元计算的 GDP 位列第 11 位，只是美国的 7.26%，日本的 18.63%，从 2010 年起位列世界第 2 位，成为世界第二大经济体。到 2012 年，我国的 GDP 是美国的 52.45%，日本的 137.95%，与 30 年前不可同日而语。然而，从能源消耗看，形势非常严峻。1980 年，我国能源消耗总量为 6.03 亿吨标准煤，到 2012 年增加到 36.20 亿吨，为 1980 年的 6 倍。按石油进口量排名，1982 年我国在世界排名中位列第 43 位，从 2009 年起上升到第 2 位，而且面临继续上升的困境。与能源消耗相关的污染问题也频频现于报端，引起全国民众和政府的极大关注。能源消耗和污染问题已经成为阻碍我们实现"中国梦"的两个难关，对此，我们要群策群力，攻坚克难。

2012 年 10 月 MBA 综合能力考试写作真题

2012 年 10 月论效（四不承诺）

某县县长在任职四年后的述职大会上说："'不偷懒、不贪钱、不贪色、不整人'，今天，可以坦然地说，我兑现了四年前在人大会上的承诺。"接着，他总结了四年工作的主要成绩与存在的问题。报告持续了一个多小时。

几天后，关于"四不"的承诺在网上传开，引起多人热烈讨论，赞赏和质疑的观点互不相让。主要的质疑有以下几种。

质疑之一："不偷懒、不贪钱、不贪色、不整人"是普通公务员都要坚持的职业底线，何以成为官员的公开承诺？如果那样，"不偷、不抢、喝酒不开车、开车不闯红灯"都应该属于承诺之列了。

质疑之二：不管是承诺"四不"还是"八不"，承诺本身就值得怀疑。俗话说"会说的不如会干的""事实胜于雄辩"。有本事就要干出个样子让群众看看，还没有干就先来一番承诺，有作秀之嫌。有许多被揭发出的贪官，在任时说的比唱的都好听。

质疑之三：作为一个县长，即使真正做到了"四不"，也不能证明他是一个好干部。衡量县长、县委书记这一级的领导是否称职，主要看他是否能把下面的干部带好。如果只是洁身自好，下面的干部风气不正，老百姓也要遭罪。

质疑之四：县长的总结是抓了芝麻、丢了西瓜。他说的"四不"全是小节，没有高度。一个县的领导应该有大局观、时代感、战略眼光、工作魄力，仅仅做到"四不"是难以担当县长重任的。

2012 年 10 月论说（3G 和 4G 时代）

2012 年 7 月 6 日《科技日报》报道：

我国主导的 TD-LTE 移动通信技术已于 2010 年 10 月被国际电信联盟确立为国际 4G 标准。TD-LTE 是我国自主创新的第三代移动通信技术 TD-SCDMA 的演进技术。TD-SCDMA 的成功规模商用为 TD-LTE 的快速发展奠定了坚实的基础。目前，TD-LTE 已形成由中国主导、全球广泛参与的产业链，全球几乎所有通信系统和芯片制造商都已支持该技术。

在移动通信技术的 1G 和 2G 时代，我们只能使用美国和欧洲的标准。通过艰难的技术创新，到 3G 和 4G 时代中国自己的通信标准已经成为世界三大国际标准之一。

2011 年 10 月 MBA 综合能力考试写作真题

2011 年 10 月论效（个人所得税）

我国的个人所得税从 1980 年开始征收，当时起征点为 800 元人民币。最近几年起征点为 2 000 元，个人所得税总额逐年上升，已经超过 2 000 亿元。随着居民基本生活开支的上涨，国家决定从 2011 年 9 月将个税起征点提高到 3 500 元，顺应了大多数人的意愿。

从个人短期利益上来看，提高起征点确实能减少一部分中低收入者的税收，看似有利于普通老百姓。但是，如果冷静地进行分析，其结果却正好相反。

中国实行税收累进率制度，也就是说工资越高所缴纳的税率也越高。请设想，如果将 2 000 元的个税起征点提高到 10 000 元。虽然，极少数月工资超过 30 000 元的人可能缴更多的税，但是绝大多数人的个税会减少，只是减少的数额不同。原来工资低于 2 000 元的，1 分钱的好处也没有得到；拿 2 000 元工资的人只是减轻了几十元的税；而拿 8 000 元工资的人则减轻了几百元的税收。收入越高，减少的越多，贫富差距自然会被进一步拉大了。

同时，由于税收起征点上调，国家收到的税收大幅度减少，政府就更没有能力为中低收入者提供医疗、保险、教育等公共服务，结果还是对穷人不利。

所以说，建议提高个税起征点的人，或者是听到提高起征点就高兴的人，在捅破这层窗户纸以后，他们也不得不承认这一客观真理：提高个税起征点有利于富人，不利于一般老百姓。

如果不局限在经济层面讨论问题，转到从社会与政治角度考虑，问题就更清楚了。原来以 2 000 元为起征点，有 50% 以上为非纳税人，如果提高到 3 500 元，中国的纳税人就只剩下 20% 了。80% 的国民不纳税，必定会引起政治权利的失衡。降低起征点，扩大纳税人的比例，不仅可以缩小贫富差异，还可以培养全民的公民意识。纳税者只有承担了纳税义务，才能享受纳税者的权利。如果没有纳税，人们对国家就会失去主人翁的责任感，就不可能有强烈的公民意识，也就会失去或放弃监督政府部门的权利。所以，为了培养全国民众的公民意识，为了缩小贫富差距，为了建设和谐社会，我们应该适当降低个税起征点。

2011 年 10 月论说（地委书记种树）

2010 年春天，已持续半年的干旱让云南很多地方群众的饮水变得异常困难，施甸县大亮山附近群众家里的水管却依然有清甜的泉水流出，他们的水源地正是大亮山林场。乡亲们深情地说："多亏了老书记啊，要不是他，不知道现在会是什么样子。"

1988 年 3 月，61 岁的杨善洲从保山地委书记的岗位上退休，婉拒了省委书记劝其搬至昆明安度晚年的邀请，执意选择回到家乡施甸县种树。20 多年过去了，曾经山秃水枯的大亮山完全变了模样：森林郁郁葱葱，溪流四季不断；林下山珍遍地，枝头莺鸣燕歌……

一位地委书记，为何退休后选择到异常艰苦的地方去种树？

"在党政机关工作多年，因工作关系没有时间去照顾家乡父老，他们找过多次我也没给他们办一件事。但我答应退休后帮乡亲们办一两件有益的事，许下的承诺就要兑现。至于具体做什么，考察来考察去，还是为后代绿化荒山比较现实。"关于种树，年逾八旬的杨善洲这样解释。

2010 年 10 月 MBA 综合能力考试写作真题

2010 年 10 月论效（猴群实验）

科学家在一个孤岛上的猴群中做了一个实验。将一种新口味的糖让猴群中地位最低的猴子品尝，等它认可后再让猴群其他成员品尝；花了大约 20 天左右，整个猴群才接受了这种糖。将另一种新口味的糖让猴群中地位最高的猴王品尝，等它认可后再让猴群其他成员品尝。两天之内，整个猴群就都接受了该种糖。看来，猴群中存在着权威，而权威对于新鲜事物的态度直接影响群体接受新鲜事物的进程。

市场营销也是如此，如果希望推动人们接受某种新商品，应当首先影响引领时尚的文体明星。如果位于时尚高端的消费者对于某种新商品不接受，该商品一定会遭遇失败。

这个实验对于企业组织的变革也有指导意义。如果希望变革能够迅速取得成功，应当自上而下展开，这样做遭遇的阻力较小，容易得到组织成员的支持。当然，猴群乐于接受糖这种好吃的东西；如果给猴王品尝苦涩的黄连，即使猴王希望其他猴子接受，猴群也不会干。因此，如果组织变革使某些组织成员吃尽苦头，组织领导者再努力也只能以失败而告终。

2010 年 10 月论说（荣钢集团捐款）

唐山地震孤儿捐款支援汶川灾区

2008 年 5 月 18 日，在中宣部等共同发起的《爱的奉献》抗震救灾大型募捐活动中，天津民营企业荣程联合钢铁集团有限公司董事长张祥青代表公司再向四川灾区捐款 7 000 万元，帮助灾区人民重建"震不垮的学校"。至此，荣程联合钢铁集团公司在支援四川灾区抗震救灾中累计捐款 1 亿元。

"我们对灾区人民非常牵挂，荣钢集团人大多来自唐山，亲历过 32 年前的唐山大地震，接受过全国人民对唐山灾区的无私援助，32 年后为四川地震灾区捐款，回馈社会，是应尽的义务，我们必须做！"张祥青说。

张祥青在 1976 年唐山大地震时失去父母，年仅 8 岁的他不幸成为孤儿，他深深感受到来自全国四面八方的涓涓爱心。1989 年，张祥青与妻子张荣华开始了艰苦的创业历程，从卖早点、做豆腐开始，最后组建了荣钢集团。企业发展了，荣钢集团人不忘回报社会，支援汶川地震灾区是其中一例。

2009 年 10 月 MBA 综合能力考试写作真题

2009 年 10 月论效（民主集中制）

民主集中制是一种决策机制。在这种机制中，民主和集中是缺一不可的两个基本点。

民主不外乎就是体现多数人的意志。问题在于什么是集中。对此有两种解读，一种认为"集中"就是集中正确的意见；另一种认为"集中"就是集中多数人的意见。第一种解读看似有理，实际上是一种误读。

大家都知道，五四运动有两面旗帜，一面是科学，另一面是民主。人们也许没有想到，这两面旗帜体现的是两种根本对立的原则。科学强调真理原则，谁对听谁的；民主强调多数原则，谁占多数听谁的。所谓"集中正确的意见"，就是强调真理原则。这样解读"集中"，就会把民主集中制置于自相矛盾的境地。让我们想象一种情景：多数人的意见是错误的，少数人的意见正确。如果将"集中"解读为"集中正确的意见",则不按多数人的意见办就不"民主",按多数人的意见办就不"集中"!

毛泽东有一句名言:"真理往往掌握在少数人手里。"把集中解释为集中正确意见,就为少数人说了算提供了依据。如果这样,民主岂不形同虚设?

什么是正确的,要靠实践检验,而判断一项决策是否正确,只能在决策实施之后的实践中检验,不可能在决策过程中完成。不知道什么是正确的,如何"集中正确意见"来做决策?既然在决策中集中正确的意见是不可能的,民主集中制的"集中"当然就应该是集中多数人的意见。

2009 年 10 月论说(牦牛群)

根据以下材料,结合企业管理写一篇 700 字左右的论说文,题目自拟。

《动物世界》里的镜头:一群体型庞大的牦牛正在草原上吃草。突然,不远处来了几只觅食的狼。牦牛群奔跑起来,狼群急追……终于,有一头体弱的牦牛掉队,寡不敌众,被狼分食了。

《动物趣闻》里的镜头:一群牦牛正在草原上吃草。突然,来了几只觅食的狼。一头牦牛发现了狼,它的叫声提醒了同伴。领头的牦牛站定与狼对视,其余的牦牛也围在一起,站立原地。狼在不远处虎视眈眈地转悠了好一阵,见没有进攻的机会,就没趣地走开了。

2008 年 10 月 MBA 综合能力考试写作真题

2008 年 10 月论效(官员选拔标准)

有人提出,应当把"孝"作为选拔官员的一项标准,理由是,一个没有孝心、连自己父母都不孝顺的人,怎么能忠诚地为国家和社会尽职尽责呢?我不赞同这种观点。现在已经是 21 世纪了,我们的思想意识怎么能停留在封建时代呢?选拔官员要考查其"德、勤、能、绩",我赞同应当把"德"作为首要标准。然而,对一个官员来说最重要的是公德而不是私德。"孝"只是一种私德而已。选拔和评价官员,偏重私德而忽视公德,显然是舍本逐末。什么是公德?一言以蔽之,就是忠诚职守,在封建社会是忠于君主,现在则是忠于国家。自古道"忠孝难以两全"。岳飞抗击金兵,常年征战沙场,未能在母亲膝下尽孝,却成了千古传颂的英雄。反观《二十四孝》里的那些孝子,有哪个成就了名垂青史的功业?孔繁森撇下老母,远离家乡,公而忘私,殉职边疆,显然未尽孝道,但你能指责他是个不合格的官员吗?俗话说"人无完人",如果在选拔官员中拘泥于小节而不注意大局,就会把许多胸怀鸿鹄之志的精英拒之门外,而让那些守望燕雀小巢的庸才占据领导岗位。

2008年10月论说（卷柏）

南美洲有一种奇特的植物——卷柏。说它奇特，是因为它会走。卷柏生存需要充足的水分，当水分不充足时，它就会把根从土壤里拔出来，整个身躯卷成一个圆球状。由于体轻，只要稍有一点风，它就会随风在地面滚动。一旦滚到水分充足的地方，圆球就会迅速打开，根重新钻到土壤里，暂时安居。当水分又不充足，住得不称心如意时，它就会继续游走，以寻求更好的生存环境。

难道卷柏不走就不能生存了吗？一位植物学家做了一个实验：用挡板圈出一块空地，把一株卷柏放到空地中水分最充足的地方，不久卷柏便扎根生存下来。几天后，当这里水分减少时，卷柏便拔出根须，准备漂移。但实验者用挡板对其进行严格控制，限制了它游走的可能。结果实验者发现，卷柏又回到那里重新扎根生存；而且在几次将根拔出又不能移动以后，便再也不动了；而且，卷柏此时的根已经深深扎入泥土，长势比任何时期都好，也许它发现，根扎得越深，水分越充分……

2007年10月MBA综合能力考试写作真题

2007年10月论效（终身制和铁饭碗）

在中国改革开放的字典里，"终身制"和"铁饭碗"作为指称弊端的概念，是贬义词。其实，这里存在误解。

在现代企业理论中有一个"期界问题"（Horizon Problem），是指由于雇佣关系很短而导致职工的种种短视行为，以及此类行为对企业造成的危害。当雇员面对短期的雇佣关系，首先他不会为提高自己的专业技能投资，因为他在甲企业中培育的专业技能对他在乙企业中的发展可能毫无意义；其次，作为一个匆匆过客，他不会关注企业的竞争力，因为这和他的长期收入没有多大关系；最后，只要有机会，他会为了个人短期收入最大化而损害企业利益，例如过度地使用机器设备等。

为了解决"期界问题"，日本和德国的企业对那些专业技能要求很高的岗位上的员工，一般都实行终身雇佣制；而终身雇佣制也为日本和德国企业建立与保持国际竞争力提供了保障。这证明了"终身制"和"铁饭碗"不见得不好，也说明，中国企业的劳动关系应该向着建立长期雇佣关系的方向发展。

在现代社会，企业和劳动者个人都面临着不断变化的市场环境。而变化的环境必然导致机会主义行为。在各行各业，控制机会主义行为的唯一途径，就是在企业内部培养员工对公司的忠诚感。而培养忠诚感，需要建立员工和企业之间的长期雇佣关系，要给员工提供"铁饭碗"，使员工形成长远预期。

因此，在企业管理的字典里，"终身制"和"铁饭碗"应该是褒义词。不少国家包括美国不是有终身教授吗？既然允许有捧着"铁饭碗"的教授，为什么不允许有捧着"铁饭碗"的工人呢？

2007 年 10 月论说（眼高手低）

著名作家曹禺先生说过这样一段话：我看，应该给"眼高手低"正名。它是褒义词，而不是贬义词。我们认真想一想，一个人做事眼高手低是正常的，只有眼高起来，手才能跟着高起来。一个人不应该怕眼高手低，怕的倒是眼也低手也低。我们经常是眼不高，手才低的。

2006 年 10 月 MBA 综合能力考试写作真题

2006 年 10 月论效（经济与丑闻）

美国是世界上经济最发达的国家，曝光的企业丑闻数量却比发展中国家多得多，这充分说明经济的发展不一定带来道德的进步。企业作为社会财富最重要的创造者之一，也应该为整个社会道德水准的提升做出积极的贡献。如果因为丑闻迭出而导致社会道德风气的败坏，那么我们完全有理由怀疑企业这种组织的存在对于整个社会的意义。当公司的高管们坐着商务飞机在全球遨游时，股东们根本无从知晓管理层是否在滥用自己的权力。媒体上频频出现的企业丑闻也让我们有足够的理由怀疑是否该给大公司高管们支付那么高的报酬。企业高管拿高薪是因为他们的决策对企业的生存与发展至关重要，然而，当公司业绩下滑甚至亏损时，他们却不必支付罚金。正是这种无效的激励机制使得公司高管们朝着错误的方向越滑越远。因此，只有建立有效的激励机制，才能杜绝企业丑闻的发生。

2006 年 10 月论说（可口可乐）

根据以下材料，围绕企业管理写一篇论说文，题目自拟，700 字左右。

20 世纪 80 年代，可口可乐公司因为缺少发展空间而笼罩在悲观情绪之中：它以 35% 的市场份额控制着软饮料市场，这个市场份额几乎是在反垄断政策下企业能达到的最高点；另一方面，面对更年轻、更充满活力的百事可乐的积极进攻，可口可乐似乎只能采取防守的策略，为一两个百分点的市场份额展开惨烈的竞争。尽管可口可乐的主管很有才干，员工工作努力，但是他们内心其实很悲观，看不到如何摆脱这种宿命：在顶峰上唯一可能的路径就是向下。

郭思达（Roberto Goizueta）在接任可口可乐的 CEO 后，在高层主管会议上提出这样一些问题：

"世界上 44 亿人口每人每天消费的液体饮料平均是多少？"

答案是："64 盎司。"（1 盎司约为 28 克）

"那么，每人每天消费的可口可乐又是多少呢？"

"不足 2 盎司。"

"那么，在人们的肚子里，我们的市场份额是多少？"郭思达最后问。

通过这些问题，高管和员工们关注的核心问题不再是可口可乐在美国可乐市场中的占有率，也不再是在全球软饮料市场中的占有率，而变成了在世界上每个人要消费的液体饮料市场中的占有率。而这个问题的答案是：可口可乐在世界液体饮料市场中的份额微乎其微，少到可以忽略不计。高层主管们终于意识到，可口可乐不应该只盯着百事可乐，还有咖啡、牛奶、茶甚至水，而这一市场的巨大空间远远超出人们的想象。

2005 年 10 月 MBA 综合能力考试写作真题

2005 年 10 月论效（洋快餐发展）

某管理咨询公司最近公布了一份洋快餐行业发展情况的分析报告，对洋快餐在中国的发展趋势给出了相当乐观的预判。

该报告指出，过去 5 年中，洋快餐在大城市中的网点数每年以 40% 的惊人速度增长，而在中国广大的中小城市和乡镇还有广阔的市场成长空间；照此速度发展下去，估计未来 10 年，洋快餐在中国饮食行业的市场占有率将超过 20%，成为中国百姓饮食的重要选择。

饮食行业的某些人士认为，从营养角度看，长期食用洋快餐对人体健康不利，洋快餐的快速增长会因此受到制约。但该报告指出，洋快餐在中国受到广大消费者，特别是少年儿童消费群体的喜爱。显然，那些认为洋快餐不利健康的观点是站不住脚的。该公司去年在 100 家洋快餐店内进行的大量问卷调查结果显示，超过 90% 的中国消费者认为食用洋快餐对于个人的营养均衡有所帮助。而已经喜爱上洋快餐的未成年人在未来成为更有消费能力的成年群体之后，洋快餐的市场需求会大幅度跃升。

洋快餐长期稳定的产品组合以及产品和服务的标准化，迎合了消费者希望获得无差异食品和服务的需要，这也是洋快餐快速发展的重要优势。

该报告预测，如果中国式快餐在未来没有较大幅度的发展，洋快餐一定会成为中国饮食行业的霸主。

2005 年 10 月论说（一首小诗）

根据下面这首诗，写一篇 700 字左右的论说文，题目自拟。

如果你不能成为挺立山顶的苍松，

那就做山谷一棵小树陪伴溪水淙淙；

如果你不能成为一棵大树，

那就化作一丛茂密的灌木；

如果你不能成为一只香獐，

那就化作一尾最活跃的小鲈鱼，享受那美妙的湖光；

如果你不能成为大道宽敞，

那就铺成一条小路目送夕阳；

如果你不能成为太阳，

那就变成一颗星星在夜空闪亮。

不可能都当领航的船长，

还要靠水手奋力划桨；

世上有大事、小事需要去做，

最重要的事在我们身旁。

2004 年 10 月 MBA 综合能力考试写作真题

2004 年 10 月论效（与老虎赛跑）

有两个人在山间打猎，遇到一只凶猛的老虎。其中一个人扔下行囊，撒腿就跑，另一个人朝他喊："跑有什么用，你跑得过老虎吗？"头一个人边跑边说："我不需要跑赢老虎，我只要跑赢你就够了！"

这个故事告诉我们，企业经营首先要考虑的是如何战胜竞争对手，因为顾客不是选择你，就是选择你的竞争者，所以只要在满足顾客需求方面比竞争者快一点，你就能够脱颖而出，战胜对手。想要跑得比老虎快，是企业战略幼稚的表现，追求过高的竞争目标会白白浪费企业的大量资源。

2004 年 10 月论说（滑铁卢战役）

在滑铁卢战役的第一阶段，拿破仑的部队兵分两路。右翼由拿破仑亲自率领，在利尼迎战布鲁查尔；左翼由奈伊将军率领，在卡特勒布拉斯迎战威灵顿。拿破仑和奈伊都打算进攻，而且，两个人都精心制定了对各自战事而言均为相当优秀的作战计划。但不幸的是，这两个计划均打算用格鲁希指挥的后备部队，从侧翼给敌人以致命一击，但他们事前并没有就各自的计划交换意见。当天的战斗中，拿破仑和奈伊所发布的命令又含糊不清，致使格鲁希的部队要么踌躇不前，要么在两个战场之间疲于奔命，一天之中没有投入任何一方的作战行动，最终导致拿破仑惨败。

2003 年 10 月 MBA 综合能力考试写作真题

2003 年 10 月论说（读经读史）

"读经不如读史。"

对上述观点进行分析，论述你同意或不同意这一观点的理由，可根据经验、观察或者阅读，用具体理由或实例佐证自己的观点。题目自拟，全文 500 字左右。

2002 年 10 月 MBA 综合能力考试写作真题

2002 年 10 月论说（易经）

阅读下面的材料，根据要求作文。

中国古代的《易经》中说："穷则变，变则通。"这就是说，当我们要解决一个问题而遇到困难无路可走时，就应变换一下方式方法，这样往往可以提出连自己也感到意外的解决办法，从而收到显著的效果。

请以"穷则变，变则通"为话题写一篇作文，可以写你自己的经历、体验或看法，也可以联系生活实际展开议论。文体自选，题目自拟，不少于 700 字。

2001 年 10 月 MBA 综合能力考试写作真题

2001 年 10 月论说（相马赛马）

近些年来，新闻媒体经常报道公开招考公务员，乃至招考厅局级领导干部的消息，这同我国传统习惯中的"伯乐相马"似乎有了不同。

请以"相马""赛马"为话题，写一篇 600 字左右的议论文，题目自拟。

2000 年 10 月 MBA 综合能力考试写作真题

2000 年 10 月论说（幼儿园）

根据下面一则材料，写一篇不少于 500 字的议论文，题目自拟。

有人问一位诺贝尔奖奖金获得者："您在哪所大学学到了您认为是最主要的一些东西？"出

人意料，这位学者回答说是在幼儿园，他说："把自己的东西分一半给小伙伴们，不是自己的东西不要拿，东西要放整齐，做错事要表示歉意，要仔细观察大自然。从根本上说，我学到的全部东西就是这些。"

1999 年 10 月 MBA 综合能力考试写作真题

1999 年 10 月论说（领导者素质）

以"小议企业领导者的素质"为题，写一篇 500 字左右的议论文。

1998 年 10 月 MBA 综合能力考试写作真题

1998 年 10 月论说（下棋）

用下面的一段话作为一篇议论文的开头，接下去写完一篇立论与它观点一致的议论文。字数要求 500 字左右。题目自拟。

投下一着好棋，有时可以取得全盘的主动。但是，光凭一着好棋，并不能说有把握最后胜利，还必须看以后的每着棋下得好不好。

1997 年 10 月 MBA 综合能力考试写作真题

1997 年 10 月论说（格言）

以你最喜欢的一句格言，写一篇 500 字左右的议论文。

经济类综合能力考试写作真题汇编

2024 年论效（跳槽）

常言道："好马不吃回头草"，人们说这句话的时候往往不是指马而言，而是用来比喻人事。在我们看来，好马完全可以吃回头草。例如，一般人认为夫妻离异了就应该分道扬镳，但分手的他或她根本没有想到，言归于好、破镜重圆也可能是一个不错的选择，那么为什么要纠结于"好马不吃回头草"而义无反顾地背道而驰呢？

又如，现在跳槽已是司空见惯的事，但跳槽者往往会发现，外面的世界很精彩，但外面的世界又很无奈。跳槽者大可不必再纠结于"好马不吃回头草"，完全可以回原单位工作，因为回到原单位工作，比到其他单位工作更加熟悉，更容易获得成功。说穿了，如今不愿吃回头草的人，不过是因为觉得面子上过不去。其实，为了成就自己的事业，根本不应该碍于面子而不吃回头草。

现在出国留学的学生很多，他们更应该打破"好马不吃回头草"的观念，学成后回国为祖国的建设贡献力量。因为国内的"草"很有营养，吃回头草不但有利于国家的事业，也有利于自己的发展，能使自己成为新时代的千里马。

2024 年论说（袁隆平）

在人的一生中，有些人只做一件事。如袁隆平院士一生致力于杂交水稻研究，创建了超级杂交稻技术体系，使我国杂交水稻研究始终居于世界领先水平。

2023 年论效（减轻中小学生负担）

要减轻中小学生过重的学习负担，还必须加强引导和管理。

首先，我们应引导家长破除"望子成龙"的传统观念，因为这一观念是加重中小学生学习负担的重要原因之一。千百年来有多少家长都望子成龙，但大部分的孩子还是成了普通人。如果家长都能正视这一事实，破除"望子成龙"的传统观念，把期望值降低一些，过重的学习负担马上就减轻了。

其次，我们应该改变"不能输在起跑线上"的观念。众所周知，不能输在起跑线上未必能赢在终点线上，既然如此，我们又何必纠结于"起跑线"呢？学习就像马拉松，是长期的过程，马拉松的冠军就不一定是赢在起跑线上的人。如果家长都明白了这个道理，也就不会给子女加压，孩子们就不会存在过重的学习负担了。

再次，我们应该实施素质教育，废除应试教育。应试教育所带来的课业，无疑加重了中小学生的学习任务，如果我们全面地实施素质教育，就能有效地减轻学生的负担。

最后，如果有关部门再进一步出台更为严格的减轻中小学生学习负担的法规，减负就能获得成功。

2023 年论说（社会事务的处理）

一种社会事务，往往涉及诸多因素（如春运涉及交通设施、气候条件、民俗文化、经济环境、科学技术等），所以要依赖诸多部门的通力合作才能处理好。

2022 年经济类综合能力考试写作真题

2022 年论效（数字阅读）

国内公布的一项国民阅读调查分析报告显示，大城市的数字阅读率正以较快的速度增长，这说明数字阅读正在改变人们传统的阅读习惯，即将成为国人主要的阅读方式。

数字阅读和传统的纸质阅读相比具有绝对的优势。各种电子阅读器在实体商店和网上商店比比皆是，人们可以十分方便地买到和使用；互联网时代全球信息一体化，国人可以方便地使用这些丰富的资源，这无疑会加速数字阅读的发展。

另外，为满足受众需求，电子类的报纸、杂志、书籍等出版物迅猛增加，而原有的纸质媒体，如古籍等也正在加速实现数字化。这些不争的事实也在佐证传统的纸质阅读方式将很快被人们舍弃而寿终正寝。

2022 年论说（免费乘坐交通工具）

我国不少地方规定老年人可以免费乘坐公共交通工具，这一规定体现了对老年人的关怀。但是在具体实施过程中出现了一些问题。如在早晚高峰时，老年人免费乘车在一定程度上影响了上班族的通勤；还有，有些老年人也由于各种原因无法享受这一福利。因此，有的地方把老年人免费乘车的福利改为发放津贴。

2021 年经济类综合能力考试写作真题

2021 年论效（根治诈骗）

人们受骗上当的事时有发生，乃至有人认为如今的骗术太高明而无法根治。其实，如今要根治诈骗并不难。

首先，从道理上讲，正义终将战胜邪恶，这是历史已证明的规律。诈骗是一种邪恶的行为，最终必将被正义的力量彻底消灭。既然如此，诈骗怎么不能根治呢？

其次，很多诈骗犯虽然骗术高明，但都被绳之以法，这说明在法治社会中，诈骗犯根本无处藏身。这样，谁还敢继续行骗呢？没有人敢继续行骗，诈骗不就被根治了吗？

再次，还可以通过全社会的防范来防止诈骗的发生。诈骗的目的，无非是想骗取钱财。凡是要你花钱的事情，你都要慎重考虑。例如，有些投资公司建议你向它们投资，有些机构推荐你参加高收费的培训，有些婚恋对象向你借巨款。诸如此类，其实都不靠谱。所有的人如果都不相信这些话，诈骗就无法得逞。诈骗无法得逞，不就是被根治了吗？如果建立更加有效的防范机制，根治诈骗就更容易了。

总之，无论从道理上讲，还是从行骗者或被骗者的角度来看，如今要根治诈骗根本不是难事。

2021 年论说（食蚁兽）

巴西热带雨林中的食蚁兽在捕食时，使用灵活的带黏液的长舌伸进蚁穴捕获白蚁，但不管捕获多少，每次捕食都不超过 3 分钟，然后去寻找下一个目标，从来不摧毁整个蚁穴。而那些没有被食蚁兽捕获的工蚁就会马上修复蚁穴，蚁后也会开始新一轮繁殖，很快产下更多的幼蚁，从而使蚁群继续生存下去。

2020 年经济类综合能力考试写作真题

2020 年论效（金融机构）

在漫长的发展过程中，金融机构和金融功能逐步形成和完善，但相比金融机构的发展演化，金融功能作为核心和基础则表现得更为稳定，主要表现在提供支付、资产转化、风险管理、信息处理和监督借款人等方面。近些年来金融科技发展突飞猛进，金融业产生了革命性的变化。

数百年来金融业有了很大变化，但金融功能比金融机构更具稳定性。在金融需求推动下，如今的金融规模总量更大、结构更复杂。金融科技发展带来的开放、高效、关联、互通，使金融风险更隐蔽、传递更迅速。互联网的普及为场景金融带来了庞大的用户基础，移动支付技术的发展为各式线上、线下金融场景的联动提供了更多的可能；风控技术的进步使得金融安全性得以保障；大数据技术则为整个场景金融生态的良性运转提供着关键性的技术支持。场景金融成为金融功能融合加速器。通过场景平台，金融的四项功能融为一体，或集成于一个手机中。人与商业的关系迈入了"场景革命"，供给、需求方便地通过"场景"建立连接，新场景正层出不穷地被定义，新平台不断被新需求创造，新模式不断在升级重塑。

当前金融机构对于金融服务的供给力度仍然不足，特别是长尾客户的金融需求一直以来未被有效满足，巨大的服务真空为金融科技带来机会。金融科技技术运用，将打破传统的金融界限和竞争格局，创造出新的业务产品、渠道和流程，改变金融服务方式及社会公众的生活方式，解决传统金融的痛点；提高在传统业务模式下容易被忽视的微型企业客户的服务供给，将掀开金融竞争和金融科技发展的新的一幕，对于发展中小企业业务、消费金融和普惠金融意义重大。所以，金融科技发展与支持实体经济发展必须结合，实现"普"和"惠"的兼顾。

2020 年论说（退休老人马旭）

阅读下面的文字，根据要求作文。请结合实际写一篇 600 字左右的论说文。

2018 年，武汉一名退休老人向家乡木兰县教育局捐赠 1 000 万元，引起了广泛的关注。这笔巨款是马旭与丈夫一分一毫几十年积攒下来的，他们至今生活简朴，住在一个不起眼的小院里，家里没有一件像样的家具。

马旭于 1932 年出生于黑龙江省木兰县，1947 年参军入伍，在东北军政大学学习半年后，成为解放军第四野战军的一名卫生员，先后参加过解放战争、抗美援朝战争，期间多次立功受奖。20 世纪 60 年代，她被调入空降兵部队，成为一名军医，后来主动要求学习跳伞，成为新中国第一代女空降兵。此后 20 多年里，马旭跳伞多达 140 多次，创下空降女兵跳伞次数最多和年龄最大两项纪录。

如今，马旭的事迹家喻户晓，许多地方邀请她参加各类活动，她大多婉拒。她说："我的一生都是党和部队给的，我只是做了我力所能及的事。只要活着，我们还会继续攒钱捐款，把自己的一切献给党和国家。"

2019 年经济类综合能力考试写作真题

2019 年论效（AlphaGo）

AlphaGo（阿尔法狗）是谷歌旗下的 DeepMind 公司开发的智能机器人，其主要工作原理是"深度学习"。2016 年 3 月，它和世界围棋冠军职业九段选手李世石进行围棋人机大战，以 4：1 的总比分获胜。2017 年 5 月，在中国乌镇围棋峰会上，它又与排名世界第一的世界围棋冠军柯洁对战，以 3 ：0 的总比分获胜。围棋界公认 AlphaGo 围棋的棋力已经超过人类排名第一的棋手柯洁，赛后柯洁也坦言："在我看来，它（AlphaGo）就是围棋上帝，能够打败一切……对于 AlphaGo 的自我进步来讲，人类太多余了。"

的确，在具有强大自我学习能力的 AlphaGo 面前，人类已黯然失色，显得十分多余。未来机器人将变得越来越聪明。什么是聪明？聪明就是记性比你好，算得比你快，体力比你强。这三样东西，人类没有一样可跟机器人相提并论。因此，毫无疑问，AlphaGo 宣告人类一个新时代的到来。现在一些饭店商店已经有机器人迎宾小姐，上海的一些高档写字楼已经有机器人送餐，日本已经诞生了全自动化的宾馆，由清一色的机器人充当服务生。除了上天入地，机器人还可以干许多人类干不了的活，它们可以进行难度更大、精确度更高的手术，它们还能书法、绘画、创作诗歌小说等，轻而易举进入这些原本人类专属的领域。迈入人工智能化时代，不只是快递小哥，连教师、医生甚至艺术家都要被智能机器人取代了！

现在，我们正处在信息成几何级数增长的大数据包围中，个人的知识量如沧海一粟，显得无足轻重。过去重视基础知识的学习，如让小孩学习加减乘除，背诵默写古诗词等，已经变得毫无意义。你面对的是海量数据，关键不是生产而是使用它们，只要掌握如何搜索就行，网络世界没有你问不到的问题，没有你搜索不到的信息和数据。一只鼠标在手，你就可以畅行天下，尽享天下了。可以说，在这样的时代，人的唯一价值在于创新，所以教育改革的目标在于培养具有独立思考能力，具有批判性思维和创新性思维的人。注重创新、创造、创意，这是人唯一能超越机器人的地方了。

AlphaGo 战胜围棋高手，只是掀开冰山一角，可以断言的是，随着人工智能时代的到来，人类即将进入一个由机器人统治的时代，人不如狗，绝非危言耸听，如果我们不愿冒被机器人统治的风险，最好的办法是把已有的人工智能全部毁掉，同时颁布法律明令禁止，就像禁止多利羊的克隆技术应用在人类身上一样。

2019 年论说（毛毛虫实验）

阅读下面的材料，并据此写一篇不少于 600 字的论说文，题目自拟。

法国科学家约翰·法伯曾做过一个著名的"毛毛虫实验"。这种毛毛虫有一种"跟随者"的习性，总是盲目地跟着前面的毛毛虫走。法伯把若干个毛毛虫放在一只花盆的边缘上，首尾相接，围成一圈。他在花盆周围不远的地方，撒了一些毛毛虫喜欢吃的松叶。毛毛虫开始一个跟一个，绕着花盆，一圈又一圈地走。一个小时过去了，一天过去了，毛毛虫们还在不停地、固执地团团转。一连走了七天七夜，终因饥饿和筋疲力尽而死去。这其中，只要有任何一只毛毛虫稍稍与众不同，便立刻会吃到食物，改变命运。

2018 年经济类综合能力考试写作真题

2018 年论效（市场竞争）

市场竞争有利于谁？有些人认为有利于消费者，在市场中不同的商家为了各自的利益相互斗争，从客观上为第三方——消费者带来好处。因为他们在争斗中互相压价，使消费者占得便宜。

非常肯定地说，这种建立在把生产者与消费者相互割裂基础上的观点是极其错误的。消费者是谁？在现代社会，消费者不是什么第三者，他们之所以有消费能力，是因为他们作为公司的员工获得报酬。市场的主导消费者是谁？也是在单位默默工作，以获得收入的劳动雇佣人。消费者即生产者。市场竞争还会与消费者毫无切身利益关系吗？还会是消费者占得便宜吗？

两家电器公司价格大战，我作为 IT 公司的员工，感到占便宜，因为电器价格下降了，但是对于电器公司呢？价格战使利润率降低，使电器公司的员工丧失了提高工资的可能。利润是公司再投资的来源，也是工资的来源，这损害了相关竞争公司的员工利益。我在为电器公司竞争感到占便宜的同时，IT 公司之间也在竞争，我如同那个电器公司的员工一样恨自己的公司因许多竞争对手的存在而无法独占或占领大部分市场。所以谁也没有占便宜，因为市场竞争是普遍的。总的来说，"市场竞争受益者是消费者"是个伪命题。

那么市场竞争真正的受益者是谁？是那些能在市场竞争中取得优势的社会集团。而大部分社会集团是处于劣势的，它们只占有较小的利润份额。那么，它们的员工就要承担竞争不利的威胁——降低薪水。它们的境遇越是恶化，那么它们的员工的购买力就越低。但是，处于竞争劣势中的总是大多数公司的员工，他们是消费者中的主力军。

总之，市场竞争有利于占据竞争优势的行业的员工——当他们作为消费者的时候，购买力会加强；不利于处于竞争劣势中的行业的员工——当他们同样作为消费者的时候，购买力会减弱。市场竞争只是私有制条件下各市场主体利益相互对抗的产物，本身便是内耗，将一种混乱和内耗罩上有利于消费者的光环，根本是靠不住的。

2018 年论说（教授穿金戴银）

阅读下面的材料，并据此写一篇不少于 600 字的论说文，题目自拟。

近期有报道称，某教授颇喜穿金戴银，全身上下都是世界名牌，一块手表价值几十万，所有的衣服和鞋子都是专门定制的，价格不菲。他认为对"好东西"的喜爱没啥好掩饰的。"以前很多大学教授都很邋遢，有些人甚至几个月都不洗澡，现在时代变了，大学教授应多注意个人形象，不能太邋遢了。"

2017年经济类综合能力考试写作真题

2017年论效（市场规模）

我们知道，如果市场规模扩大，最终产品的需求将是巨大的。采用先进技术进行生产的企业，因为产品是高附加值的，所以投资回报率高，工人的工资报酬也高。如果工人得到的工资报酬高，那么所有的工人都会争先恐后地选择在采用先进技术生产的企业工作。这样一来，低技术、低附加值、低工资的劳动密集型企业就会自动淘汰出局了，市场上最终生存下来的都是采用先进技术的高新技术企业。

相反地，如果市场规模狭小，最终产品的需求非常小，而且采用先进技术的成本很高，生产出来的高科技产品根本无人问津，企业无利可图，因此没有一家企业愿意采用先进技术进行生产。这时工人即使拥有高技术，也会发现英雄无用武之地。最终，市场上剩下的都是低技术、低附加值、低工资的劳动密集型企业了。

由此可见，市场规模决定了先进技术的采用与否。没有大的市场规模就别指望能涌现高新的技术企业。中国不仅拥有庞大的国内市场，而且拥有更庞大的国际市场，所以大可不必为中国低技术、低附加值、低工资的劳动密集型企业担心，更不要大动干戈搞什么产业结构升级。政府应该采取"无为而治"的方针，让市场去进行"自然选择"，决定什么样的企业最终存活下来。所以，政府唯一要做的事情就是做大市场，只要把市场做大了，就什么都不用发愁了。

2017年论说（穷人福利）

阅读下面的材料，以"是否应该对穷人提供福利？"为题，写一篇不少于600字的论说文。

国家是否应该对穷人提供福利存在较大的争论。反对者认为：贪婪、自私、懒惰是人的本性。如果有福利，人人都想获取。贫穷在大多数情况下是懒惰造成的。为穷人提供福利相当于把努力工作的人的财富转移给了懒惰的人。因此，穷人不应该享受福利。

支持者则认为：如果没有社会福利，则穷人没有收入，就会造成社会动荡，社会犯罪率会上升，相关的合理支出也会增多，其造成的危害可能大于提供社会福利的成本，最终也会影响努力工作的人的利益。因此，为穷人提供社会福利能够稳定社会秩序，应该为穷人提供福利。

2016年经济类综合能力考试写作真题

2016年论效（结婚证书）

在我们国家，大多数证书都是有有效期的。不要说驾照、营业执照等需要审核的证书了，连身份证也有十年或二十年更换的规定，然而我们的结婚证书，都是不需要年审、不需要换证的。

我认为结婚证书也应有有效期。新领的，有效期七年；到期后，需重新到民政部门办理存续手续，存续十年；十年过后，就不用再办存续手续了。为什么呢？

首先，让男女双方能定期审视自己的婚姻生活。通过办理证书存续手续，男女双方能够有机会好好审视双方结合以来的得与失，从而问一下自己：我还爱他吗？他还爱我吗？自己的婚姻有没有必要再延续呢？通过审视，就能很好地发现自己在上个婚期内有没有亏待过对方，这对今后的婚姻无疑大有益处。

其次，让双方再说一遍"我愿意"，提高夫妻各自的责任感。从热恋的激情甜蜜到婚姻中的熟悉平淡，这似乎是大多数情感的必经过程。然而疲惫的情感却容易使婚姻进入"瓶颈"。经过一段时期的婚期考验后，在办理婚姻二次手续时再向对方说一声"我愿意"，无疑更显真诚、更显实在、更多理性、更能感动对方。即使以前在共同生活中有很多磕磕绊绊，但一句"我愿意"相信可以消除许多误会和猜疑；新婚时说的"我愿意"，有太多的感情冲动，而一段婚姻后再说的"我愿意"，不光更具真情实意，还具有更强的责任感：你不对我负责，我到期就跟你说"再见"。

最后，让一些垂死的婚姻自然死亡，减少许多名存实亡的婚姻的存在，降低离婚成本。现在很多家庭，即使双方已经彻底破裂，却因多种原因而维系着，维系的最主要原因就是不愿去法院打官司。而通过这种婚姻到期存续，就没必要一定要通过办理离婚手续才可离婚，只要有一方说"我不愿意"，就没有婚姻关系了，这样将会使更多对婚姻抱着"好死不如赖活着"想法的人，能够轻松获得解脱。

（选自《发展外语》（第二版），北京语言大学出版社，2011年）

2016年论说（延长退休）

阅读下面的材料，以"延长退休年龄之我见"为题，写一篇不少于600字的论说文。

自从国家拟推出延迟退休政策以来，就受到了社会各界的广泛关注，同时也引起激烈的争论。为什么要延长退休年龄？

赞成者说，如果不延长退休年龄，养老金就会出现巨大缺口；另外，中国已经步入老年社会，如果不延长退休年龄，就会出现劳动力紧缺的现象。

反对者说，延长退休年龄就是剥夺劳动者应该享受的退休福利，退休年龄的延长意味着领取养老金时间的缩短；另外，退休年龄的延长也会给年轻人就业造成巨大压力。

2015 年经济类综合能力考试写作真题

2015 年论效（互联网大会）

2014 年 11 月，中国互联网大会，阿里巴巴集团董事局主席马云和京东集团创始人刘强东，围绕网络假货问题各自发表了看法。刘强东已多次指责淘宝"假货"和"逃税"问题，大会开幕前在接受媒体采访时，他直言不讳：中国互联网假货的流行会严重影响消费者的网购信心，这是整个电商行业发展的最大"瓶颈"。刘强东说，目前，网上卖假货、水货的公司都是大型的、有组织化的，动辄几千万、几个亿规模的公司。

阿里巴巴董事长马云高调回击了刘强东："你想想，25 块钱就买一块劳力士手表这是不可能的，原因是你自己太贪。"他指出：售假商家最怕去淘宝网上去卖，阿里巴巴很容易就能查出谁在卖。近一两年来整个电商在中国发展迅猛，若靠假货，每天的交易额不可能达到六七十亿元。阿里巴巴每年支出逾 1 610 万美元用来打击假货。打假行动也获得国际认可，使得美国贸易代表将淘宝从 2012 年的恶名市场名单中移除。

刘强东指出解决网络假货问题要依靠行业合作、政府监管。他建议，打击售假一是在电商行业内大力推广电子发票，二是推动卖家进行电子工商注册，政府相关部门联合起来加强跨平台联合监管，共同打击有组织、有规模的售假商家。他建议从电商征税角度这一源头上来解决问题。一方面将交税的营业额起征点提高到 100 万元；另一方面对于百人以上运作的大商户，应注册电子工商执照，使用电子发票。

马云认为，解决网络假货问题要依靠生态系统和大数据。互联网技术能够为知识产权保护和打击制售假冒伪劣商品提供更有利的条件。生态系统建设和大数据技术能够快速找出假货来源，通过信用体系弘扬正能量，从而有效地解决假货问题。马云还补充说，阿里巴巴集团正在建设一个互联网生态系统，该系统对假货的打击和知识产权的保护都很有效。

（改编自《火药味！两个大佬互联网大会上互掐》，《广州日报》，2014 年 11 月 21 日）

2015 年论说（取乎其上）

根据下述材料，写一篇 600 字左右的论说文，题目自拟。

《论语》云："取乎其上，得乎其中；取乎其中，得乎其下；取乎其下，则无所得矣。"

《孙子兵法》云："求其上，得其中；求其中，得其下；求其下，必败。"

2014 年经济类综合能力考试写作真题

2014 年论效（高考改革）

2013 年 10 月，北京市教育委员会公布的《2014—2016 年高考高招改革框架方案》（征求意见稿）显示，从 2016 年起该市高考语文由 150 分增至 180 分；数学仍为 150 分；英语由 150 分减为 100 分，其中听力占 30 分，阅读、写作等占 70 分。这一举措引发了各方对高考改革的热烈讨论。

支持者的理由如下：第一，语文高出英语分值 80 分，有助于强化母语教育，因为不少学生对外语所投入的时间、精力和金钱远远超过语文。第二，母语是学习的基础，只有学好母语才能学好包括英语在内的其他科目。第三，很多中国人从幼儿园就开始学习英语，但除了升学、求职、升职经常需要考英语，普通人在工作、生活中很少用到外语。第四，此举可以改变现有的"哑巴式英语"教学的状况，突出英语作为语言的实际应用作用。

反对者的理由如下：第一，没必要那么重视语文，因为我们就生活在汉语环境中，平时说的、看的都是汉语，喊着"救救汉语"的人实在是杞人忧天。第二，普通人学习英语时不可能像学习母语时那样"耳濡目染"，若还要在学校里弱化英语教学，那么英语就更难学好了。第三，中学生学习负担沉重并不全是因为英语，英语改革需要有周密的调研，高考改革也应从全局考虑。第四，这一举措把中小学英语教学负担推给了大学，并没有考虑到学生今后的发展，因为学生读大学时还得参加四六级英语考试，而检验教育成果的一个重要方面就是学生以后的就业情况。

（改编自《北京高考改革方案：降低英语分值提高语文分值》，人民网，2013 年 10 月 28 日；《英语特级教师：反对高考英语改革的九点理由》，中国教育在线，2013 年 10 月 24 日）

2014 年论说（勇气）

根据下述材料，写一篇 600 字左右的论说文，题目自拟。

我懂得了，勇气不是没有恐惧，而是战胜恐惧。勇者不是感觉不到害怕的人，而是克服自身恐惧的人。

——南非前总统纳尔逊·曼德拉

2013 年经济类综合能力考试写作真题

2013 年论效（黄金周）

1999 年 10 月开始实行的"黄金周"休假制度，在拉动经济、为国人带来休闲度假新观念的同时，也暴露出很多问题。因此，自2006年起，陆续有人提出取消"黄金周"的建议。2008年，"五一"黄金周取消，代之以清明、端午、中秋等传统节日"小长假"。2012年"国庆黄金周"后，彻底取消"黄金周"的声音再次引起公众的注意。

支持取消者认为：

第一，"黄金周"造成了景区混乱和资源调配不合理，浪费了社会资源、打乱了正常的生活秩序，不利于经济长期可持续发展。

第二，"黄金周"人为地将双休日挪在一起，使大家不得不连续休假七天，同时要连续工作七天，这在很大程度上是一种"被放假"的安排，体现了一种群众运动式的思维，是计划经济的产物，不符合自主消费的原则。

第三，当初实行"黄金周"是一种阶段性的考虑，随着带薪休假制度的落实，应该彻底取消"黄金周"。

反对取消者则认为：

第一，"黄金周"对旅游业的成熟和发展起到了极大的促进作用，对经济的拉动也功不可没。任何事物都有利有弊，不能只看到弊端就彻底取消。

第二，随着消费者出游经验的不断丰富，旅游消费必将更加理性。错峰出游、路线选择避热趋冷等新的消费习惯会使一些现有问题得到解决。

第三，目前我国可享受带薪休假的职工仅有三成，年假制度不能落实，"被放假"毕竟比"被全勤"好，实在的"黄金周"毕竟要比虚无缥缈的带薪休假更加现实。

（改编自《旅游界反对取消十一黄金周，新假期改革效果尚不明确》，《南方日报》，2008年9月9日；《黄金周假期惹争议，最终取消是必然》，凤凰网资讯，2012年10月8日；《彻底取消黄金周高估了带薪休假环境》，东方网，2012年10月5日等）

2013年论说（尚拙）

根据下述材料，写一篇600字左右的论说文，题目自拟。

被誉为清代中兴名臣的曾国藩，其人生哲学很独特，就是"尚拙"，他曾说"天下之至拙，能胜任天下之至巧，拙者自知不如他人，自便会更虚心"。

2012年经济类综合能力考试写作真题

2012年论效（迁都）

2010年9月17日，北京发生"惊天大堵"。当日，北京一场细雨，长安街东西双向堵车，继而严重堵车现象蔓延至143条路段，北京市交管局路况实时显示图几乎通盘红色。央视著名主持人白岩松以"令人崩溃""惨不忍睹"的字眼来形容这一"大堵"。全国工商联房地产商会理事陈宝存在接受媒体采访时称，北京"首堵"已成常态，不"迁都"已经很难改变城市的路况。

12月13日，上海学者沈晗耀在接受媒体采访时表示：要解决北京集中爆发的城市病，迁都是最好的选择，并提出未来的新首都应选在湖南岳阳或河南信阳。有人将其表述称为"迁都治堵"。12月15日，沈晗耀告诉《郑州晚报》记者，媒体"曲解"了他迁都的本意，他的设想是在中部与西部、南方和北方连接处的枢纽地区建设"新首都"，培育符合市场经济规律的"政策拉力"，以此根本改变中国生产力分布失衡的状况。治疗北京日益严重的城市病，只是迁都后的一个"副作用"。

沈晗耀说，他所认为的新都选址，不应该是一个已经成型的大中型城市，而是再造一个新城。与大多数建议者一样，沈晗耀将"新都"的选址定在了中原地区或长江流域，较好的两个迁都地址，"一个是湖南岳阳，一个是河南信阳。距离武汉二三百公里的地方都是最佳的选择"。他的理由是，这些地方水资源充沛、交通便利、地势平坦。更重要的理由是，迁都能够带动中西部的发展，有利于经济重心的转移。

其实，1980年就有学者提出将首都迁出北京的问题。1986年，又有学者提出北京面临迁都的威胁，一度引起极大的震动。2006年，凶猛夹袭的沙尘暴将"迁都"的提议推向高潮。当年3月，参加全国人大会议的479名全国人大代表，联名向全国人大常委会提出议案，要求将首都迁出北京。此后，北京理工大学教授胡星斗在网上发出酝酿已久的迁都建议书："中国北方的生态环境已经濒临崩溃。我们呼吁：把政治首都迁出北京，迁到中原或南方。"并上书中央、全国人大、国务院，建议分都、迁都和修改宪法。2008年，民间学者秦法展和胡星斗合作撰写了长文《中国迁都动议》，提出"一国三都"构想，即选择佳地建立一个全新的国家行政首都，而上海作为国家经济首都，北京则只留文化职能，作为文化科技首都。

网络上，关于迁都引发的争议，依旧在热议，甚至已有"热心人士"开始讨论新首都如何命名。但现实是，每一次环境事件都会引发民间对于迁都的猜想和讨论，不过，也仅仅限于民间。

2012年论说（抢购茅台）

中国大陆500毫升茅台价格升至1 200元，纽约华人聚居区法拉盛，1 000毫升装的同度数茅台价格为220至230美元，500毫升约合670元人民币。因海外茅台价格便宜，质量有保证，华人竞相购买，回国送人。

这些年，中国游客在海外抢购"MADE IN CHINA"商品的消息早已不是什么新鲜事了。服装、百货、日用品，中国造的东西，去了美国反而更便宜。有媒体报道Levi's 505牛仔裤，广东东莞生产，在中国商场的价格是899元人民币，在美国的亚马逊网站的价格是24.42美元，合人民币166元，价格相差5.4倍。

（摘自《茅台酒为何在美国更便宜？》，《新京报》，2011年1月7日）

2011年经济类综合能力考试写作真题

2011年论效（汉语能力测试）

从今年开始，教育部、国家语委将在某些城市试点推出一项针对国人的汉语水平考试——"汉语能力测试（HNC）"。该测试主要考以母语为汉语的人的听、说、读、写四方面的综合能力，并将按照难度分为各个等级，其中最低等级相当于小学四年级水平（扫盲水平），最高等级相当于大学中文专业毕业水平。考生不设职业、学历、年龄限制，可直接报考。公众对于这项新事物，支持和反对的意见都有。

支持者认为，在世界各地掀起学习汉语的热潮的今天，孔子学院遍地开花，俨然一个"全世界都在说中国话"的时代就要来临。但是国人的汉语能力，如提笔忘字、中英文混杂、网络用语不规范等现象普遍存在。目前大家都感到母语水平下降，但是对差到何种程度，差在哪里，怎么入手解决，无人能言。而汉语能力测试有一个科学的评测标准，可以帮助应试者了解其汉语水平在特定人群、地域中的位置。这样的测试一定会唤起大家对母语文化的重视。

以下几种是有代表性的反对观点：

观点一，汉语学习更多的是培养一种读书氛围，养成良好的阅读习惯，不能太功利；汉语要保存，要维系，需要培养的是修养而不是一种应试能力；在当前汉语衰退的环境下，要让汉语重新"热"起来，应从维系汉语文化的长远发展着手，营造一种大众的、自由的、向上的母语学习环境。

观点二，中国的孩子在中国的土地上学习母语有完整的教育体系，在这种情况下，这项测试的诞生不仅是一种浪费，还严重干扰了当前的汉语教学；汉语的综合水平量化，就是使得原来丰富生动的语言扭曲化、简陋化。

观点三，对于把汉语作为母语的中国人来说，汉语会用会说就可以了，不是人人都要成为作家，汉语类的能力测试更适合外国人来考。

2011年论说（蚁族）

自2007年以来，青年学者廉思组织的课题组对蚁族进行了持续跟踪调查。廉思和他的团队撰写的有关蚁族问题的报告多次得到中央领导的批示和高度重视。在2008年、2009年对北京蚁族进行调查的基础上，课题组今年在蚁族数量较多的北京、上海、广州、武汉、西安、重庆、南京等大城市同时展开调查，历时半年有余，发放问卷5 000余份，回收有效问卷4 807份，形成了第一份全国范围的蚁族生存报告。此次调查有一些新发现，主要有：随着高校毕业生就业形势的日趋严峻，蚁族的学历层次上升；蚁族向上流动困难，"三十而离"；五成蚁族否认自己属于弱势群体；等等。

（摘自《调查显示：蚁族学历层次上升，五成人否认自己弱势》，《中国青年报》，2010年12月10日）

《写作素材积累本》使用示范

论效素材

编号： 001

日期： 2024 年 4 月 1 日

素材来源　《乃心小报》2024XXXX 期推送评论

题干出处　☑ 真题　199-2023　　　☐ 模拟题

可借鉴表达提炼　不等同于、很可能、更何况

题干摘抄

据统计，我国 2019 的年人均预期寿命已经达到 77.3 岁，这说明老年人的健康水平大大提高了，所以老年人完全有能力继续工作。

高分段落摘抄

首先，2019 年人均预期寿命提升，不代表老年人的健康水平大大提高。因为人均预期寿命不等同于实际寿命，很可能由于疫情、灾难等原因，人均实际寿命反而下降；更何况，很多老年人虽然寿命提升了，但却遭受各种疾病的困扰，其健康水平并未提高。

高分段落仿写

首先，人均预期寿命提升，并不代表老年人的健康状况大大提高了。就算老年人的寿命有所增加，但许多老年人往往患有高血压、冠心病、糖尿病、阿尔茨海默症等疾病，需要长期吃药控制病情，身体状况并不健康；更何况，人均预期寿命仅仅是预计值，与实际寿命不能完全等同。遇上天灾人祸时，人均实际寿命反而可能会下降。

反思和启发

一句话中有多个论证缺陷可以只写一个，不需要全面。段落层次间用分号。

论效素材

编号：_____

日期：_____

素材来源 _____

题干出处 ☐ 真题_____ ☐ 模拟题_____

可借鉴表达提炼 _____

题干摘抄

高分段落摘抄

高分段落仿写

反思和启发

论效素材

编号：＿＿＿＿＿＿＿＿＿＿＿＿＿

日期：＿＿＿＿＿＿＿＿＿＿＿＿＿

素材来源 ＿＿＿＿＿＿＿＿＿＿＿＿＿＿＿＿＿＿＿＿＿＿＿＿＿＿＿

题干出处 □ 真题＿＿＿＿＿＿＿＿＿＿＿＿ □ 模拟题＿＿＿＿＿＿＿＿＿＿＿＿＿

可借鉴表达提炼 ＿＿＿＿＿＿＿＿＿＿＿＿＿＿＿＿＿＿＿＿

题干摘抄

高分段落摘抄

高分段落仿写

反思和启发

论效素材

编号：＿＿＿＿＿＿＿＿＿＿

日期：＿＿＿＿＿＿＿＿＿＿

素材来源　＿＿＿＿＿＿＿＿＿＿＿＿＿＿＿＿＿＿＿＿＿＿＿

题干出处　□真题＿＿＿＿＿＿＿＿＿＿　　□模拟题＿＿＿＿＿＿＿＿＿＿

可借鉴表达提炼　＿＿＿＿＿＿＿＿＿＿＿＿＿＿＿＿＿＿＿＿＿

题干摘抄

高分段落摘抄

高分段落仿写

反思和启发

论效素材

编号：_____

日期：_____

素材来源 _____

题干出处　□ 真题_____　　□ 模拟题_____

可借鉴表达提炼 _____

题干摘抄

高分段落摘抄

高分段落仿写

反思和启发

论效素材

编号：_____

日期：_____

素材来源 _____

题干出处 ☐ 真题_____ ☐ 模拟题_____

可借鉴表达提炼 _____

题干摘抄

高分段落摘抄

高分段落仿写

反思和启发

编号：＿＿＿＿＿＿＿＿＿＿＿＿＿＿

日期：＿＿＿＿＿＿＿＿＿＿＿＿＿＿

素材来源 ＿＿＿＿＿＿＿＿＿＿＿＿＿＿＿＿＿＿＿＿＿＿＿＿＿

题干出处　□ 真题＿＿＿＿＿＿＿＿＿＿＿　　□ 模拟题＿＿＿＿＿＿＿＿＿＿＿＿

可借鉴表达提炼　＿＿＿＿＿＿＿＿＿＿＿＿＿＿＿＿＿＿＿＿＿＿＿＿

题干摘抄

高分段落摘抄

高分段落仿写

反思和启发

论效素材

编号：_____
日期：_____

素材来源 _____

题干出处　☐ 真题_____　　☐ 模拟题_____

可借鉴表达提炼 _____

题干摘抄

高分段落摘抄

高分段落仿写

反思和启发

论效素材

素材来源 _____

题干出处　□ 真题_____　　□ 模拟题_____

可借鉴表达提炼　_____

题干摘抄

高分段落摘抄

高分段落仿写

反思和启发

论效素材

编号：_____

日期：_____

素材来源　_____

题干出处　□ 真题_____　　□ 模拟题_____

可借鉴表达提炼　_____

题干摘抄

高分段落摘抄

高分段落仿写

反思和启发

论效素材

编号：_____

日期：_____

素材来源 _____

题干出处　□ 真题_____　　□ 模拟题_____

可借鉴表达提炼 _____

题干摘抄

高分段落摘抄

高分段落仿写

反思和启发

论效素材

编号：_____

日期：_____

素材来源　_____

题干出处　☐ 真题_____　　☐ 模拟题_____

可借鉴表达提炼　_____

题干摘抄

高分段落摘抄

高分段落仿写

反思和启发

编号：_____

日期：_____

素材来源 _____

题干出处　□ 真题_____　　□ 模拟题_____

可借鉴表达提炼 _____

题干摘抄

高分段落摘抄

高分段落仿写

反思和启发

论效素材

编号：_____

日期：_____

素材来源 _____

题干出处　□ 真题_____　　□ 模拟题_____

可借鉴表达提炼 _____

题干摘抄

高分段落摘抄

高分段落仿写

反思和启发

论效素材

编号：_____

日期：_____

素材来源 _____

题干出处　□ 真题_____　　□ 模拟题_____

可借鉴表达提炼 _____

题干摘抄

高分段落摘抄

高分段落仿写

反思和启发

论效素材

编号: _____

日期: _____

素材来源 _____

题干出处　☐ 真题_____　☐ 模拟题_____

可借鉴表达提炼 _____

题干摘抄

高分段落摘抄

高分段落仿写

反思和启发

论效素材

编号：_____

日期：_____

素材来源　_____

题干出处　□ 真题_____　　□ 模拟题_____

可借鉴表达提炼　_____

题干摘抄

高分段落摘抄

高分段落仿写

反思和启发

编号：_____

日期：_____

素材来源　_____

题干出处　□ 真题_____　□ 模拟题_____

可借鉴表达提炼　_____

题干摘抄

高分段落摘抄

高分段落仿写

反思和启发

论效素材

编号: _____

日期: _____

素材来源 _____

题干出处　☐ 真题_____　　☐ 模拟题_____

可借鉴表达提炼 _____

题干摘抄

高分段落摘抄

高分段落仿写

反思和启发

论效素材

编号：＿＿＿＿＿＿＿＿＿＿＿＿

日期：＿＿＿＿＿＿＿＿＿＿＿＿

素材来源　＿＿＿＿＿＿＿＿＿＿＿＿＿＿＿＿＿＿＿＿＿＿＿＿＿＿＿

题干出处　□ 真题＿＿＿＿＿＿＿＿＿＿　　□ 模拟题＿＿＿＿＿＿＿＿＿＿

可借鉴表达提炼　＿＿＿＿＿＿＿＿＿＿＿＿＿＿＿＿＿＿＿＿＿＿＿＿＿

题干摘抄

高分段落摘抄

高分段落仿写

反思和启发

论效素材

素材来源 ＿＿＿＿＿＿＿＿＿＿＿＿＿＿＿＿＿＿＿＿＿＿＿＿＿＿＿＿＿

题干出处 □ 真题＿＿＿＿＿＿＿＿＿＿＿＿ □ 模拟题＿＿＿＿＿＿＿＿＿＿＿＿

可借鉴表达提炼 ＿＿＿＿＿＿＿＿＿＿＿＿＿＿＿＿＿＿＿＿＿＿＿＿

题干摘抄

高分段落摘抄

高分段落仿写

反思和启发

论效素材

编号：_____

日期：_____

素材来源　_____

题干出处　□ 真题_____　　□ 模拟题_____

可借鉴表达提炼　_____

题干摘抄

高分段落摘抄

高分段落仿写

反思和启发

编号：_____

日期：_____

素材来源 _____

题干出处　☐ 真题_____　☐ 模拟题_____

可借鉴表达提炼 _____

题干摘抄

高分段落摘抄

高分段落仿写

反思和启发

论效素材

编号：_____

日期：_____

素材来源 _____

题干出处　□ 真题_____　　□ 模拟题_____

可借鉴表达提炼 _____

题干摘抄

高分段落摘抄

高分段落仿写

反思和启发

《写作素材积累本》使用示范

编号： __001__

日期： __2024 年 3 月 1 日__

论说素材

素材来源　《张乃心考研》2024XXXX 期推送评论区

素材类型　☑万能话术　□高分段落　□关联词句　□其他

素材适用主题　创新、变通、定位、口碑、核心竞争力、忧患意识、专注等

记忆关键词　电商兴起、消费者的代际变迁、产业链完善、试错成本低

万能素材摘抄

随着互联网技术对传统行业的改变，从获取信息、引发消费需求，到形成购买决策和完成交易，当下和过去都已完全不同。一方面，随着产业链的不断完善，品牌的产生越来越快，试错和创新成本越来越低，越来越多的新奇品牌相继产生；另一方面，消费者从未像现在这样拥有如此多的选择，消费者不再统一认同大众化的品牌，而是通过看点评或是社群推荐，选择符合自己"调性"或需求的产品。可见，品牌无法作为永远的"护城河"，甚至有一些老的品牌会成为企业发展中的"包袱"。

素材应用

【主题】以创新谋发展。

【应用】随着互联网技术对传统行业的改变，创新成了大势所趋。如今，从获取信息、引发消费需求，到形成购买决策和完成交易，已经变得和过去完全不同了。特别是随着电商的兴起和消费者的代际变迁，许多新变化、新玩法出现了。一方面，随着产业链的不断完善，品牌的产生越来越快，创新成本越来越低，越来越多的新奇品牌相继产生；另一方面，消费者从未像现在这样拥有如此多的选择，消费者不再统一认同大众化的品牌，而是通过看点评或是社群推荐，选择符合自己"调性"或需求的产品。面对这样的挑战，品牌无法作为永远的"护城河"，各行各业都应走出舒适圈，通过创新积极地拥抱变化，在创新中摸索机会，努力成为行业的领跑者。

反思和启发

可以采取"描述背景＋论证观点"的方式来展开段落。对背景的描述可以考前准备。

论说素材

编号：_____

日期：_____

素材来源 _____

素材类型　□万能话术　　□高分段落　　□关联词句　　□其他

素材适用主题 _____

记忆关键词 _____

万能素材摘抄

素材应用

【主题】

【应用】

反思和启发

论说素材

编号：_____

日期：_____

素材来源 _____

素材类型　　□ 万能话术　　□ 高分段落　　□ 关联词句　　□ 其他

素材适用主题 _____

记忆关键词 _____

万能素材摘抄

素材应用

【主题】

【应用】

反思和启发

论说素材

编号：_____

日期：_____

素材来源　_____

素材类型　□ 万能话术　　□ 高分段落　　□ 关联词句　　□ 其他

素材适用主题　_____

记忆关键词　_____

万能素材摘抄

素材应用

【主题】

【应用】

反思和启发

论说素材

素材来源 _____

素材类型　□ 万能话术　　□ 高分段落　　□ 关联词句　　□ 其他

素材适用主题 _____

记忆关键词 _____

万能素材摘抄

素材应用

【主题】

【应用】

反思和启发

论说素材

编号：_____

日期：_____

素材来源　_____

素材类型　□ 万能话术　　□ 高分段落　　□ 关联词句　　□ 其他

素材适用主题　_____

记忆关键词　_____

万能素材摘抄

素材应用

【主题】

【应用】

反思和启发

论说素材

编号：_____

日期：_____

素材来源 _____

素材类型　□ 万能话术　　□ 高分段落　　□ 关联词句　　□ 其他

素材适用主题 _____

记忆关键词 _____

万能素材摘抄

素材应用

【主题】

【应用】

反思和启发

论说素材

素材来源 _____

素材类型　　□ 万能话术　　□ 高分段落　　□ 关联词句　　□ 其他

素材适用主题 _____

记忆关键词 _____

万能素材摘抄

素材应用

【主题】

【应用】

反思和启发

论说素材

素材来源 ＿＿＿＿＿＿＿＿＿＿＿＿＿＿＿＿＿＿＿＿＿＿＿＿＿＿

素材类型　　□ 万能话术　　□ 高分段落　　□ 关联词句　　□ 其他

素材适用主题 ＿＿＿＿＿＿＿＿＿＿＿＿＿＿＿＿＿＿＿＿＿＿＿

记忆关键词 ＿＿＿＿＿＿＿＿＿＿＿＿＿＿＿＿＿＿＿＿＿＿＿＿

万能素材摘抄

素材应用

【主题】

【应用】

反思和启发

论说素材

编号：_____

日期：_____

素材来源 _____

素材类型　　□万能话术　　□高分段落　　□关联词句　　□其他

素材适用主题 _____

记忆关键词 _____

万能素材摘抄

素材应用

【主题】

【应用】

反思和启发

论说素材

编号：_____

日期：_____

素材来源 _____

素材类型　　□ 万能话术　　□ 高分段落　　□ 关联词句　　□ 其他

素材适用主题 _____

记忆关键词 _____

万能素材摘抄

素材应用

【主题】

【应用】

反思和启发

论说素材

编号：_____

日期：_____

素材来源 _____

素材类型　　□万能话术　　□高分段落　　□关联词句　　□其他

素材适用主题 _____

记忆关键词 _____

万能素材摘抄

素材应用

【主题】

【应用】

反思和启发

编号：_____

日期：_____

素材来源 _____

素材类型　　□ 万能话术　　□ 高分段落　　□ 关联词句　　□ 其他

素材适用主题 _____

记忆关键词 _____

万能素材摘抄

素材应用

【主题】

【应用】

反思和启发

论说素材

编号: _____

日期: _____

素材来源 _____

素材类型　　□ 万能话术　　□ 高分段落　　□ 关联词句　　□ 其他

素材适用主题 _____

记忆关键词 _____

万能素材摘抄

素材应用

【主题】

【应用】

反思和启发

论说素材

编号：＿＿＿＿＿＿＿＿＿＿＿＿

日期：＿＿＿＿＿＿＿＿＿＿＿＿

素材来源 ＿＿＿＿＿＿＿＿＿＿＿＿＿＿＿＿＿＿＿＿＿＿＿＿＿＿＿

素材类型　　□ 万能话术　　□ 高分段落　　□ 关联词句　　□ 其他

素材适用主题 ＿＿＿＿＿＿＿＿＿＿＿＿＿＿＿＿＿＿＿＿＿＿＿＿

记忆关键词 ＿＿＿＿＿＿＿＿＿＿＿＿＿＿＿＿＿＿＿＿＿＿＿＿＿

万能素材摘抄

素材应用

【主题】

【应用】

反思和启发

论说素材

编号：_____

日期：_____

素材来源 _____

素材类型　　□ 万能话术　　□ 高分段落　　□ 关联词句　　□ 其他

素材适用主题 _____

记忆关键词 _____

万能素材摘抄

素材应用

【主题】

【应用】

反思和启发

论说素材

素材来源　＿＿＿＿＿＿＿＿＿＿＿＿＿＿＿＿＿＿＿＿＿＿＿＿＿＿＿

素材类型　　□ 万能话术　　□ 高分段落　　□ 关联词句　　□ 其他

素材适用主题　＿＿＿＿＿＿＿＿＿＿＿＿＿＿＿＿＿＿＿＿＿＿＿＿＿＿

记忆关键词　＿＿＿＿＿＿＿＿＿＿＿＿＿＿＿＿＿＿＿＿＿＿＿＿＿＿

万能素材摘抄

素材应用

【主题】

【应用】

反思和启发

论说素材

编号：＿＿＿＿＿＿＿＿＿＿＿＿

日期：＿＿＿＿＿＿＿＿＿＿＿＿

素材来源　＿＿＿＿＿＿＿＿＿＿＿＿＿＿＿＿＿＿＿＿＿＿＿＿＿＿

素材类型　　□ 万能话术　　□ 高分段落　　□ 关联词句　　□ 其他

素材适用主题　＿＿＿＿＿＿＿＿＿＿＿＿＿＿＿＿＿＿＿＿＿＿＿＿

记忆关键词　＿＿＿＿＿＿＿＿＿＿＿＿＿＿＿＿＿＿＿＿＿＿＿＿＿

万能素材摘抄

素材应用

【主题】

【应用】

反思和启发

论说素材

编号：_____
日期：_____

素材来源 _____

素材类型　　□ 万能话术　　□ 高分段落　　□ 关联词句　　□ 其他

素材适用主题 _____

记忆关键词 _____

万能素材摘抄

素材应用

【主题】

【应用】

反思和启发

论说素材

编号：_____

日期：_____

素材来源 _____

素材类型　　□万能话术　　□高分段落　　□关联词句　　□其他

素材适用主题 _____

记忆关键词 _____

万能素材摘抄

素材应用

【主题】

【应用】

反思和启发

论说素材

编号: _____

日期: _____

素材来源 _____

素材类型　　□ 万能话术　　□ 高分段落　　□ 关联词句　　□ 其他

素材适用主题 _____

记忆关键词 _____

万能素材摘抄

素材应用

【主题】

【应用】

反思和启发

论说素材

编号：_____

日期：_____

素材来源 _____

素材类型　　□万能话术　　□高分段落　　□关联词句　　□其他

素材适用主题 _____

记忆关键词 _____

万能素材摘抄

素材应用

【主题】

【应用】

反思和启发

论说素材

编号：_____

日期：_____

素材来源 _____

素材类型　□ 万能话术　　□ 高分段落　　□ 关联词句　　□ 其他

素材适用主题 _____

记忆关键词 _____

万能素材摘抄

素材应用

【主题】

【应用】

反思和启发

论说素材

编号：_____
日期：_____

素材来源 _____

素材类型　　□ 万能话术　　□ 高分段落　　□ 关联词句　　□ 其他

素材适用主题 _____

记忆关键词 _____

万能素材摘抄

素材应用

【主题】

【应用】

反思和启发

MBA MPA MPAcc

管理类与经济类综合能力

四步写作法
背诵篇

主编 张乃心

北京理工大学出版社
BEIJING INSTITUTE OF TECHNOLOGY PRESS

图书在版编目（CIP）数据

MBA MPA MPAcc 管理类与经济类综合能力四步写作法：
函套 2 册 / 张乃心主编 . -- 北京：北京理工大学出版社，
2024.3

ISBN 978 - 7 - 5763 - 3749 - 5

Ⅰ.① M⋯　Ⅱ.①张⋯　Ⅲ.①汉语 - 写作 - 研究生 -
入学考试 - 自学参考资料　Ⅳ.① H15

中国国家版本馆 CIP 数据核字（2024）第 067114 号

责任编辑：封　雪　　　文案编辑：毛慧佳
责任校对：刘亚男　　　责任印制：李志强

出版发行 / 北京理工大学出版社有限责任公司

社　　址 / 北京市丰台区四合庄路 6 号

邮　　编 / 100070

电　　话 / (010) 68944451（大众售后服务热线）

　　　　　　(010) 68912824（大众售后服务热线）

网　　址 / http : //www.bitpress.com.cn

版 印 次 / 2024 年 3 月第 1 版第 1 次印刷

印　　刷 / 天津市蓟县宏图印务有限公司

开　　本 / 787 mm×1092 mm　1/16

印　　张 / 15

字　　数 / 374 千字

定　　价 / 79.80 元

目录

第一部分　论证有效性分析

第二部分　论说文

附录

第一部分 论证有效性分析

背诵模块一｜万能的全文模板

> 💡 背诵提示
>
> 1. 本节中所给出的模板适配所有的真题。为了使其万能，在模板中并没有使用个性化的、有针对性的表达方式。在后文中会针对个性化表达进行总结，大家可以在此模板的基础上进行段落替换。
>
> 2. 建议大家在模板的基础上，尝试变化表达方式，形成独一无二的、专属于自己的万能模板。

一、基于大纲的全文模板

万能模板

总结论 + 吗?

上述材料基于诸多论证试图证明（　　　）的结论，然而，由于其在论证过程中犯了一系列逻辑错误，所以其结论的有效性也是值得商榷的。

首先，A 与 B 之间缺乏必然的逻辑联系。其很可能忽略了这样一种可能性：（　　　）。若是如此，其论证也就难以让人信服了。

其次，A 并不意味着 B。一方面，（　　　）；另一方面，（　　　）。

再次，A 未必能推出 B。因为（　　　）；不仅如此，（　　　）。所以在此基础上所得到的结论也是难以让人信服的。

从次，A 就能 B 吗？其实不然。若是（　　　），其结论就未必成立了。

最后，材料无法由 A 推出 B。很可能（　　　）。所以在此基础上所得到的结论也是难以必然成立的。

综上所述，作者在论证过程中存在诸多问题，其结论不足为信，该论证也是非常缺乏说服力的。

由老年人工作问题引发的论证合理吗？

上述材料基于诸多论证试图证明"老年人应该继续工作"的结论，然而，由于其在论证过程中犯了一系列逻辑错误，所以其结论的有效性也是值得商榷的。

首先，《宪法》规定中华人民共和国公民有劳动的权利和义务，与老年人应该继续工作之间缺乏必然的逻辑联系。其很可能忽略了这样一种可能性：即使老年人具有相应的权利也未必就要继续工作。若是如此，其论证也就难以让人信服了。

其次，老年人退出劳动力市场并不意味着会造成劳动力短缺。一方面，随着科技的发展、自动化的成熟，一些传统的劳动力需求可能会减少，老年人退出劳动力市场不一定导致劳动力的短缺；另一方面，劳动力市场具有一定的调节能力，可以通过吸引其他劳动力资源的方式来弥补老年人退出的空缺。

再次，老年人继续工作，未必能解决劳动力短缺的问题。因为很多老年人的体力和脑力都出现了明显下降，难以适应当下的工作环境；不仅如此，很多老年人的技能和思维方式也已经不再适应当下的发展需求，即便其继续工作，可能也无法满足岗位的需求。所以在此基础上所得到的结论也是难以让人信服的。

最后，材料无法由老年人想增加收入推出其应该继续工作。老年人增加收入的方式有多种，继续工作只是其中之一。例如，其还可以通过投资和理财等来增加收入，将积蓄投资于股票、债券、基金等资产，以获取投资回报。

综上所述，作者在论证过程中存在诸多问题，其结论不足为信，该论证也是非常缺乏说服力的。

二、更容易凑字的全文模板

提示：该模板本身字数较多，相较而言，套路痕迹也更重一些，可以作为备用的保底方案。

关于（　　）话题的论证合理吗？

虽然上述材料通过多方面的论证试图证明（　　），但由于存在一系列逻辑缺陷，其结论的可靠性值得怀疑。

首先，材料基于 A 得到 B，然而，A 与 B 之间缺乏必然的逻辑关联。很可能真实的情况是，虽然 A，但由于（　　），最终无法 B。若是如此，则该论证的有效性值得进一步商榷。

其次，A 就一定 B 吗？答案显然是否定的，所以其结论的有效性也是有待进一步商榷的。很可能真实的情况是（　　）。

---

① 本题的题干为 2023 年管理类综合能力考试真题，可参考《思路篇》P20。

再次，A未必能推出B，因为（　　），所以在此基础上所得到的结论也是难以让人信服的；也有可能（　　），如果真实的情况是这样，则上述结论就难以必然成立了。

最后，A并不意味着B。因为（　　），所以在此基础上所得到的结论也是难以必然成立的。

综上所述，作者在论证过程中存在诸多问题，其结论不足为信，该论证也是非常缺乏说服力的。

应用示范

关于老年人应该继续工作的论证合理吗？

虽然上述材料通过多方面的论证试图证明老年人应该继续工作，但由于存在一系列逻辑缺陷，其结论的可靠性值得怀疑。

首先，材料基于《宪法》的规定"中华人民共和国公民有劳动的权利"，得到老年人应该继续工作，然而，两者之间缺乏必然的逻辑关联。很可能真实的情况是，虽然《宪法》中有相关规定，但由于《宪法》还规定了退休制度，最终无法得到老年人应该继续工作。若是如此，则该论证的有效性值得进一步商榷。

其次，老年人退出劳动力市场就一定会造成劳动力短缺吗？答案显然是否定的，所以其结论的有效性也是有待进一步商榷的。很可能真实的情况是，随着科技的发展、自动化的成熟，一些传统的劳动力需求可能会减少，老年人退出劳动力市场不一定导致劳动力的短缺。

再次，老年人继续工作，未必能解决劳动力短缺的问题。因为很多老年人的体力和脑力都出现了明显下降，难以适应当下的工作环境，所以在此基础上所得到的结论也是难以让人信服的；也有可能很多老年人的技能和思维方式也已经不再适应当下的发展需求，如果真实的情况是这样，则上述结论就难以必然成立了。

最后，老年人想增加收入并不意味着其就应该继续工作。因为老年人增加收入的方式有多种，继续工作只是其中之一。所以在此基础上所得到的结论也是难以必然成立的。

综上所述，作者在论证过程中存在诸多问题，其结论不足为信，该论证也是非常缺乏说服力的。

背诵模块二｜核心段落替换话术

一、基于大纲的核心段落话术（无风险、必背）

提示：该表格中包含了近九年（2016—2024 年）的考试大纲中所有分析角度的话术，无一遗漏。

大纲要求	关键词	大纲中的话术表达
概念特别是核心概念的界定和使用是否准确并前后一致	不等于	□ A 不等于 B； □ A 不能等同于 B； □ A 和 B 的内涵不同； □ A，但这不是 B； □ A 和 B 不是同一概念； □ 核心概念的界定前后不一致
有无各种明显的逻辑错误	自相矛盾	□ 自相矛盾； □ 也和这一判断相矛盾
	其他	□ 不能片面引用 A 来论证 B； □ 这种观点能否普遍地说明社会问题，还需要……； □ 是否具有代表性，可以质疑； □ 调查样本的数量是否足够，文章也没有加以说明； □ 这一论据缺乏有效性
论证的论据是否成立并支持结论	未必	□ A 未必 B； □ A 不能（由此）推出 B； □ A 不一定 B； □ A 并不意味着 B； □ A 不能推断 B
	不能用来否定	□ A 不能用来否定 B
	缺乏必然的逻辑关联	□ A 与 B 之间缺乏必然的逻辑联系； □ A 与 B 无直接因果关系
	不存在正比关系	□ A 和 B 之间不存在简单的正比关系
结论成立的条件是否充分	也可能	□ A 也可能……

二、其他万能的核心段落话术

提示：该部分话术为万能话术，基本适配所有的分析点。但如果遇到无法适配的情况，也不要生搬硬套。

类型	话术
精简话术	□ 引用原文论证话术＋吗？其实不然。因为……（当题干材料较为复杂时，可以考虑这种引入方式） □ A 就一定 B 吗？答案显然是否定的。很可能…… □ 上述材料不能基于 A 就草率地得到 B。其忽略了这样一种可能性，即…… □ 基于 A 难以得到 B。一方面，……；另一方面，……
凑字话术	□ 没有更多证据表明 A、B 两个事件在这个论证中真的具备因果联系，或许存在其他因素导致了同样的结果，很可能真实的情况是……，若是如此，则上述论证难以成立。 □ A 就一定 B 吗？其显然隐含了这样的不当假设：……。然而，该假设并不必然成立。因为，很可能存在这种情况：……。如果这样，上文推理的结论……将受到严重削弱。 □ 上述材料中，论证者过于绝对地认为 A 就一定 B，事实真的如此吗？其很可能忽略了这样的一种可能，即……。若是如此，那么其结论便不攻自破了。 □ B 不仅仅是由 A 导致的，这段论述只是指出了多个原因中的一个作为事件的因素。但是，除了因素 A 之外，还可能有其他原因，例如 C、D 等，很可能它们才是导致结果的最重要影响因素，所以仅仅靠 A 去推导结论，可能考虑得不够周到

三、特殊类型的核心段落话术（必背）

类型	背诵话术	应用示例
不当类比	□ A、B 两者之间并不具有可类比性。 □ A 可类比到 B 吗？答案显然是否定的。 □ 材料中错误地将 A 类比到了 B，所以在此基础上得出的结论也是难以让人信服的。 □ A 发生某事不代表 B 也会如此。 □ 材料无法基于 A 发生某事得出 B 也会如此。 □ A 和 B 两者之间并不具有可类比性，所以论证者……的结论也难以实现。因为不同于 A，B 的情况是……，所以其在不当类比的基础上所得出的结论也是难以让人信服的。 □ 材料无法基于 A 发生某事得到 B 也会如此。A 和 B 之间存在一定的差异，即……。所以这样的论证不够合理，由此得出的结论也是值得商榷的	考卷中的选择题与题干所探讨的选择具有本质区别，不可草率类比。做考卷中的选择题是在正确和错误选项之间做选择，选项中存在无可争议的正确选项；而我们今天所探讨的选择往往不是正误型选择，而是优劣型选择，是要在诸多各有利弊的选项中进行权衡

类型	背诵话术	应用示例
以偏概全	□ A 仅仅是 B 的一部分。 □ A 这一部分的情况并不能代表 B 这一整体的情况。 □ 材料认为 A 这一部分具有的属性也为 B 这一整体所具有。 □ A 和 B 不是一回事，不要以偏概全。 □ A 这一部分的情况并不能够论证得到 B 这一整体的情况，论证者有以偏概全的嫌疑，其显然忽略了 B 中除有 A 还有 X、Y、Z 等，而这些部分的情况很可能与 A 不一样，若是如此，则其论证就难以必然成立了	对高校大学生进行的抽样调查结果不能代表所有人的情况。高校大学生普遍受教育程度较高且在读期间有足够的时间追求精神生活，同时大多没有稳定的物质收入，其对精神与物质关系的认知很可能尚不成熟，或者具有显著的阶段性特点，因此该调查结果不能代表所有人的认知状况
概念混淆	□ A 和 B 两者并不能简单地画上等号。因为…… □ A 和 B 等价吗？答案显然是否定的。因为…… □ A 并不等同于 B，材料中显然混淆了两个概念的含义。因为 A 的内涵/外延是……，而 B 的内涵/外延是……，两者之间具有本质的区别，所以不可简单等价	物质生活的丰富并不等同于物质主义潮流。前者强调物质资源充足的客观状态，指的是拥有较多的生产资料，生活水平较高。而后者则强调过分追求物质享受，指的是一种崇尚金钱的趋势，但并不意味着其本身就已经拥有了较多的钱财，故不可将二者简单等同
集合体性质误用	□ 原论证依赖于一个非常重要的假设，整体的趋势能够代表个体的走势。但是，个体和群体在某些方面是相互区别的，例如……，所以该论证就难以必然成立。 □ 材料试图通过分析 A 这个平均数，得出 B 结论。但是平均数只能说明样本总量的总体特征和集中趋势，并不能说明每个样本的具体情况，尤其在样本总体分布呈现两极分化的情况下，平均数并不是研究一个样本的良好指标。可能材料所举的例子就远远达不到平均水平。因此，这个数据对于结论的支持是有限的	材料试图通过对本市平均空气污染指数的分析得出我们区今天的空气质量情况的结论。但是平均数只能说明样本总量的总体特征和集中趋势，并不能说明每个样本的具体情况，尤其在样本总体分布呈现两极分化的情况下，平均数并不是研究一个样本的良好指标。可能材料所举的我们区今天的空气质量就远远达不到平均水平，因此，这个数据对于结论的支持是有限的

续表

类型	背诵话术	应用示例
忽略发展	引入话术： □ 材料基于 A 无法预测 B 的情况。因为…… 分析话术： □ 过去的趋势不代表未来的走势。 □ 假设了主体在不同的时间、地点保持不变。 □ 以静止的眼光看待问题。 □ 没有用动态的眼光看待问题。 □ 忽略了时间变化对主体性质的影响	材料基于 2011 年至 2012 年我国的劳动力市场情况无法得到当下的情况。因为过去的趋势不代表未来的走势，作者假设了劳动力市场的供应和需求情况在不同的年份保持不变，没有用动态的眼光看待问题
一家之言	引入话术： □ 材料基于 A 的言论无法得到 B 结论。因为…… 分析话术： □ 一家之言，是否能够普遍地说明社会问题，还需要实践的检验和学术界 / 大众的认同。 □ 未必客观、全面地阐述了真实的情况。 □ 是前人在他们所处的社会环境总结出来的规律和理论，然而随着环境的变化和社会的进步，有些情况发生了变化，作者没有以发展的眼光看待事物的变化。 □ 不同理论派的观点存有主观性分歧，不具有客观性支撑。 □ 某学派或者某学者的观点往往不能对观点提供强有力的证明。论据应该是科学、客观的，被普遍接受的	后物质主义只是国外某个学派所提出的观点，这种观点能否普遍地说明社会问题，还需要实践的检验和学术界的认同。后物质主义理论是该学派基于其所处的社会环境总结出来的，然而随着环境的变化和社会的进步，有些情况已经发生了变化

背诵模块三 ┆ 题目替换话术

内容拟题	话题拟题	万能拟题
□ 总结论＋吗 □ 总结论＋未必合理 □ 总结论＋合理吗	□ 关于（ ）话题的论证合理吗 □ 由（ ）话题引发的论证合理吗 □ 基于（ ）引发的论证合理吗	□ 值得商榷的论证 □ 且慢草率下结论 □ 草率的论证，偏颇的结论 □ 似是而非的论证 □ 论辩还是诡辩 □ 如此决策，失之偏颇
我的题目：		

背诵模块四 ┊ 开头替换话术

类型	背诵话术
常规开头	☐ 上述材料通过诸多论证得出（　　）的结论。然而，由于其论证过程中存在一系列的逻辑漏洞，所以其结论是值得商榷的 / 有失偏颇的 / 不可信的。 ☐ 上述材料基于诸多论证认为（　　），然而这一论证并非无懈可击，因为它有以下几个方面的不足。 ☐ 上述论证通过一系列分析，试图论证（　　）。但该论证在论证方法、推理过程中都存在不妥之处，所以结论也难以必然成立。现分析如下。 ☐ 上述论证通过草率的分析，便得出如下结论（　　）。该论证是不足信的，存在以下问题。 ☐ 上述材料通过诸多论证试图得出（　　）的结论。然而，由于该论证过程中存在诸多逻辑漏洞，所以其结论是值得商榷的。 ☐ 上述材料基于诸多论证认为（　　），然而，论证过程存在一系列逻辑缺陷，其结论的可靠性仍然值得怀疑
精简开头	☐ 上述材料的论证存在种种缺陷，因此无法得到（　　）结论。 ☐ 上述论证中存在诸多有缺陷的论证，现分析如下
找不到结论	☐ 上述材料通过诸多论证试图得出其结论。然而，由于该论证过程中存在诸多逻辑漏洞，所以其结论是值得商榷的。 ☐ 上述材料围绕着（　　）话题展开了诸多论证。然而，由于该论证过程中存在诸多逻辑漏洞，所以其结论是值得商榷的。 ☐ 上述材料由（　　）话题引发了一系列论证。然而，由于该论证过程中存在诸多逻辑漏洞，所以其结论是值得商榷的
题干多个论证者	☐ （指出题干中的论证者们，如："甲、乙""网友们"）围绕着（　　）话题各自展开了诸多论证，然而由于其各自论证过程中均存在诸多缺陷，所以其各自结论也是难以让人信服的
个性开头	☐ 材料试图通过一系列论证来支持其观点，然而，仔细审视其论证，我们不难发现其中存在明显的缺陷。接下来将逐一分析这些缺陷，全面、客观地评估其观点的可信程度。 ☐ 上述材料通过构建一系列的论证链，力图使其观点更加有力。然而，在我们对这些论证进行深入分析时，不难发现其中存在着一些明显的缺陷。接下来，我们将对这些缺陷进行逐一分析，以期揭示观点的逻辑薄弱之处
我的开头：	

背诵模块五 ┊ 结尾替换话术

类型	背诵话术
常规结尾	☐ 综上所述，正是由于材料在论证过程中存在如上逻辑缺陷，所以其结论的有效性也是值得商榷的。 ☐ 综上所述，作者在论证过程中存在诸多问题，其结论不足为信，该论证也是非常缺乏说服力的。 ☐ 总而言之，作者没有提供更充分的证据来证明结论，所以该论证是缺乏有效性的
凑字结尾	☐ 综上所述，材料的分析看似有理，但由于其论证过程存在诸多逻辑缺陷，所以其结论（代入"总结论"）的有效性也是值得商榷的，材料如果想要得出这一结论，就应该提供更为充分的论据并进行更加严密的推理和论证，否则难以达成所愿
一句话结尾	☐ 综上，材料的论证难以让人信服。 ☐ 总的来看，材料的论证缺乏足够的说服力
我的结尾：	

背诵模块六 ┊ 常用关键词替换

核心段落段首	☐ 首先，其次，再次，最后 ☐ 第一，第二，第三，第四，第五
引入自己的分析	☐ 试想 ☐ 可能 ☐ 或许 ☐ 很有可能真实的情况是 ☐ 通常情况下 ☐ 大部分 ☐ 一般来说 ☐ 举例来说 ☐ 很可能真实的情况是……，若是如此，…… ☐ 这种推理似乎没有考虑到这样一些更重要的因素

评价文章观点和论证	□ 值得商榷 □ 缺乏说服力 □ 有失偏颇 □ 还需完善 □ 有待证明 □ 不太恰当 □ 不太严谨 □ 欠妥当
评价文章观点和论证	□ 不足 □ 有点轻率 □ 有些武断 □ 难以让人信服
叠加多个段落层次	□ 让步：且不说 □ 递进：更何况、在此基础上、还有、更重要的是、不仅如此 □ 并列：同理、一方面……另一方面……、同时 □ 举例：例如

第二部分　论说文

在论说文部分，为大家提供了以下素材。

背诵模块一：适用于所有题目的模板及替换话术。

背诵模块二：适用于某一类题目的模板及替换话术。

背诵模块三：万能理由关键词总结。

背诵模块四：结构引导句的替换话术。

背诵模块五：拟题替换话术。

背诵模块六：下定义的替换话术。

背诵模块七：精彩文章鉴赏。

其中，模块一和模块二的区别：

模块一中的模板更万能，但理由较笼统，针对性不强，该模板为论说文的保底方案，在时间紧张、没有思路的时候可以帮助大家快速写出一篇考场高分作文；模块二将所有真题分成了七类，并为每一类都提供了更具针对性的理由，同时基于每个类别构建了针对性更强的万能模板。

背诵模块一 │ 适用于所有题目的模板及替换话术

在介绍该背诵模块前，需要先提醒大家。

论说文作为主观题，考生不仅要确保能写完、能写对，还要做到千人千面，没有模板痕迹。

如果大家具备考场独立行文的能力，能够在规定的时间内完成考试且文章的质量有保障，那就不需要背诵模板和替换话术。

如果大家的写作水平不满足以上条件，最好准备一些模板和话术，作为保底方案。

该模块为大家提供了几乎可以适用于所有真题的万能模板，但不建议大家直接照搬，而是在给出模板的基础上，调整段落结构和表达，构建出专属于自己的万能模板。

我们之所以能够构建出万能模板，是因为找到了万能的结构、万能的正论理由和万能的辩证分析等。将这些万能的积木进行组装，就构成了万能模板。

在给出适用于所有题目的模板之前，先和大家梳理一下构建模板的思路，以帮助大家更好地构建自己的模板。

用途	思路			
固定积木	题目	表达观点		
	开头	引入材料—合理过渡—表达观点		
	结尾	扣题即可		
核心积木	正论	【论证角度】 1. 观点有好处。 2. 时代背景变了，所以需要观点。（描述客观环境＋观点的必要性） 3. 有个目标特别重要，而通过观点可以实现。（描述目标的重要性＋观点的必要性） 4. 我不行，所以需要观点。（描述主观的局限性＋观点的必要性） 5. 用事实证明观点是对的。（基于理论／案例＋证明观点） 【如何展开】 1. 正论部分可以在一个段落中展开，也可以在多个段落中展开。如果在多个段落中展开，段首总结句通常是分论点，且分论点之间具有层次性。 2. 段落构成通常是：段首总结句＋理由＋总结句。 3. 每段可以写一个理由，也可以写多个理由		
	辩证	存在顾虑	【论证角度】 影响恶劣／错误理解／例子不符／现状糟糕	【如何展开】 1. 辩证段落的"存在顾虑"和"化解顾虑"可以在一个段落中展开，也可以在两个段落中展开。 2. "存在顾虑"部分可以写一个顾虑，也可以写多个顾虑。"化解顾虑"需要与"存在顾虑"一一对应。 3. 文章可以先正论，再辩证，可以先辩证，再正论，可以没有正论，也可以没有辩证。具体可参考《思路篇》
		化解顾虑	【论证角度】 可以化解／并非如此／只是个例／可以改变	
备用积木	反论	【论证角度】 否定观点有消极影响／不满足需要／有反例。 【如何展开】 展开方法和正论段落相同		
	下定义	【论证角度】 中心词不是什么，而是什么。 【如何展开】 可以自成一段，通常放在文章第二段；也可以与正论、反论或辩证段落结合		
	过渡段	合理即可		
	引导句			

一、适用于所有题目的模板

(一) 万能模板一

模板思路提炼

（题目、开头、结尾部分为固定构成，此处省略，下同。）

正论：总结句 + 目标的重要性 + 观点的必要性。

辩证（存在顾虑）：引导句 + 理由一 + 理由二。（关联词：第一，第二）

辩证（化解顾虑）：引导句 + 化解一 + 化解二。（关联词：更何况）

题目

开头

为了实现持续发展，（　　　）不可或缺。在现今竞争激烈的社会环境中，主体必须不断迭代和适应以保持生存力。持续发展不仅仅是一种战略，更是一种生存法则。不断地调整和更新，能够更好地迎合社会需求，确保在竞争中占有一席之地。因此，将持续发展作为首要目标，能够使主体在不断变革的社会中获得持久的竞争优势。（　　　）恰恰有利于主体实现持续发展。

值得一提的是，提到（　　　），很多人对此忧心忡忡。理由如下。第一，人们担心（　　　）会导致自身利益受损，可能因为害怕未知的风险而持有保守态度。这种心理障碍让主体更愿意守着旧有的安全区，放弃了可能带来更大成就的冒险机会。第二，个体可能因为担心需要投入更多的金钱、劳动力或其他资源而望而却步。这种担忧可能让人们在决策时更趋向于相对安全、风险较小的选择，以保持资源的相对稳定。

然而，不能基于以上顾虑便拒绝（　　　）。在发展中，冒一些风险是不可避免的。成功者通常都是敢于冒险的人。通过适当的冒险，主体有机会发现新的机会、获取新的技能，最终实现更大的利益。抱有恐惧而一直停滞不前，反而可能使主体在竞争激烈的环境中失去竞争力；更何况，尽管成本的增加是一个真实的担忧，但合理的投资往往伴随着更高的回报。通过审慎的规划和有效的资源管理，个体可以最大限度地降低不必要的成本，并在未来得到更大的回报。

综上，（　　　）有利于发展。

大家可以将万能模板一作为母版，在其基础上尝试调整段落顺序、调整段落内部成分、替换理由、替换理由的表达方式等，构建出属于自己的万能模板。接下来，我将在此基础上构建更多的万能模板。大家可以在学习的过程中理解这种构建模板的思路。

(二) 万能模板二

模板二在模板一的基础上调整了段落顺序。

模板思路提炼

辩证（存在顾虑）：引导句＋理由一＋理由二。（关联词：第一，第二）

辩证（化解顾虑）：引导句＋化解一＋化解二。（关联词：更何况）

正论：总结句＋目标的重要性＋观点的必要性。

题目

开头

提到（　　），很多人对此忧心忡忡。理由如下。第一，人们担心（　　）会导致自身利益受损，可能因为害怕未知的风险而持有保守态度。这种心理障碍让主体更愿意守着旧有的安全区，放弃了可能带来更大成就的冒险机会。第二，个体可能因为担心需要投入更多的金钱、劳动力或其他资源而望而却步。这种担忧可能让人们在决策时更趋向于相对安全、风险较小的选择，以保持资源的相对稳定。

然而，不能基于以上顾虑便拒绝（　　）。在发展中，冒一些风险是不可避免的。成功者通常都是敢于冒险的人。通过适当的冒险，主体有机会发现新的机会、获取新的技能，最终实现更大的利益。抱有恐惧而一直停滞不前，反而可能使主体在竞争激烈的环境中失去竞争力；更何况，尽管成本的增加是一个真实的担忧，但合理的投资往往伴随着更高的回报。通过审慎的规划和有效的资源管理，个体可以最大限度地降低不必要的成本，并在未来得到更大的回报。

实际上，为了实现持续发展，（　　）不可或缺。在现今竞争激烈的社会环境中，主体必须不断迭代和适应以保持生存力。持续发展不仅仅是一种战略，更是一种生存法则。不断地调整和更新，能够更好地迎合社会需求，确保在竞争中占有一席之地。因此，将持续发展作为首要目标，能够使主体在不断变革的社会中获得持久的竞争优势。（　　）恰恰有利于主体实现持续发展。

综上，（　　）有利于发展。

（三）万能模板三

模板三在模板一的基础上调整了段落内部成分。

模板思路提炼

正论：总结句＋理由一（客观环境＋观点的必要性）＋理由二（目标的重要性＋观点的必要性）。

辩证（存在顾虑）：引导句＋理由。

辩证（化解顾虑）：引导句＋化解。

题目

开头

在发展过程中，（　　）不可或缺。第一，在赢家通吃的现实社会，游戏规则都是由强者制定的。若想要咸鱼翻身，便要成为改变规则的人。（　　）能帮助我们适应社会的发展，成为强者，从而实现持续发展。第二，在现今竞争激烈的社会环境中，主体必须不断迭代和适应以保持生存力。持续发展不仅仅是一种战略，更是一种生存法则。不断地调整和更新，能够更好地迎合社会需求，确保在竞争中占有一席之地。因此，将持续发展作为首要目标，能够使主体在不断变革的社会中获得持久的竞争优势。（　　）恰恰有利于主体实现持续发展。

值得一提的是，提到（　　），很多人对此忧心忡忡。很多人不愿意（　　），他们担心（　　）会使其面临风险和挑战，使自身的利益受到损害。人们面对不确定性时，往往会产生恐惧，害怕遇到失败和挫折，担心无法控制局面、无法抵御风险，这种心理压力让他们犹豫不决、胆怯畏缩，从而选择留在舒适区。

然而，不能基于以上顾虑便拒绝（　　）。在发展中，冒一些风险是不可避免的。成功者通常都是敢于冒险的人。通过适当的冒险，主体有机会发现新的机会、获取新的技能，最终实现更大的利益。抱有恐惧而一直停滞不前，反而可能使主体在竞争激烈的环境中失去竞争力。

综上，（　　）有利于发展。

（四）万能模板四

模板四在模板三的基础上调整了段落顺序。

模板思路提炼

引导句。

正论一：分论点 + 理由一（客观环境 + 观点的必要性）。

正论二：分论点 + 理由二（目标的重要性 + 观点的必要性）。

辩证：存在顾虑（引导句 + 理由）+ 化解顾虑（引导句 + 化解）。

题目

开头

在发展过程中，（　　）不可或缺。其理由如下。

第一，（　　）有利于适应当下发展。在赢家通吃的现实社会，游戏规则都是由强者制定的。若想要咸鱼翻身，便要成为改变规则的人。（　　）能帮助我们适应社会的发展，成为强者，从而实现持续发展。

第二，（　　）有利于适应未来发展。在现今竞争激烈的社会环境中，主体必须不断迭代和适应以保持生存力。持续发展不仅仅是一种战略，更是一种生存法则。不断地调整和更新，能够更好地迎合社会需求，确保在竞争中占有一席之地。因此，将持续发展作为首要目标，能够使主体在不断变革的社会中获得持久的竞争优势。（　　）恰恰有利于主体实现持续发展。

值得一提的是，提到（　　），很多人对此忧心忡忡。很多人不愿意（　　），他们担心（　　）会使其面临风险和挑战，使自身的利益受到损害。人们面对不确定性时，往往会产生恐惧，害怕遇到失败和挫折，担心无法控制局面、无法抵御风险，这种心理压力让他们犹豫不决、胆怯畏缩，从而选择留在舒适区。然而，不能基于以上顾虑便拒绝（　　）。在发展中，冒一些风险是不可避免的。成功者通常都是敢于冒险的人。通过适当的冒险，主体有机会发现新的机会、获取新的技能，最终实现更大的利益。抱有恐惧而一直停滞不前，反而可能使主体在竞争激烈的环境中失去竞争力。

综上，（　　）有利于发展。

（五）万能模板五

模板五在模板一的基础上替换了段落理由和表达。

模板思路提炼

正论：总结句＋目标的重要性＋观点的必要性。

辩证（存在顾虑）：引导句＋理由一＋理由二。（关联词：第一，第二）

辩证（化解顾虑）：引导句＋化解一＋化解二。（关联词：更何况）

题目

开头

为了提高核心竞争力，（　　）不可或缺。核心竞争力是个体和组织在市场中立于不败之地的关键，它并非一时的成就，而是在长期发展中的积累。核心竞争力不仅仅体现在优秀的业务能力上，更体现在对市场需求的敏锐洞悉和满足客户独特需求的能力上。通过强化和不断拓展核心竞争力，个体和组织在市场中可以保持竞争优势。（　　）恰恰有利于提高核心竞争力。

尽管我们充分认识到（　　）的价值，然而，现实却呈现出与此相悖的现象，很多人依然对（　　）持有观望态度。这背后蕴含着何种深层次的原因呢？第一，其他主体在（　　）时可能失败，这些案例被视为主体的反面教材，使主体更害怕重蹈覆辙。他们宁愿选择保守的做法，避免面对失败的风险。第二，时间作为宝贵的资源，人们担忧在看似无意义的活动上花费时间可能是一种巨大的浪费。对于那些注重效率和成果的人来说，投入时间后得不到相应回报的担忧使他们避免参与那些看似风险较高的活动。这种担忧反映了对个人时间管理和资源分配的紧张关切。

但这不能成为拒绝（　　）的理由。过分关注消极的一面会阻碍我们看到事物的全貌。这些所谓的问题也许是成长的机遇，是未来变得更好的契机，克服问题让我们在面对挑战时变得更为坚韧。更何况这些问题大多是一种假象。每个失败案例都是一堂宝贵的课程。通过分析失败案例，企业可以以此为鉴，避免重复犯错。失败并不可怕，真正可怕的是不从失败中吸取教训。成功往往建立在失败的基础上；不仅如此，时间在创新和成长中被视为一种投资，而不是浪费。害怕浪费时间可能会阻碍个体发现新的可能性和机遇。

综上，（　　）有利于发展。

（六）万能模板六

模板六在模板一的基础上增加了段落成分。

模板思路提炼

正论：总结句＋目标的重要性＋观点的必要性。

反论：总结句＋时代背景＋观点的必要性。

辩证（存在顾虑）：引导句＋理由一＋理由二。（关联词：第一，第二）

辩证（化解顾虑）：引导句＋化解一＋化解二。（关联词：更何况）

题目

开头

为了实现持续发展，（　　）不可或缺。在现今竞争激烈的商业环境中，主体必须不断迭代和适应以保持生存力。持续发展不仅仅是一种战略，更是一种生存法则。不断调整业务模式和更新产品或服务，能够更好地迎合市场需求，确保在竞争中占有一席之地。因此，将持续发展作为首要目标，能够使主体在不断变革的商业世界中获得持久的竞争优势。（　　）恰恰有利于主体实现持续发展。

反之，拒绝（　　）难以满足社会发展需要。如今，我国社会的主要矛盾已经从"人民日益增长的物质文化需要同落后的社会生产之间的矛盾"转变为"人民日益增长的美好生活需要和不平衡不充分的发展之间的矛盾"。这说明人们的消费水平逐渐从追求吃饱穿暖过渡到追求更高的生活品质。面对这样的变化，主体也应该随之改变。若不（　　），则难以适应这一发展趋势，阻碍自身发展。

值得一提的是，提到（　　），很多人对此忧心忡忡。理由如下。第一，他们担心（　　）会导致自身利益受损，可能因为害怕未知的风险而持有保守态度。这种心理障碍让主体更愿意守着旧有的安全区，放弃了可能带来更大成就的冒险机会。第二，个体可能因为担心需要投入更多的金钱、劳动力或其他资源而望而却步。这种担忧可能让人们在决策时更趋向于相对安全、风险较小的选择，以保持资源的相对稳定。

然而，不能基于以上顾虑便拒绝（　　）。在发展中，冒一些风险是不可避免的。成功者通常都是敢于冒险的人。通过适当的冒险，主体有机会发现新的机会、获取新的技能，最终实现更大的利益。抱有恐惧而一直停滞不前，反而可能使主体在竞争激烈的环境中失去竞争力；更何况，尽管成本的增加是一个真实的担忧，但合理的投资往往伴随着更高的回报。通过审慎的规划和有效的资源管理，个体可以最大限度地降低不必要的成本，并在未来得到更大的回报。

综上，（　　）有利于发展。

（七）万能模板七

模板七在模板一的基础上增加了段落成分。

模板思路提炼

下定义：下定义的必要性＋错误定义＋正确定义。

正论：总结句＋目标的重要性＋观点的必要性。

辩证（存在顾虑）：引导句＋理由一＋理由二。（关联词：第一，第二）

辩证（化解顾虑）：引导句＋化解一＋化解二。（关联词：更何况）

题目

开头

什么是（　　）呢？在讨论（　　）的积极意义之前，有必要明确（　　）的内涵。因为很多时候，人们对（　　）的理解并不一致，这种理解的差异可能导致对（　　）价值的低估。通过明确定义（　　），我们能够为接下来的论证提供一个共同的基础，避免了基于定义的争议。（　　）不是……，而是……

为了实现持续发展，（　　）不可或缺。在现今竞争激烈的商业环境中，主体必须不断迭代和适应以保持生存力。持续发展不仅仅是一种战略，更是一种生存法则。不断调整业务模式和更新产品或服务，能够更好地迎合市场需求，确保在竞争中占有一席之地。因此，将持续发展作为首要目标，能够使主体在不断变革的商业世界中获得持久的竞争优势。（　　）恰恰有利于主体实现持续发展。

值得一提的是，提到（　　），很多人对此忧心忡忡。理由如下。第一，他们担心（　　）会导致自身利益受损，可能因为害怕未知的风险而持有保守态度。这种心理障碍让主体更愿意守着旧有的安全区，放弃了可能带来更大成就的冒险机会。第二，个体可能因为担心需要投入更多的金钱、劳动力或其他资源而望而却步。这种担忧可能让人们在决策时更趋向于相对安全、风险较小的选择，以保持资源的相对稳定。

然而，不能基于以上顾虑便拒绝（　　）。在发展中，冒一些风险是不可避免的。成功者通常都是敢于冒险的人。通过适当的冒险，主体有机会发现新的机会、获取新的技能，最终实现更大的利益。抱有恐惧而一直停滞不前，反而可能使主体在竞争激烈的环境中失去竞争力；更何况，尽管成本的增加是一个真实的担忧，但合理的投资往往伴随着更高的回报。通过审慎的规划和有效的资源管理，个体可以最大限度地降低不必要的成本，并在未来得到更大的回报。

综上，（　　）有利于发展。

（八）历年真题模板应用示范

示范过程以模板一为例。

2024 年管理类综合能力考试论说文真题（发散性思维）

具备发散性思维，适应时代发展

发散性思维是指不依常规、寻求变异和多种答案的思维形式，这也是未来每个管理者不可或缺的一种思维方式。具备发散性思维的管理者往往能更好地适应发展。

为了实现持续发展，发散性思维不可或缺。在现今竞争激烈的社会环境中，管理者必须不断迭代管理方法以保持生存力。持续发展不仅仅是一种战略，更是一种生存法则。通过不断地调整和更新管理方法，能够更好地迎合社会需求，确保在竞争中占有一席之地。发散性思维恰恰有利于管理者实现持续发展。因为发散性思维可以帮助管理者在面对挑战和问题时寻找新的解决方案，激发创新能力，推动企业不断进步和发展，从而实现可持续发展。

值得一提的是，提到发散性思维，很多管理者对此忧心忡忡。理由如下。第一，他们担心发散性思维会导致自身利益受损，可能因为害怕未知的风险而持有保守态度。这种心理障碍让管理者更愿意守着旧的安全区，放弃了可能带来更大成就的冒险机会。第二，管理者可能因为担心发散性思维需要付出更多的金钱、劳动力或其他资源而望而却步。这种担忧可能让管理者在决策时更趋向于相对安全、风险较小的选择，以保持资源的相对稳定。

然而，不能基于以上顾虑便拒绝发散性思维。在发展中，冒一些风险是不可避免的。成功者通常都是敢于冒险的人。通过适当的冒险，管理者有机会发现新的机会、获取新的技能，最终实现更大的利益。抱有恐惧而一直停滞不前，反而可能使管理者在竞争激烈的环境中失去竞争力；更何况，尽管成本的增加是一个真实的担忧，但合理的投资往往伴随着更高的回报。通过审慎的规划和有效的资源管理，管理者可以最大限度地降低不必要的成本，并在未来得到更大的回报。

综上，发散性思维有利于适应时代发展。

2023 年管理类综合能力考试论说文真题（领导艺术）

组织发展需要领导艺术

领导一个团队完成某项任务就和指挥一个乐队演奏某首乐曲一样，需要一定的艺术性。也就是说，组织的发展离不开领导艺术。

领导艺术有利于组织实现持续发展。在现今竞争激烈的社会环境中，组织必须适应发展以保持生存力。持续发展不仅仅是一种战略，更是一种生存法则。领导过程中具有艺术性，能够更好地迎合管理需求，确保在竞争中占有一席之地。因此，将持续发展作为首要目标，能够使组织在不断变革的商业世界中获得持久的竞争优势。领导艺术有利于组织更好地适应发展需要，提高人才对组织的忠诚度和主观能动性，推动组织实现持续发展。

然而，让我们深感遗憾的是，领导艺术的实际应用情况却不容乐观，面临着很大的阻力。一方面，很多领导者担心过于重视领导艺术会使自身利益受损。这种心理障碍让组织更愿意守着旧的安全区，不愿意尝试有艺术的领导。另一方面，其他领导者在尝试领导艺术时可能失败，这些案例被视为推广领导艺术的反面教材，使领导害怕重蹈覆辙，宁愿放弃领导艺术，避免面对失败的风险。

但若是基于以上原因便放弃领导艺术是不理性的。因为担心利益受损可能会导致领导者过度谨慎、错失机会并限制组织的成长。有对未知和不确定性的担忧是正常的，但它不应阻止领导者采取行动和追求目标。事实上，组织的发展通常伴随着风险，那些敢于尝试的领导者才有可能获得更大的回报；不仅如此，每个失败案例都是一堂宝贵的课程。通过分析失败案例，领导者可以吸取经验教训，避免重复犯错。失败并不可怕，真正可怕的是不从失败中吸取教训。成功往往建立在失败的基础上。

综上，组织的发展离不开领导艺术。

2022 年管理类综合能力考试论说文真题（鸟类会飞）

发展中需要不断优化结构

鸟类会飞是因为它们在进化过程中不断优化其身体结构。对于组织来说同样如此，组织也需要在发展过程中不断优化其结构。

在发展中不断优化结构有利于组织实现持续发展。在现今竞争激烈的商业环境中，组织必须不断迭代和适应以保持生存力。持续发展不仅仅是一种战略，更是一种生存法则。不断调整业务模式和更新产品或服务，能够更好地迎合市场需求，确保在竞争中占有一席之地。因此，将持续发展作为首要目标，能够使个体和组织在不断变革的商业世界中获得持久的竞争优势。优化组织结构有利于组织更好地适应发展需要，提高经营效率和人力资源利用率，推动组织实现持续发展。

然而，组织优化结构的过程往往困难重重，面临着很大的阻力。一方面，很多组织担心优化结构会使自身利益受损。这种心理障碍让组织更愿意守着旧有的安全区，放弃了可能带来更大成就的冒险机会。另一方面，尝试优化结构而失败的组织会被视为反面教材，使组织管理者更害怕重蹈覆辙，宁愿选择保守的做法，避免面对失败的风险。

但若是基于以上原因便拒绝组织优化结构是不理性的。因为担心利益受损可能会导致过度谨慎、错失机会并限制个体或组织的成长。对未知和不确定性有担忧是正常的，但它不应阻止人们采取行动和追求目标。事实上，成功通常伴随着风险，那些敢于冒险的人才有可能获得更大的回报；不仅如此，每个失败案例都是一堂宝贵的课程。通过分析失败案例，组织可以以此为鉴，避免重复犯错。失败并不可怕，真正可怕的是不从失败中吸取教训。成功往往建立在失败的基础上。

综上，发展中需要不断优化结构。

2021 年管理类综合能力考试论说文真题（实业与教育）

道德教育和科学教育有助于培养实业中坚者

正如我国著名实业家穆藕初在《实业与教育之关系》中所说，教育最重要之点在道德教育和科学教育。完全受此两种教育，实业界中坚人物遂由此产生。穆藕初先生的话对我们当下的实业教育依然具有启发意义，在培养实业人才的过程中，我们应重视道德教育和科学教育。

重视道德教育和科学教育有利于实业实现持续发展。在现今竞争激烈的社会环境中，实业界必须适应发展以保持生存力。持续发展不仅仅是一种战略，更是一种生存法则。保持持续发展，能够更好地迎合发展需求，确保在竞争中占有一席之地。因此，将持续发展作为首要目标，能够使实业在不断变革的时代中获得持久的竞争优势。人才是实业发展的根基，人才培养过程中重视道德教育和科学教育有利于实业界更好地适应发展需要，提高人才的素质和实力，从而推动实业界实现持续发展。

然而，让我们深感遗憾的是，放眼现实，在实业人才培养过程中，往往会忽略道德教育和科学教育的重要性。一方面，人们担心过于重视道德教育和科学教育而忽视技能教育，可能难以提高自身实力，使自身利益受损。这种心理障碍让人才和教育从业者更愿意守着旧有的安全区，不愿意尝试融入道德教育和科学教育。另一方面，以往尝试道德教育和科学教育时效果不佳的案例被视为推广这两方面教育的反面教材。这些不成功的经历使人们害怕重蹈覆辙，宁愿放弃重视道德教育和科学教育，以避免面对失败的风险。

但若是基于以上原因便放弃重视道德教育和科学教育是不理性的，不利于实业人才的培养。因为担心利益受损可能会导致过度谨慎、错失机会并限制人才的成长及实业界的发展。对未知和不确定性有担忧是正常的，但它不应阻止实业界重视道德教育和科学教育。事实上，实业教育的发展通常伴随着风险，敢于尝试才有可能获得更大的回报；不仅如此，每个失败案例都是一堂宝贵的课程。通过分析失败案例，可以吸取经验教训，避免重复犯错。失败并不可怕，真正可怕的是不从失败中吸取教训。成功往往建立在失败的基础上。

综上，道德教育和科学教育有助于培养实业中坚者。

2020 年管理类综合能力考试论说文真题（挑战者号）

管理者要重视专家意见

斯沃克公司高层因为没有重视专家的提醒，一意孤行地同意宇航局发射，酿成了美国航天飞机"挑战者号"的悲剧。这一悲剧也在时刻警醒管理者们要重视专家意见。

管理者在决策过程中重视专家意见有利于实现持续发展。在现今竞争激烈的社会环境中，管理者必须带领企业适应发展以保持生存力。持续发展不仅仅是一种战略，更是一种生存法则。保持持续发展，能够更好地迎合发展需求，确保在竞争中占有一席之地。因此，将持续发展作为首要目标，能够使企业在不断变革的时代中获得持久的竞争优势。管理者重视专家意见有利于更好地适应发展需要，提高决策的水平，从而推动持续发展。

然而，让我们深感遗憾的是，放眼现实，很多管理者往往忽视专家意见，对专家意见不屑一顾。一方面，管理者注重眼前利益，担心过于重视专家意见会使自身利益受损。这种心理障碍让管理者更愿意守着旧有的安全区，不愿意重视专家意见。另一方面，其他管理者有可能采纳了专家意见，但效果不佳，这些案例被视为推广重视专家意见的反面教材，使管理者害怕重蹈覆辙，从而拒绝重视专家意见，避免面对失败的风险。

但若是基于以上原因便拒绝专家意见是不理性的，不利于管理者做出理性决策。因为担心利益受损可能会导致过度谨慎、错失机会并限制管理者的决策。对未知和不确定性有担忧是正常的，但它不应阻止管理者重视专家意见。事实上，企业的发展通常伴随着风险，敢于尝试才有可能获得更大的回报；不仅如此，每个失败案例都是一堂宝贵的课程。通过分析失败案例，可以吸取经验教训，避免重复犯错。失败并不可怕，真正可怕的是不从失败中吸取教训。成功往往建立在失败的基础上。

综上，管理者应重视专家意见。

2019 年管理类综合能力考试论说文真题（知识的真理性）

论辩有利于发现真理

论辩是纠正错误的重要途径之一，不同观点的冲突会暴露错误而发现真理。对此，我深表认同。

对真理进行论辩有利于实现持续发展。在现今日新月异的社会环境中，真理也需要与时俱进以保持生存力。持续发展不仅仅是一种战略，更是一种生存法则。保持持续发展，能够更好地迎合发展需求，确保在竞争中占有一席之地。因此，将持续发展作为首要目标，能够使我们在不断变革的时代中获得持久的竞争优势。对真理进行论辩有利于完善真理，使其更好地适应发展需要，正确指导行动，从而推动持续发展。

然而，让我们深感遗憾的是，放眼现实，人们往往拒绝对真理进行论辩，认为真理是不容置疑的。一方面，人们担心对真理进行论辩，会陷入混乱，使自身利益受损。这种心理障碍让很多人更愿意守着旧有的安全区，不愿意对真理进行论辩。另一方面，以往开展过对真理的论辩，但效果不佳，这些案例被视为推广真理论辩的反面教材，使人们害怕重蹈覆辙，从而拒绝对真理进行论辩，避免面对失败的风险。

但若是基于以上原因便拒绝对真理进行论辩是片面的，不利于我们做出理性决策。因为担心利益受损可能会导致过度谨慎、错失机会并限制管理者的决策。对未知和不确定性有担忧是正常的，但它不应阻止我们对真理进行论辩。事实上，事物的发展通常伴随着风险，敢于尝试才有可能获得更大的回报；不仅如此，每个失败案例都是一堂宝贵的课程。通过分析失败案例，可以吸取经验教训，避免重复犯错。失败并不可怕，真正可怕的是不从失败中吸取教训。成功往往建立在失败的基础上。

综上，我们应对真理进行论辩。

2018 年管理类综合能力考试论说文真题（人工智能）

人工智能将促进未来人类社会的发展

人工智能作为一种技术变革，将促进未来人类社会的发展。对此，我深表认同。

人工智能有利于人类社会实现持续发展。在现今竞争激烈的社会环境中，技术变革必须带领我们适应发展以保持生存力。持续发展不仅仅是一种战略，更是一种生存法则。保持持续发展，能够更好地迎合发展需求，确保在竞争中占有一席之地。因此，将持续发展作为首要目标，能够使我们在不断变革的时代中获得持久的竞争优势。人工智能的应用恰恰有利于更好地适应发展需要，创造更多更人性化的就业机会，从而推动持续发展。

然而，让我们深感遗憾的是，放眼现实，很多人却对人工智能充满了敌意。一方面，人们担心过于依赖人工智能难以提高自身实力，且会威胁自身的工作机会，使自身利益受损。这种心理障碍让人们更愿意守着旧有的安全区，不愿意接受人工智能。另一方面，很多传统的岗位已经被人工智能所取代，这些案例被视为推广人工智能的反面教材，使人们害怕重蹈覆辙，从而拒绝接受人工智能，避免面对失败的风险。

但若是基于以上原因便拒绝人工智能是不理性的，不利于人类社会的发展。因为担心利益受损可能会导致过度谨慎、错失机会并限制人类社会的发展。对未知和不确定性有担忧是正常的，但它不应阻止技术的变革。事实上，每一种技术变革的推进通常伴随着风险，敢于尝试才有可能获得更大的回报；不仅如此，每个失败案例都是一堂宝贵的课程。通过分析失败案例，可以吸取经验教训，避免重复犯错。失败并不可怕，真正可怕的是不从失败中吸取教训。成功往往建立在失败的基础上。

综上，人工智能将促进未来人类社会的发展。

2017 年管理类综合能力考试论说文真题（扩大研发）

资金有限的企业更要研发新产品

企业究竟是应该把有限的资金用于扩大生产呢，还是用于研发新产品？从长远发展的角度考虑，企业更应该研发新产品。

相较于扩大生产，企业在资金有限时选择研发新产品更有利于实现持续发展。在现今竞争激烈的社会环境中，管理者必须带领企业适应发展以保持生存力。持续发展不仅仅是一种战略，更是一种生存法则。保持持续发展，能够更好地迎合发展需求，确保在竞争中占有一席之地。因此，将持续发展作为首要目标，能够使企业在不断变革的时代中获得持久的竞争优势。企业选择研发新产品更有利于适应发展需要，满足用户的差异化需求，从而推动持续发展。

然而，让我们深感遗憾的是，放眼现实，很多管理者在面对资金有限的困境时往往选择扩大生产，不愿意研发新产品。一方面，管理者担心研发新产品风险较大，会使自身利益受损。这种心理障碍让管理者更愿意守着旧有的安全区，不愿意研发新产品。另一方面，有一些管理者放弃了扩大生产，选择了研发新产品，但效果不佳，这些案例被视为推广研发新产品的反面教材，使管理者害怕重蹈覆辙，从而拒绝研发新产品，避免面对失败的风险。

但若是基于以上原因便选择扩大生产、拒绝研发新产品是不理性的，不利于管理者做出理性决策。因为担心利益受损可能会导致过度谨慎、错失机会并限制管理者的决策。对未知和不确定性有担忧是正常的，但它不应阻止企业研发新产品。事实上，企业的发展通常伴随着风险，敢于尝试才有可能获得更大的回报；不仅如此，每个失败案例都是一堂宝贵的课程。通过分析失败案例，可以吸取经验教训，避免重复犯错。失败并不可怕，真正可怕的是不从失败中吸取教训。成功往往建立在失败的基础上。

综上，资金有限的企业更要研发新产品。

2016 年管理类综合能力考试论说文真题（多样一致）

接纳多样性，有利于实现一致性

亚里士多德曾经指出，"同一种声音无法实现和谐，同一个音阶也无法组成旋律"。这一观点虽源自其对音乐与城邦共性的理解，但同样有助于理解社会和管理的复杂性。

正如城邦需要各种不同的公民来形成一个和谐的共同体，现代社会和组织管理中接纳多样性也被视为实现一致性的关键。在管理过程中，无论是国家还是企业，接纳多样性有助于实现持续发展，进而达到一致性的目标。在今天竞争激烈的环境中，管理者必须引导其领导的组织适应发展，以维持竞争力。持续发展不仅是一种战略，更是生存的法则。通过保持持续发展，可以更好地满足发展的需求，确保在竞争中的优势。因此，把持续发展作为首要目标，可以使组织在不断变化的时代中获得持久的竞争力。接纳个体的多样性有利于组织更好地适应发展需求，提高整体的凝聚力，从而推动持续发展，实现一致性。

然而，令人遗憾的是，现实中很多管理者却往往拒绝接纳多样性，认为一致性的实现不应建立在接纳多样性的基础上。一方面，管理者担心过分接纳多样性难以提高组织的凝聚力，可能对组织的利益造成损害。这种心理障碍使得管理者更愿意留在自己的舒适区，不愿意尝试引入多样性。另一方面，一些组织在尝试接纳多样性时效果不佳，这些案例被视为反对接纳多样性的例证。这些不成功的经历让管理者害怕失败，从而拒绝接纳多样性，避免面临无法实现一致性的风险。

但是，基于以上原因拒绝接纳多样性是不理性的，不利于组织实现一致性。因为过度的担忧可能导致过度谨慎、错失机会并限制管理者的决策。对未知和不确定性有担忧虽然是正常的，但不应成为阻止管理者接纳多样性的理由。事实上，组织的发展通常伴随着风险，只有敢于尝试，才有可能获得更大的回报。不仅如此，每个失败案例都是一次宝贵的学习机会。通过分析这些失败案例，可以吸取经验教训，避免未来重复犯错。失败本身并不可怕，真正可怕的是从失败中吸取不到任何教训。成功往往是建立在失败的基础之上的。

综上所述，接纳多样性对于管理者来说，是实现一致性的重要途径。

2015 年管理类综合能力考试论说文真题（仁与富）

为仁有利于得富

在古人看来，"为富，不仁矣；为仁，不富矣"。即仁富两者为矛盾双方，不可共存。但这样的观点如今已经不再适用，实际上仁富两者可兼顾，且为仁有利于得富。

为仁有利于实现持续发展，从而更好地为富。在现今竞争激烈的社会环境中，无论是个人还是企业都应适应发展以保持生存力。持续发展不仅仅是一种战略，更是一种生存法则。保持持续发展，能够更好地迎合发展需求，确保在竞争中占有一席之地。因此，将持续发展作为首要目标，能够使我们在不断变革的时代中获得持久的竞争优势。如何实现持续发展呢？答案是为仁。为仁有利于更好地适应发展需要，推动持续发展，从而更好地为富。

然而，让我们深感遗憾的是，在很多人看来，仁富两者是不可共存的，为仁者难以为富。一方面，人们认为一味地为仁会使自身利益受损。这种心理障碍让人们更愿意守着旧有的观念，不愿意为仁，担心会阻碍其为富；另一方面，很多为仁者，最终难以为富，这些案例被视为推广仁富兼顾的反面教材，使很多人害怕重蹈覆辙，从而拒绝为仁，避免面对难以为富的风险。

但若是基于以上原因便拒绝为仁是不理性的，不利于最终实现为富。因为担心利益受损可能会导致过度谨慎、错失机会并限制自身的决策。对未知和不确定性有担忧是正常的，但它不应阻止我们为仁。事实上，个体的发展通常伴随着风险，敢于尝试才有可能获得更大的回报；不仅如此，每个失败案例都是一堂宝贵的课程。通过分析失败案例，可以吸取经验教训，避免重复犯错。失败并不可怕，真正可怕的是不从失败中吸取教训。成功往往建立在失败的基础上。

综上，仁富两者并不矛盾，为仁有利于得富。

2014 年管理类综合能力考试论说文真题（孔雀的选择）

企业更要直面风险

雌孔雀往往选择尾巴大而艳丽的雄孔雀作为配偶，这虽然会使其生存受到威胁，却能使其后代的健康更能得到保证。孔雀的选择也在启示着企业经营者们，相较于规避风险，更应该直面风险。

相较于规避风险，管理者在决策过程中直面风险更有利于实现持续发展。在现今竞争激烈的社会环境中，管理者必须带领企业适应发展以保持生存力。持续发展不仅仅是一种战略，更是一种生存法则。保持持续发展，能够更好地迎合发展需求，确保在竞争中占有一席之地。因此，将持续发展作为首要目标，能够使企业在不断变革的时代中获得持久的竞争优势。管理者直面风险有利于更好地适应发展需要，抓住机会，从而推动持续发展。

然而，让我们深感遗憾的是，放眼现实，很多企业管理者往往选择避开风险，不愿意直面风险。一方面，其担心直面风险会使自身利益受损。这种心理障碍让管理者更愿意守着旧有的安全区，不愿意直面风险。另一方面，有些管理者尝试了直面风险，但效果不佳，这些案例被视为推广直面风险的反面教材，使管理者们害怕重蹈覆辙，从而拒绝直面风险，避免面对失败的风险。

但若是基于以上原因便选择规避风险、拒绝直面风险是不理性的，不利于管理者做出理性决策。因为担心利益受损可能会导致过度谨慎、错失机会并限制管理者的决策。对未知和不确定性有担忧是正常的，但它不应阻止管理者直面风险。事实上，企业的发展通常伴随着风险，敢于尝试才有可能获得更大的回报；不仅如此，每个失败案例都是一堂宝贵的课程。通过分析失败案例，可以吸取经验教训，避免重复犯错。失败并不可怕，真正可怕的是不从失败中吸取教训。成功往往建立在失败的基础上。

综上，相较于规避风险，更应该直面风险。

二、适用于所有题目的替换话术

（一）正论替换话术

1. 万能的时代背景

【话术1】 随着我国居民收入水平普遍增加，人民对美好生活的需要有了更充实的内容，消费需求越来越个性化、多样化和高级化。消费需求的升级为企业生产方式的创新和变革提出了新的时代课题。

【话术2】 如今，我国社会的主要矛盾已经从"人民日益增长的物质文化需要同落后的社会生产之间的矛盾"转变为"人民日益增长的美好生活需要和不平衡不充分的发展之间的矛盾"。这说明人们的消费水平逐渐从追求吃饱穿暖过渡到追求更高的生活品质。

【话术3】 随着计划经济体制向社会主义市场经济体制转变，企业成为自主经营、自负盈亏、独立核算的经济主体，成为参与市场竞争的主体。这要求企业必须建立一套适应市场的运营机制，使企业能及时了解有关信息，适时调整产品结构，不断满足市场需要，增强自身竞争能力。

【话术4】 前工业时代（或称农业社会），物质匮乏是社会主旋律，人们为满足物质需求疲于奔命。正如马克思在《德意志意识形态》中写道："只有我们的基本物质需要得到满足之后，我们才会去学习弹琴、写诗词，或者装饰房间。"而在工业化时代，机器化大生产从根本上解决了劳动力对生产资料的制约，人类快速告别了食物匮乏的时代，进入了物质丰富乃至过剩的时代。当人们各项基本需求得到满足，生存图景发生巨大变化后，就开始积极寻求更高层级的精神满足，从构建棱角分明的物质家园走向寻觅抽象复杂的精神港湾，从寻找物质满足到寻找精神幸福感。

【话术5】 在经济过剩时代，企业取胜有两种方法：一种是进行零和博弈，可以在你死我活的竞争中通过价格战来战胜对手，也可以提供增值服务加强消费者的体验感，从而取得竞争优势；另一种是挖掘市场潜力，不断扩大市场规模，让更多人通过市场受益。

【话术6】 国人到海外"抢购奶粉""抢购电饭煲"等新闻频频出现。中国早已具备自主生产此类商品的能力，甚至出现了产能过剩。在该背景下，这种现象可以说是戳中了中国人的痛点。这反映出，尽管很多行业出现了产能过剩，但仍无法满足部分中高端产品的需求。

【话术7】 以PC为主要终端的传统互联网的出现，改变了信息的传播方式。在以智能手机为主要终端的移动互联网时代，大家出行时带一部手机就可以了，钱包、证件都不用带，这改变的是我们的生活。伴随着5G的推广与普及，可以预计，智能互联网将会渗透到未来社会生活的每一个角落，全面地改变社会及生活方式。

【话术8】 随着互联网技术对传统行业的改变，从获取信息、引发消费需求，到形成购买决策和完成交易，当下和过去都已完全不同。特别是随着电商的兴起和消费者的代际变迁，许多新变化、新玩法出现了。一方面，随着产业链的不断完善，品牌的产生越来越快，试错和创新成本越来越低，越来越多的新奇品牌相继产生；另一方面，消费者从未像现在这样拥有如此多的选择，他们不再统一认同大众化的品牌，而是通过看网络点评或是社群推荐，选择符合自己"调性"或需求的产品，有些甚至完全是为了标新立异。可见，品牌无法作为企业永远的护城河，甚至有一些老的品牌会成为企业发展中的包袱。

【话术9】　马太效应，指强者愈强、弱者愈弱的现象。在赢家通吃的现实社会，游戏规则都是由强者制定的。若想要咸鱼翻身，便要成为改变规则的人。

【话术10】　从商业角度看，"流量为王"的红利时代已经过去，移动互联网时代的竞争是围绕消费者的体验展开的场景化战争。场景的碎片化特征重塑了人们的人格，定义了不同的行为方式和生活认知。新的体验，伴随着新场景的创造；新的流行，伴随着对新场景的洞察；新的生活方式，亦是一种新场景的流行。总之，未来的生活图谱将由场景定义，未来的商业生态也将由场景搭建。

【话术11】　当今，我们生活在一个经济过剩的时代，这意味着市场上的产品和服务供应远远超过了实际需求。这种现象的背后有多种原因，其中包括生产技术的飞速发展、全球贸易的扩张以及市场竞争的日益激烈。随着技术的不断进步，生产变得更加高效，企业能够以更低的成本大规模生产商品。同时，全球化使得商品和服务能够跨越国界，形成更加庞大、多样化的市场。此外，市场竞争的加剧迫使企业不断推出新产品、新服务，竞相争夺有限的消费者资源。

【话术12】　这种过剩经济带来了深远的影响。首先，企业面临着更大的市场竞争压力，要在激烈竞争中脱颖而出变得更加困难。其次，价格竞争日益激烈，企业往往被迫削减成本，这可能导致产品质量下降或者员工福利待遇降低，影响企业的可持续发展。再次，消费者变得更加挑剔，他们不再仅仅满足于基本的需求，而是更加关注品质、创新和个性化的产品和服务。

【话术13】　品牌要突围，已经不单是资金问题，有钱也不一定有用，因为消费者一直在迭代。过去经济高速增长时代所用的营销手段，现在都不好用了，消费者有能力一眼识破含水量过高的服务与粉饰过度的话术，但偏偏很多企业还在用传统思维营销，这简直就是在做无用功。

【话术14】　当下我们这个世界，封闭或开放，实体或虚拟，远或近，界限已经逐渐模糊，定义时刻都在改变。如果市场竞争局面失去地理限制这个条件，我们还能用什么武器挖出护城河呢？我认为是时间。时间不可逆、不能停止、无法增加，也不能量产，所以是最宝贵的资源。每个人拥有的时间都是相同的，但只有那些拥有多种视角的人，才有办法从已知的经验中找出全新的观点。

2. 万能的目标重要性

（1）持续发展

【话术1】　企业作为营利性组织，其存在的意义是不断地为客户提供有价值的产品与服务，从而获取利润和价值增长。随波逐流式的战略，只会让企业在发展阶梯上痛苦挣扎甚至逐渐沉沦。只有基于对客户需求的洞察，以市场前瞻形成未来目标，倒逼企业资源配置和战略管理的企业，才能不断突破成长瓶颈，在竞争中脱颖而出，形成领先优势。

【话术 2】 在现今竞争激烈的商业环境中，主体必须不断迭代和适应以保持生存力。持续发展不仅是一种战略，更是一种生存法则。通过不断调整业务模式和更新产品或服务，主体能够更好地迎合市场需求，确保在竞争中占有一席之地。因此，将持续发展作为首要目标，能够使主体在不断变革的商业世界中获得持久的竞争优势。

【话术 3】 在商业舞台上，立足长远是主体确保持续繁荣的不可或缺的战略。具备长远眼光的主体不贪图眼前利益，将目光投向未来的广阔天地。这种长远眼光使其能够更敏锐地捕捉市场的脉搏，洞察行业的变化趋势，为未来的决策提供智慧支持。同时，长远规划也会为主体构建可持续的竞争优势，通过深耕核心竞争力和树立强大品牌影响力，为长期的商业繁荣奠定坚实基础。更为重要的是，立足长远能够吸引投资者的目光，因为他们看到的不仅是眼前的业绩，更是主体未来持续创新和稳健经营的潜力。因此，长远眼光成为主体在商业征途中的灯塔，引领着他们穿越未知的商海，迎接更加光明的未来。

【话术 4】 面对越来越激烈的市场竞争，只有目光长远，企业才可能不断地超越原来的发展水平，为自己创造更多的生存和发展机会。企业在经营过程中，可能会受到经济政策、市场需求、科学技术以及自身局限等不同因素的影响，提早进行规划并实施适当的举措将帮助企业科学合理地判断目前所处的方位，把握优势，看到不足，在一定程度上避免在发展中出现失误，从而切实增强自身实力，更好地迎接风险和挑战。

【话术 5】 经济发展迅猛、社会环境不断改善、科技水平不断提高的今天，企业往往会过度沉浸于当前的平稳运行之中，而忽视了未来发展路上可能会面临的困境。但其实任何一个企业，即使是在发展的鼎盛时期，也可能会有阻碍前进的因素存在。

【话术 6】 在竞争激烈的环境中，主体需要着眼未来，具备远见卓识，以确保长期的生存和成功。立足长远有助于主体建立稳固的基础。通过明智的投资、资源管理以及战略规划，主体能够在未来的挑战中更具韧性。不仅如此，长远视角可以激励创新和发展。主体如果只顾眼前，容易陷入惯性思维，错失创新机会。相反，通过注重长期目标，主体能够不断寻求改进，适应新趋势，保持竞争力。此外，长远规划有助于吸引支持者和投资者。主体若具有长期愿景和策略，投资者更愿意与之合作。因此，主体都应认识到立足长远的重要性，将长远视角融入决策和行动中，以实现长期的成功和可持续发展。

（2）竞争优势

【话术 1】 在社会中脱颖而出，不仅需要特质，更需要持续的竞争优势。竞争优势不仅仅意味着在某个领域的领先地位，更意味着主体能够创造出对社会具有吸引力的价值。通过不断优化资源配置和创新，可以打破同质化竞争，确保在市场中始终保持引领地位。因此，竞争优势是保持市场敏锐度和长期盈利能力的关键。

【话术 2】 核心竞争力是个体和组织在市场中立于不败之地的关键。它并非一时的成就，而是在长期发展中的积累。核心竞争力不仅仅体现在优秀的业务能力上，更体现在对市场需求的敏锐洞悉和满足客户独特需求的能力上。通过强化和不断拓展核心竞争力，个体和组织在市场中可以保持竞争优势。

【话术3】　企业护城河是可以防止竞争对手进入市场的壁垒。一个没有护城河的企业，即使目前盈利颇丰，也往往是得益于短期的行业景气或一时的供需缺口，不具备可持续性。一家真正伟大的公司必须有一条坚固持久的"护城河"。

【话术4】　打造核心竞争优势是企业战略制定的出发点。即使通过对客户与市场的分析和洞察寻找到了商机，战略制定者也不能沾沾自喜。要明晰这个商机是不是真正适合自己企业的赛道，还得看赛道上有多拥挤，什么样的对手在和自己竞争，自己能否在商业竞争中生存和成长。

【话术5】　在日新月异的市场中，产品的生命周期大幅缩短，市场的变化速度前所未有。只有具备强大核心竞争力的企业，才能够在市场的风云变幻中立于不败之地。核心竞争力不仅能够帮助企业更好地抵御外部竞争的冲击，还能够在市场波动中找到稳定的立足点。拥有核心竞争力的企业，通常能够更好地预测市场趋势，更灵活地调整战略，更高效地利用资源。这使得企业能够在竞争中快速适应、迅速反应，始终保持对市场的敏锐度和竞争优势。

（3）品牌影响力

【话术1】　在当今数字化时代，品牌影响力是个体和组织取得市场份额的关键。一个强大的品牌不仅仅是一个标志，更是对消费者情感的投射。通过精准的品牌推广和建设，能够在竞争激烈的市场中吸引目标受众，培养品牌忠诚度。因此，注重品牌影响力的培养，是在市场中塑造独特形象和建立稳固地位的不可或缺的一环。

【话术2】　于当代消费者来说，通过移动设备来探索市场、购买产品，已经变得和刷牙、乘车、吃饭一样平常，在这样的情况下，一群"见异思迁"的流动消费者群体应运而生：他们不会忠于某一特定品牌，而是在不同的产品和品牌中来去自如，谁能满足他们的消费需求，谁就能得到他们的青睐。面对这种变化，品牌似乎越来越难以跟上他们的消费步伐。其实，品牌并非完全跟不上消费者的步伐，破局之道则在于品牌需要对这群消费者进行详细而客观的全面考察，并就此重新审视自身的品牌定位，在知己知彼的前提下，找到一条清晰的品牌发展之路。

【话术3】　在竞争激烈的市场环境中，消费者往往面临各种选择。一个强大的品牌不仅仅是产品或服务的标识，也是企业价值观、信任和声誉的象征。具有强大品牌影响力的企业能够使消费者建立起信任感，从而促使消费者愿意购买该品牌的产品或服务。品牌影响力还能够帮助企业吸引优秀的人才，因为人们更愿意在知名度高、声誉好的企业工作。此外，强大的品牌影响力还有助于企业建立合作伙伴关系，吸引投资者，增加销售额，提高市场份额，并最终实现长期可持续的发展。因此，企业建立和维护良好的品牌影响力不仅是成功的关键，也是在竞争激烈的商业世界中生存和繁荣的必备条件。

（4）满足需求

【话术1】　满足客户需求是业务成功的最直接体现。理解和满足客户需求，不仅是提供产品或服务，更是关乎客户的体验。深入了解市场和客户反馈，能够更好地调整产品或服务，迎合市场的期望。因此，将满足客户需求作为核心战略，是确保个体和组织在市场中持续取得成功的关键一环。

【话术2】 如今，对于初创型公司而言，在商业寡头林立、各种商业细分领域激烈竞争的局势下，如果没有选择好未来的赛道，公司存活和发展壮大的概率微乎其微。对于已经颇具规模的企业而言，即使在主营业务的领域中，如果不能敏锐地掌握客户需求的变化趋势和市场动态，也很难采取有效的措施来确保市场占有率的上升；对于新兴市场领域，如果不能准确地判断未来潜力空间，就很难把握进入时机，企业的转型升级也就输在了起跑线上。

【话术3】 "痛点"即客户的现有需求未被满足，客户对产品和服务存在不满意之处，此时的产品和服务有改进的空间，甚至有被替换的可能性。"痒点"是客户觉得产品与服务存在吸引力，但是还不够好。"爽点"是产品与服务让客户体验非常棒、感受愉悦，甚至愿意自发推荐。

（5）口碑

【话术】 口碑传播的力量在信息爆炸的时代愈发显著。积极的口碑能够成为个体或组织的有力推手，吸引更多客户。通过提供卓越的产品和服务，积极参与社会责任活动，使主体在市场中树立良好的声誉。因此，注重积极口碑的培养和维护，是在市场中赢得信任和建立长期合作关系的不可或缺的一环。

3. 万能的经济学理论

经济学是社会科学的基础，能够解释很多事物背后的规则。故经济学原理也是非常万能的一类论说文素材。

但我在这里提醒大家，不是所有的经济学原理都万能，不要盲目地积累，也不要生硬地套用。

（1）马太效应

【词语理解】 马太效应是一个被社会学家和经济学家广泛使用的术语，用于描述在社会生活中普遍存在的"强者愈强、弱者愈弱"的现象。这种现象反映了社会资源的分配不均和两极分化的趋势，即富者更富，穷者更穷。任何个体、群体或地区，一旦在某一领域（如金钱、名誉、地位等）取得初步的成功和进步，都会因此而积累更多的优势，进而获得更多的机会去取得更大的成功和进步。

【写作应用】 因为马太效应的存在，所以我们需要尽快成为"强者"，或者通过"创新"跳出马太效应的怪圈。故创新类话题以及能够让我们变强的话题都可以结合马太效应进行讨论。

【参考应用】 5G时代，社会经济的"马太效应"将进一步凸显出来。历史上，生活资料和生产资料的分离，造就了资本主义社会的鸿沟，这个社会难题持续了几百年，人类采取了各种制度设计，都没有解决贫富差距的问题。每一波的技术革命和知识革命，并未如愿成为促进普惠发展的工具，只为少数人带来了致富的机会。资产鸿沟、信息鸿沟和智能鸿沟，这些都不是5G时代到来就能够解决的问题。如果没有系统性的制度创新，人类社会很难走出"越进步越失衡"的艰难局面。

（2）规模经济

【词语理解】 规模经济的出现是由于一定的产量范围内，固定成本变化不大，新增的产品通过分担固定成本而使平均成本下降。规模不经济是规模经济的对称，指因生产规模扩大而导致单位产品成本提高的现象。

但需要注意的是，企业规模越大，效益并不一定好，还有可能会产生规模不经济。

【写作应用】 随着规模经济的产生，马太效应也会得以体现。故规模经济和马太效应的适用主题基本相同。

【参考应用】 在消费者越来越注重品牌价值的当下，企业的品牌影响力直接关联到其规模经济的实现。具有强大品牌影响力的企业能够吸引更广泛的消费者基础，这种广泛的市场接受度使企业能够在生产和销售上实现规模效应，降低单位成本。此外，强势品牌还能带动上下游产业链的发展，形成产业集群，进一步提高整个供应链的运作效率和规模效益。这些因素共同作用，不仅提升了企业自身的经济效益，还有助于整个行业乃至地区经济的增长。因此，提高品牌影响力，对于企业利用规模经济原理，实现成本优势和市场扩张至关重要。

（3）劣币驱逐良币

【词语理解】 常用来形容安分做事的有时候竞争不过歪门邪道的。

在 16 世纪的英国，因为黄金储量紧张，只能在新制造的金币中掺入其他金属。于是市场上就有了两种金币：一种是此前不掺杂质的金币，另一种是掺入了杂质的金币，但两种货币的法定价值一样。这样，人们都会收藏不掺杂质的良币，使用掺入杂质的劣币。时间一长，市场上流通的就只有劣币了。这就是劣币驱逐良币的故事，一旦劣币开始出现，良币就会逐渐消失。

【写作应用】 在论证做某事的弊端时，可以尝试应用劣币驱逐良币。

【参考应用】 文化领域百花齐放、百家争鸣，这多亏了众多学者独树一帜，创造出属于自己的观点，同时，包容开放的文化环境也为学者们提供了肥沃的文化土壤。然而，倘若学者因一己私利，一味地抄袭跟风，长此以往，抄袭之风将席卷整个文化环境，那么真正潜心做学术研究的学者将会被慢慢挤出学术领域，文化土壤变得荒芜贫瘠。学者只有拒绝追逐跟风，学问各有特色，才能让文化环境绽放色彩。这也告诫文化管理者们，应当合理引导文化研究之风，鼓励潜心做学问。

（4）长尾理论

【词语理解】 人们通常只能关注重要的人或重要的事，即关注曲线的"头部"，而忽略曲线的"尾部"。但在互联网时代，关注"尾部"所产生的总体效益甚至会超过"头部"。

互联网时代，消费者面对的是几乎无限的选择，这导致他们的需求和获取产品的渠道发生了显著变化，催生了新的商业模式。长尾理论关注的是那些原本市场份额小、种类繁多的产品。这些产品累积起来能够覆盖广泛的消费者需求，形成巨大的市场总量。重点在于，尽管每种产品的需求量可能不大，但由于产品种类众多，它们的总销量和总收益有可能超过那些市场上的主流热门产品。对很多企业来说，长尾理论挑战了传统的二八法则，即市场上大部分的收益通常来自一小部分的热门产品，展示了在互联网环境下，那些"尾部"产品的累积价值。

【写作应用】 长尾理论启示我们，不能过度依赖拳头产品，也要重视冷门产品，满足个性化需求，将长尾细分。时代发展、拥抱变化、转变视角类主题都可以应用该定律。

【参考应用】 当今社会，许多中小企业在竞争上很难与已经形成马太效应和规模经济的头部企业抗衡，如何在市场上分得一杯羹？变通给我们提供了新思路。很多不被头部企业所关注的冷门产品也存在巨大的消费需求，是一块可以被开发的蓝海市场。如果做好长尾市场的细分，满足用户个性化的需求，一样可以实现企业发展。

（5）酒与污水定律

【词语理解】 一匙酒倒进一桶污水，得到的是一桶污水；把一匙污水倒进一桶酒里，得到的还是一桶污水。显而易见，酒的比例高并不能决定这桶东西的性质，真正起决定作用的就是那一匙污水，只要有它，再多的酒都成了污水。酒与污水定律说明对于坏的组员或东西，要在其开始破坏之前及时处理掉。

【写作应用】 可将该定律应用到与人才选拔相关的话题。

【参考应用】 要在激烈的餐饮市场中赢得一席之地，保持追求食物品质的敬畏之心是留住顾客的不二法门。但一些不良商家不惜背弃商业原则，在食品制作过程中做手脚以牟取利益。钟薛高曾被称为雪糕界的"爱马仕"，但也被爆出因虚假宣传而受处罚的商业丑闻。恰如一杯再浓的好酒，哪怕只流入一滴污水，都会失去它原本纯粹的味道。所以，要想在一个行业屹立不倒，必须保持一颗敬畏之心。

（6）木桶定律

【词语理解】 一只木桶盛水的多少，并不取决于桶壁上最长的那块木板，而取决于桶壁上最短的那块。

任何一个组织，可能面临一个共同问题，即构成组织的各个部分往往是良莠不齐的，而劣势部分往往决定整个组织的水平。当然，木桶原理并不是绝对的，很多人提出了反木桶原理，认为在某些情况下最长的木板才是决定企业发展的关键要素。

【写作应用】 任何一个环节太薄弱都有可能导致企业在竞争中处于不利地位，最终产生失败的恶果。可将该定律应用在反面论证的段落中。

【参考应用】 当今时代激烈的市场竞争压力下，为了在商业丛林中生存下来，追求更多的利益是众多企业信奉的经营准则。某些企业也确实依靠特殊的经营手段在业绩上"红极一时"，殊不知过满则溢，代表企业信誉的"短板"早已不堪重负，摇摇欲坠。前有骇人听闻的"毒奶粉""冠生园"事件，后有自掘坟墓的瑞幸咖啡、康美药业，桩桩事件都在为企业的诚信经营敲响警钟。司马光有言："才者，德之资也；德者，才之帅也。"企业经营过程中利义应当并行，在通过创新技术提升企业利润的同时，也要诚信经营，积极履行企业社会责任，莫要让诚信的短板成为"竹篮打水一场空"的缘由。

（7）羊群效应

【词语理解】　羊群效应通常指个体的从众跟风心理。

羊群效应的出现一般在竞争非常激烈的行业里，而且这个行业中有一个领先者（领头羊）占据了主要的市场地位，那么整个羊群就会不断模仿这个领头羊的一举一动，领头羊到哪里去吃草，其他的羊也去哪里吃草。然而，跟在别人屁股后面亦步亦趋难免被吃掉或被淘汰。要想脱颖而出，最重要的就是要有自己的创意，不走寻常路。

【写作应用】　可将该效应与创新类、拒绝盲从类主题结合。

【参考应用】　产品同质化已经成为当今时代各行业面临的最为严峻的问题。21 世纪，在互联网供应链赋能的背景下，产业的产品信息唾手可得，缺少核心技术的产品一旦大火便会成为"羊群"跟风的靶标。而一旦同质化的竞争市场形成，无论对消费者还是企业，甚至对市场，都是灾难性的打击：消费者不得不面对产品服务单一化的窘境；企业为了模仿龙头产品势必会放弃对其他蓝海领域的探索，抛弃了创新的可能；最为严重的是，这种羊群效应会让市场在这些企业的同类碰撞中产生许多无谓损失（如劣币驱逐良币、价格战等），而这些损失最终会不可避免地转嫁到消费者的身上。

（8）棘轮效应

【词语理解】　由俭入奢易，由奢入俭难。

棘轮效应，是指人的消费习惯形成之后有不可逆性，即易于向上调整，而难于向下调整，尤其是在短期内。该效应的特点为，消费者易于随收入的提高增加消费，但不易于随收入降低而减少消费。

【写作应用】　站在个体的角度，该效应可以与节俭、节约资源等克制欲望类话题结合；站在经营者的角度，由于棘轮效应的存在，很多人的消费需求会不断上升，这就需要提供更好的产品，故可以与管理类话题结合。

【参考应用】　近几年，"消费升级""供给侧结构性改革"等名词经常被提及，这是市场经济产业发展的规律，也是棘轮效应的体现。人的消费水平随着经济水平的提高也在日益升级，从改革开放之初对物质文化的需求到今天对美好生活的需要。消费水平的提升导致社会矛盾发生了变化，也同样符合马斯洛需求理论中从低到高的进化趋势。要抓住这样的规律，企业就要不断革新，不断淘汰低端产业，发展中高端产业，腾笼换鸟，鸟枪换炮，围绕供给侧也就是消费产品进行改革，不断提高产品的质量、多样化和个性化，满足日益提高的消费需求，甚至创造产品来刺激超前的消费，在市场竞争中立于不败之地。

（9）快鱼法则

【词语理解】　如果将以前的市场竞争看作大鱼吃小鱼，那么现在则是快鱼吃慢鱼。

信息革命与工业革命的不同点之一是，不必占有大量资金，哪里有机会，资本就很快会在哪里重新组合。速度会转换为市场份额、利润率和经验。"快鱼吃慢鱼"强调了对市场机会和客户需求的快速反应，但绝不是追求盲目扩张和仓促出击。正相反，真正的快鱼追求的不仅是快，更是"准"，因为只有在准确地把握住市场的脉搏，了解未来技术或服务的方向后，快速出击进行收购才是必要而有效的。

【写作应用】　可以将该法则与效率类、定位类、创新类、决策类话题相结合。

【参考应用】　5G 时代，信息传播速度飞快，市场已经从"大鱼吃小鱼"的时代过渡到了"快鱼吃慢鱼"的时代。哪里有流量，资本就会在哪里快速积聚，帮助快鱼抢占市场份额。但是企业一定要明白：占领市场并不等于一直占领市场。当一个企业进入消费者的视野之后，更重要的还是产品和服务的质量。倘若企业没有严格的质量把控，那么就是自毁形象，可能会面临"一次性消费"的境况，那么随之而来的也就可能是退出市场。企业要想在市场的洪流中站稳脚跟，比速度更重要的是质量，只有严格把控好质量，服务好消费者，才更可能促进企业的长远发展。

（10）阿尔巴德定律

【词语理解】　市场是围绕需求转动的。

一个企业经营成功与否，全靠对顾客的要求了解到什么程度。看到了顾客的需求，你就成功了一半；满足了顾客的需求，你就真正成功了。

【写作应用】　可以与各种管理类话题结合。

【参考应用】　无论是"双十一""双十二"等电商促销活动，还是电商平台的"用户画像""客户定位"等营销模式，这些活动和模式的成功无不透露着立足于客户需求的重要性。如果商家能深度挖掘顾客的需求，那么他很可能在电商市场上夺得一定的份额。新需求的出现往往能带动同一类的更多商品出现，然而，这些商品的同质化严重，市场趋于饱和，原有的竞争优势逐渐消失殆尽。在这个时候，商家就需要独树一帜，开展差异化经营，或在营销方式方面，或在产品质量方面创造出自己独有的特色，从"人无我有"做到"人有我优"。

（11）蝴蝶效应

【词语理解】　小蝴蝶可以引起大风暴，小过错可能扩散成弥天大祸。

在金融、贸易日益全球化的今天，世界各国都存在着千丝万缕的经济联系，处于一个互相关联的极其复杂的系统中。一个微小的初始事件，就很有可能引起系统性的整体灾难。在这个复杂的系统中，要注意每一个微小事件的影响，消除不利的因素，避免它们对未来产生恶劣的冲击；强化有利的因素，使它们对未来起到重要的推动作用。

【写作应用】　可以与细节、进步、风险、补足短板等话题相结合。

【参考应用】　网络信息时代带给我们每个人的选项似乎更多了，但并非每个新增的选项在当下的环境中都是正确的，因为它们反而增加了人们的试错成本。因此，如何合理有效地减少试错成本便成了我们不得不面对和思考的问题，而注重细节正是能够在一定范围内减少该成本的重要方法之一。细节是不起眼的，是不容易被看见的，因此也是极其容易被忽视的；但其实每一个细节都有可能引发一场"蝴蝶风暴"，或带来巨大效益，又或扩散成弥天大祸。所以正确选项与错误选项之间可能就只有那点微小的差别，注意到了该细节，也许试错阶段就此终止从而取得胜利，而没有注意到该细节，也许就只能平添一笔试错成本了！

（12）青蛙效应

【词语理解】　温水煮青蛙的故事告诫我们：生于忧患死于安乐。

"青蛙效应"告诉人们，企业的竞争环境大多是渐变式的，如果管理者与员工对环境的变化没有及时做出应对，最后就会像这只青蛙一样被煮熟（淘汰）。

事实上，造成危机的许多诱因早已潜伏在企业日常的经营管理之中，只是由于管理者麻痹大意，缺乏危机意识，对此没有足够的重视。有时，看起来很不起眼的小事，经过"连锁反应""滚雪球效应""恶性循环"，有可能演变成摧毁企业的危机。

【写作应用】　该效应其实就是在告诉我们要警惕风险，而写作考试中的大多数话题都可以与风险结合。

【参考应用】　"知人者智，自知者明"，能够客观清楚地了解自己的人是聪明的，而自省更是成为一个自知的"明白人"不可缺少的环节，且应为常态。因为人们普遍具有"惰性"，长时间的安逸状态会让自己对潜在危机的敏感度降低，而一旦缺乏足够的危机意识便有可能出现"温水煮青蛙"的局面。自省会让你通过别人的进步而意识到自己的止步不前已是相对退步，更能增强自身的忧患意识。因此，自省不仅可以防止过度贬低自己，更可以预防自己"死于安乐"，从而让自己成为一个真正的"明白人"。

（13）鲶鱼效应

【词语理解】　鲶鱼在搅动小鱼生存环境的同时，也激活了小鱼的求生能力。映射到实际生活中，可以得知，竞争让市场更高效。

挪威人喜欢吃沙丁鱼，特别是活的沙丁鱼，因此，市场上活的沙丁鱼比死的沙丁鱼价格高很多。但是，绝大部分沙丁鱼是在中途因窒息而死亡。最终，有个方法打破了这个僵局：在装满沙丁鱼的鱼槽里放进了一条以鱼为主要食物的鲶鱼。鲶鱼进入鱼槽后，由于对环境感到陌生，便四处游动。沙丁鱼见了鲶鱼十分紧张，左冲右突，四处躲避，加速游动。这样沙丁鱼缺氧的问题就迎刃而解了，沙丁鱼也就不会死了。

【写作应用】　可以与竞争、激励、人才选拔类话题相结合。

【参考应用】　危机意识的树立，有利于增强企业竞争力，保持市场活力。对于企业内部而言，引进新人才，将新鲜血液注入企业人才队伍中，给予那些因循守旧、故步自封的"沙丁鱼式老员工"一定的竞争压力，可以唤醒他们"害怕被淘汰"的危机意识，从而增强企业内部的竞争活力，使得企业在竞争中稳步前行；对于企业外部而言，如果市场中横空出现一些"鲶鱼式企业"，以强有力的竞争姿态打破原有市场格局，那么也会加重原来存在于同一竞争市场中某些企业的危机感，倒逼其引进新技术，开发新产品，以此应对市场的新局面，在增强自身生存能力的同时也使市场焕发出新的活力。因此，危机意识的存在对于企业乃至市场发展来说都是一种很强的推动力。

（14）凡勃伦效应

【词语理解】 消费有时只是一种炫耀。

款式、皮质差不多的一双皮鞋，在普通的鞋店卖 80 元，进入大商场的柜台，就要卖到几百元，却总有人愿意买。1.66 万元的眼镜架、6.88 万元的纪念表、168 万元的顶级钢琴，这些近乎"天价"的商品，往往也能在市场上走俏。其实，消费者购买这类商品并不仅是为了获得直接的物质满足和享受，更大程度上是为了获得心理上的满足。这就出现了一种奇特的经济现象，即某些商品价格定得越高，就越能受到消费者的青睐。

【写作应用】 随着社会经济的发展，人们的消费理念随着收入的增加，而逐步由追求质量和数量过渡到追求品位、格调。了解了"凡勃伦效应"，我们也可以利用它来探索新的经营策略。故该效应可以跟战略、管理、定位类话题结合。

【参考应用】 传统商业文明已经难以适应如今巨变的环境。大多数行业的产能由不足转向过剩，同质化、价格战导致企业陷入发展瓶颈或陷阱，亟须寻找新的突破口，而凡勃伦效应给我们提供了新的思路。凡勃伦效应告诉我们：其实消费有时只是一种炫耀。随着社会经济的发展，人们的各项基本需求得到了满足，开始寻求更高层次的精神满足，从构建棱角分明的物质家园走向寻觅抽象复杂的精神港湾，从寻找物质满足到寻找精神幸福感。如果企业能根据消费者的消费心理做好品牌定位，满足消费者的精神需求，就可以更好地实现企业的发展。

（15）不值得定律

【词语理解】 对待自认为不值得做的事情，人们往往会敷衍了事。

一个人如果将要做一件自认为不值得做的事情，往往会保持冷嘲热讽、敷衍了事的态度。这样不仅成功率小，而且即使成功了，人们也不会觉得有多大的成就感。相反，如果人们认为某事值得去做，就会满怀信心地做好这件事情。

【写作应用】 可以与专注、信念、心态、坚持、选择等话题相结合。

【参考应用】 当下，由于"短视频"与"网络直播"的普及，越来越多的青年为追求自我的标签，往往会对不喜欢的事物保持冷嘲热讽、敷衍了事的态度，常将"不值得"挂在嘴边。正是在这种背景下，许多年轻人不断地抱怨生活与命运的不公，营造了浮躁的社会风气。要跳出这种"不值得定律"，当下年轻人心态的转变就显得至关重要，只有从内心认可要做的事情，才会自然地转变敷衍了事的态度，以态度转变推动行动的改变，从而提升自我的满足感，实现自身的价值，最终形成新青年的"自我"标签。

（16）帕金森定律

【词语理解】 帕金森定律是一个描述官僚机构中人员膨胀、效率低下现象的理论，它指出，当不称职的管理者占据领导岗位时，组织会倾向于增加人员和机构层级，从而形成一种恶性循环。

帕金森定律认为，一个不称职的官员通常有三种选择：申请退职、让能干的人协助自己，或聘用能力更弱的人作为助手。由于聘用能力不足的助手可以避免自己的权力受到威胁，所以这条定律描述了一种自我强化的过程，导致组织中充斥着无能的管理者，形成一种"金字塔上升"现象。

【写作应用】 可以与人才选拔、组织管理类话题相结合。

【参考应用】 "赛马"是指在人才选拔中引入竞争机制，择优录取，这样不仅有利于为管理岗位选出合格的候选人，而且也会让其他职员看到晋升希望，带动他们在工作中的积极性，提升企业内部活力。相反，庸人占据高位容易使得人浮于事、效率低下，"官场传染病"肆行，甚至引发"劣币驱逐良币"的现象，最终导致企业中出现越来越多的庸人，使得整个机构的发展形成恶性循环，陷入难以自拔的泥潭。

（17）皮尔斯定理

【词语理解】 意识到无知，是知道的开始。

中国有句古话叫"学海无涯苦作舟"，这句话告诉我们，面对知识的海洋，个人的见识是多么的渺小。同样，在古希腊的德尔斐神庙里，刻着一句传诵千古的话："认识你自己！"大哲学家苏格拉底对这句话做出了一个最好的诠释："我唯一知道的一件事情，就是我自己什么也不知道！"正是苏格拉底的这种谦虚心态，才成就了他深厚的哲学思想。

【写作应用】 可以与尚拙、听取他人意见、纳谏、谦虚等话题相结合。

【参考应用】 老子曾言：知人者智，自知者明。越是有智慧的人，越知道自己的无知，越是无知也就越发勤学苦练，只有这样才能弥补自身不足，在日积月累的量变中达到质变，促成自我蜕变。傲慢自满之人背后反映的其实是对于自我认知的不充分与对万物认知的浅薄。近年来兴起的反智主义之风，事实上揭露了当今许多人拘泥于自身粗浅之识而故步自封、傲慢自大的社会怪象。真正睿智的人正是因为看到了更大的世界而懂得自身的渺小，方以尚拙之态仰望星空，以务实之举脚踩大地。同时，正是由于对知识与真理的不懈探索，智者们才领悟到自身的不足，也正是因为对自我的充分认知，才让他们时刻保持谦逊态度，永远行走在摆脱无知的路上。

（18）奥卡姆剃刀定律

【词语理解】 该原理的核心思想是"如无必要，勿增实体"，认为在解释事物时，应当选择最简单的方案，而不是引入更多的假设或实体。

【写作应用】 可以与定位、化繁为简、效率、抓住问题关键等写作话题相结合，更重要的是，大家在备考写作的过程中也应像该定律说的一样化繁为简。

【参考应用】 随着社会、经济的发展，时间和精力成为人们的稀缺资源，在有限的资源和精力下，把复杂的事情简单化，有助于我们跳出无意义的忙碌怪圈。对于现代企业而言，更应该懂得"少即是多"的道理。面临的机遇太多，选择太多，做选择时就更有可能顾此失彼，抓不住重点和关键，企业也更有可能会衰败。因此，一个企业要想在这个分工越来越细化的时代脱颖而出，就要重视专注的力量。选择自己的优势产业，不断地优化升级，打造属于自己的核心竞争力，才有可能在竞争中获得更好的发展。

（二）辩证替换话术

1. 利益受损

【存在顾虑的替换话术】（1）其担心（　　　）会导致自身利益受损。在发展中，人们可能因为害怕未知的风险而选择保守态度。这种心理障碍让主体更愿意守着旧有的安全区，放弃了可能带来更大成就的冒险机会。

（2）人们不愿意（　　　），往往是因为其担心（　　　）会使其面临风险和挑战，使自身的利益受到损害。人们往往因为内心的恐惧和面对未知的不确定性而望而却步，害怕可能的失败和挫折，担心无法控制局面和应对未知的风险，这种心理压力让他们犹豫不决，胆怯畏缩，选择留在舒适区。

【化解顾虑的替换话术】（1）在发展中，冒一些风险是不可避免的。成功者通常都是敢于冒险的人。通过适当的冒险，主体有机会发现新的机会、获取新的技能，最终实现更大的利益。抱有恐惧而一直停滞不前，反而可能使主体在竞争激烈的环境中失去竞争力。

（2）然而，担心利益受损不总是合理的，因为它可能会导致过度谨慎、错失机会并限制个体或组织的成长。对未知和不确定性有担忧是正常的，但它不应阻止人们采取行动和追求目标。事实上，成功通常伴随着风险，敢于冒险的人才有可能获得更大的回报。同时，失败并不一定是负面的。它可以成为宝贵的经验，帮助个体和组织更好地应对未来的挑战。更重要的是，过度担心利益受损可能会导致错失创新和机会。那些敢于尝试新方法和进入新领域的人和组织通常更有可能在竞争中脱颖而出。

2. 失败案例

【存在顾虑的替换话术】（1）其他主体在（　　　）时的失败经历被视为推行（　　　）的反面教材，使主体更害怕重蹈覆辙，宁愿选择保守的做法，避免面对失败的风险。

（2）过往的失败经验是一种沉重的负担，成为迈向新机会时的心理障碍。由于害怕再次经历失败，主体可能会失去信心，对新项目或决策犹豫不决。这种心理负担阻碍了积极尝试和创新，使主体陷入畏首畏尾的境地，错失可能改变命运的机会。

【化解顾虑的替换话术】（1）每个失败案例都是一堂宝贵的课程。通过分析失败案例，企业可以看清其他公司的问题所在，从而避免重复犯错。失败并不可怕，真正可怕的是不从失败中吸取教训。成功往往建立在失败的基础上。

（2）虽然过去的失败经验可能是痛苦的，但它们也是宝贵的教训。每一次失败都是成功的垫脚石。通过认真分析失败的原因，个体可以汲取宝贵的经验，改进策略，降低未来失败的概率。许多成功人士都曾经历过多次失败，但正是这些挫折锻炼了他们，使他们更坚韧、更智慧，最终获得了成功。

3. 浪费时间

【存在顾虑的替换话术】 时间作为宝贵的资源，人们担忧在看似无意义的活动上花费时间可能是一种巨大的浪费。对于那些注重效率和成果的人来说，投入时间后得不到相应回报的担忧使他们避免参与那些看似风险较高的活动。这种担忧反映了人们对个人时间管理和资源分配的紧张关切。

【化解顾虑的替换话术】　对于可能浪费时间的担忧在某种程度上是合理的，但这种顾虑不能阻止个体尝试新事物。许多成功的创新和发现正是通过投入大量时间和精力，对未知领域进行探索，最终实现了巨大的收益。时间在创新和成长中被看作一种投资，而不是浪费。害怕浪费时间可能会阻碍个体发现新的可能性和机遇。

4. 成本增加

【存在顾虑的替换话术】　（1）改变通常需要投入大量的资金，包括研发新产品、培训员工、市场推广等。企业因担心这些成本无法回收，不敢在竞争激烈的市场中轻举妄动。

（2）个体可能因为担心需要投入更多的金钱、劳动力或其他资源而望而却步。这种担忧可能让人们在决策时更趋向于相对安全、风险较小的选择，以保持资源的相对稳定。

【化解顾虑的替换话术】　（1）对改变的投资通常是一种长期回报，被视为企业未来发展的关键。新的产品、培训和市场推广可能提高企业的市场竞争力，吸引更多客户，增加收益。

（2）长期规划和创新投资是保持企业竞争力的基础。长期的投资可能导致短期的收益减少，但长期来看，持续的发展将带来更大的回报。

（3）尽管成本的增加是一个真实的担忧，但合理的投资往往伴随着更高的回报。通过审慎的规划和有效的资源管理，个体可以最大限度地降低不必要的成本，并在未来实现更大的经济回报。

5. 社会风气

【存在顾虑的替换话术】　社会文化和价值观在很大程度上塑造了个体的行为和选择。担心不符合社会期望或遭到社会排斥是一种强烈的心理压力。这种顾虑让个体更趋向于选择符合社会规范的行为方式，即使这可能与个体的真实信仰或价值观相悖。

【化解顾虑的替换话术】　（1）理解个体的独特价值观和行为方式对社会进步至关重要。历史与现实均证明，很多引领时代的社会变革和科技创新最初并未得到主流社会的认可，甚至遭受排斥。然而，正是这些起初看似不被接受的想法和行动，推动了人类社会的巨大飞跃。这说明，个体不应仅因担心自己的观点和行为与主流不符就轻易放弃，因为正是这种多元和差异化为社会的进步提供了动力。

（2）社会的发展离不开多样性。每个人都有着不同的背景、经验和观点，这种多样性本身就是社会不可或缺的财富。如果个体因害怕被社会边缘化而放弃自我表达，那么社会就会失去一份宝贵的、可能促进其进步的资源。从这个角度看，社会的包容性和多元化是衡量其进步性的重要标准之一。

（3）社会观念并非静止不变，而是在不断的变迁中进步。今天的边缘思想可能成为明天的主流观念。因此，个体不应因当前的社会接受度而限制自己的思考和行为。在社会观念变迁的大背景下，那些敢于表达新思想、实践新方式的个体，实际上是推动社会前进的重要力量。

（4）社会的观念和价值观是不断演变的，害怕不符合社会潮流可能导致对社会变革的过度抵制。很多时候，社会正需要有人挑战传统定义的观念，重新定义社会的价值和行为准则。个体如果过于担忧而迎合社会潮流，可能会错过推动社会朝着更包容和进步的方向发展的机会。

6. 降低效率

【存在顾虑的替换话术】　担心采取新的行动可能导致效率下降，是对新领域不确定性的一种回避。个体可能对新流程、新技术或新策略缺乏信心，担心学习和适应的过程中会出现工作效率降低的现象。这种心理障碍阻碍了创新和变革的推进，使得个体更倾向于保持现状。

【化解顾虑的替换话术】　尽管担心采取新行动可能导致效率下降是一种合理的关切，但这种短期的投入往往是为了实现更大的长期收益。通过引入新技术、流程或战略，个体有机会提高整体效率，创造更多价值。即使短期内可能出现效率下降，但在新方法逐渐融入工作流程后，往往会带来更高效、更精简的工作模式。

7. 风险

【存在顾虑的替换话术】　（1）企业害怕改变可能带来的风险。新的市场、产品或服务往往伴随着不确定性，可能面临市场反应不佳、投资回报率低等风险。这种不确定性常使企业选择保持现状，而不冒险尝试新的可能性。

（2）担心潜在风险是一种自我保护的本能。个体害怕财务损失、声誉受损或其他不良后果，这种担忧使得其决策时趋向于保守，宁愿选择相对安全的方案，而不是冒险尝试潜在有益但风险较高的机会。这可能导致其错失创新和发展的可能性。

【化解顾虑的替换话术】　应该将风险视为挑战，而非威胁。通过市场调研、灵活的战略调整，企业可以降低风险，创造更可控的未来。每次挑战都是一次成长的机会，是发现并解决问题的契机。

背诵模块二 ┊ 适用于某一类题目的模板及替换话术

模块一中，我们找到了适用于所有题目的模板。其好处是万能，但弊端是不够有针对性。

例如，我们要论证"管理者应重视专家意见 [199–2020]"，在构思正论的时候就要思考为什么要重视专家意见。

模块一写法：有利于实现持续发展。这个理由虽然对，但不够深入。

基于观点本身的写法：因为自身观点存在局限性、认知有限，通过重视专家意见，我们可以发现错误、纠正错误、完善认识、打破局限、取长补短、整合资源、整合优势等。以上理由可以让正论段落论证得更加充分。

参考这个思路，大家再来尝试论证一下"论辩有利于发现真理 [199–2019]"，在构思正论的时候就要思考为什么论辩有利于发现真理。

模块一写法：论辩有利于完善真理，使其实现持续发展。

基于观点本身的写法：个体认知具有局限性，论辩能帮助我们发现错误、纠正错误、完善认识、打破局限、取长补短等。

不难发现，虽然两道题的观点完全不同，但基于观点本身所构思的理由居然极度相似。如果我们能够在考场下找到这些相似的理由，就可以大大节省考场构思的时间。模块二就是要带领大家做总结。

该模块中将真题分成了如下七个类别，并针对每个类别构建了模板和替换话术。

题目类型	适用主题	适用真题
努力更大更强	创新、合作、专注、工匠精神、高质量发展、全局等	2024 年（发散性思维） 2022 年（鸟类会飞） 2017 年（扩大研发） 2014 年（孔雀的选择）
借助外力规避风险	重视专家意见、有效沟通、读经不如读史、尚拙、论辩等	2020 年（挑战者号） 2019 年（知识的真理性）
非借助外力规避风险	谨慎、规避风险、忧患意识、居安思危等	2017 年（扩大研发） 2014 年（孔雀的选择）
克制欲望	道德、诚信、社会责任、规则、原则、底线、环保、信守承诺、慈善、为仁等	2015 年（仁与富） 2009 年（三鹿奶粉） 2008 年（原则与原则上）
让别人开开心心	公平、有效沟通、冒尖、重视意见、尊重、民主	2023 年（领导艺术） 2016 年（多样一致） 2011 年（拔尖冒尖）
与教育相关的	求学者、教学者、教育政策制定者应该做什么、不应该做什么	2021 年（实业与教育） 2012 年（十力语要） 2010 年（追求真理）
其他	无法归到以上类别的题目	2018 年（人工智能）

一、努力更大更强类

（一）适用主题

创新、合作、专注、工匠精神、高质量发展、全局等。

（二）典型适用真题

2024 年管理类综合能力考试论说文真题

发散性思维是指不依常规、寻求变异和多种答案的思维形式。具有这种思维形式的人，其言行往往会与众不同。

2022 年管理类综合能力考试论说文真题

鸟类会飞是因为它们在进化中不断优化了其身体结构。飞行是一项特殊的运动，鸟类的躯干进化成了适合飞行的流线型；飞行也是一项需要付出高能量代价的运动，鸟类增强了翅膀、胸肌部位的功能，又改进了呼吸系统，以便给肌肉持续提供氧气。同时，鸟类在进化过程中舍弃了那些沉重的、效率低的身体部件。

2017 年管理类综合能力考试论说文真题

一家企业遇到了这样一个问题：究竟是把有限的资金用于扩大生产呢，还是用于研发新产品？有人主张投资扩大生产，因为根据市场调查，原产品还可以畅销三到五年，由此可以获得可靠而丰厚的利润。有人主张投资研发新产品，因为这样做虽然有很大的风险，但风险背后可能有数倍于甚至数十倍于前者的利润。

2014 年管理类综合能力考试论说文真题

生物学家发现，雌孔雀往往选择尾巴大而艳丽的雄孔雀作为配偶，因为雄孔雀尾巴越大越艳丽，表明它越有生命活力，其后代的健康越能得到保证。但是，这种选择也产生了问题：孔雀尾巴越大越艳丽，就越容易被天敌发现和猎获，其生存反而会受到威胁。

2013 年管理类综合能力考试论说文真题

20 世纪中叶，美国的波音和麦道两家公司几乎垄断了世界民用飞机的市场，欧洲的飞机制造商深感忧虑。虽然欧洲各国之间的竞争也相当激烈，但还是采取了合作的途径，法国、德国、英国和西班牙等决定共同研制大型宽体飞机，于是"空中客车"便应运而生。面对新的市场竞争态势，波音公司和麦道公司于 1997 年一致决定组成新的波音公司，以抗衡来自欧洲的挑战。

2012 年 MBA 综合能力考试论说文真题

2012 年 7 月 6 日《科技日报》报道：

我国主导的 TD-LTE 移动通信技术已于 2010 年 10 月被国际电信联盟确立为国际 4G 标准。TD-LTE 是我国自主创新的第三代移动通信技术 TD-SCDMA 的演进技术。TD-SCDMA 的成功规模商用为 TD-LTE 的快速发展奠定了坚实的基础。目前，TD-LTE 已形成由中国主导、全球广泛参与的产业链，全球几乎所有通信系统和芯片制造商都已支持该技术。

在移动通信技术的 1G 和 2G 时代，我们只能使用美国和欧洲的标准。通过艰难的技术创新，到 3G 和 4G 时代，中国自己的通信标准已经成为世界三大国际标准之一。

（三）常用理由关键词

【论证维度一】 支持观点的理由

企业相关：提高质量、提升服务、品牌影响力、差异化、引起情感共鸣、满足市场需求、专业、核心技术、迭代快、核心竞争力、建立壁垒、话语权、准入门槛、议价权、吸引力、复购率、黏性、性价比高、规模经济、老带新、口碑、渠道广、产能过剩、市场经济、全球经济、社会主要矛盾变化、马太效应、赢家通吃、二八法则、信息技术革命等。

个人相关：马斯洛需求层次理论中的生理需求、安全需求、爱与归属、尊重需求和自我实现等。

国家相关：国际地位、话语权、软实力、硬实力、壁垒等。

【论证维度二】　反对观点的理由

有风险、利益受损、浪费时间；有失败案例；被模仿、抄袭；鲁莽、好高骛远、不切实际；组织惯性、舒适区。

【论证维度三】　推翻反对观点的理由

风险是暂时的，收益更大；个例；模仿的仅仅是皮毛、制度约束；基于理性基础上的尝试。

（四）参考模板

发展中需要（　　　）

开头

为了更好地满足当下的社会需求，我们应（　　　）。如今，我国社会的主要矛盾已经由人民日益增长的物质文化需要同落后的社会生产之间的矛盾转化为人民日益增长的美好生活需要和不平衡不充分的发展之间的矛盾，这意味着当前人们的生理需求已经基本得到了满足，并产生了更高层次的需求。而社会需求具有无限的扩展性，也就是说，人们的需求是无止境的，不会永远停留在一个水平上。随着社会经济的发展和人们收入的提高，需求也将不断地变化。适应社会需求的变化需要（　　　）。通过（　　　）能更好地自我完善、强化核心构成，进而提高自身核心竞争力，满足当下的社会需求。

拒绝（　　　），很可能会使自己永远在舒适圈中徘徊，故步自封只会导致自己落后于时代，甚至被无情地淘汰。随着信息技术发展和全球化进程加快，原本闭塞的地域经济转变为如今的全球经济。这一转变刺激潜在的竞争者和外来经济体进入市场，市场中现有的经济主体面临更大的挑战，如果拒绝（　　　），最终将被社会所淘汰。

然而，（　　　）说起来容易，但现实的情况却不容乐观。随着数字化浪潮的到来，人们的生活和工作方式受到了很大的影响。面对这样的局面，主体更需要（　　　）。可事实却是很多主体依然安于现状，不敢走出自己的舒适区。之所以会产生这样的情况，主要基于以下几点原因。第一，很多主体已经按照原有的方式经营了很多年，形成了一个相对安全、熟悉的模式，从而不愿意去改变；第二，（　　　）需要耗费大量的成本和精力，但结果却具有较大的未知性，很多主体不敢改变；第三，部分主体试图（　　　），但最终却以失败收场，这也进一步打击了其积极性。

事实上，若是主体基于以上理由便拒绝（　　　），是极其不理性的。一方面，其仅仅看到了

（　　　）所带来的风险和成本，却忽视了其未来可能带来的巨大收益；另一方面，失败的案例往往更容易被人们所熟知，其仅仅看到了部分失败案例，却忽视了更多的成功经验。

结尾

（五）模板应用示范

模板应用示范一［199-2022］

发展中需要不断优化结构

鸟类会飞是因为它们在进化中不断优化其身体结构。对于组织来说同样如此，组织也需要在发展过程中不断优化其结构。

为了更好地满足当下的社会需求，我们应不断优化结构。如今，我国社会的主要矛盾已经由人民日益增长的物质文化需要同落后的社会生产之间的矛盾转化为人民日益增长的美好生活需要和不平衡不充分的发展之间的矛盾，这意味着当前人们的生理需求已经基本得到了满足，并产生了更高层次的需求。而社会需求具有无限的扩展性，也就是说，人们的需求是无止境的，不会永远停留在一个水平上。随着社会经济的发展和人们收入的提高，需求也将不断地变化。适应社会需求的变化需要我们不断优化结构。通过不断优化结构能更好地自我完善、强化核心构成，进而提高自身的稳固性及核心竞争力，满足当下的社会需求。

拒绝优化结构，很可能会使自己永远在舒适圈中徘徊，故步自封只会导致自己落后于时代，甚至被无情地淘汰。随着信息技术发展和全球化进程加快，原本闭塞的地域经济转变为如今的全球经济。这一转变刺激潜在的竞争者和外来经济体进入市场，市场中现有的经济主体面临更大的挑战，如果拒绝改变、拒绝优化结构，最终将被社会所淘汰。

然而，组织需要不断优化结构，这话说起来容易，但现实的情况却不容乐观。随着数字化浪潮的到来，人们的生活和工作方式受到了很大的影响。面对这样的局面，组织更需要不断优化结构。可事实却是很多组织依然安于现状，不敢走出自己的舒适区。之所以会产生这样的情况，主要基于以下几点原因。第一，很多组织已经按照原有的方式经营了很多年，形成了一个相对安全、熟悉的模式，从而不愿意去改变；第二，优化结构需要耗费大量的成本和精力，但结果却具有较大的未知性，很多组织不敢改变；第三，每个组织在发展的过程中都形成了其独一无二的组织结构，没有前车之鉴可供其参考；第四，部分组织试图优化其结构，但最终却以失败收场，这也进一步打击了其优化的积极性。

事实上，若是组织基于以上理由便拒绝优化，是极其不理性的。一方面，其仅仅看到了组织优化所带来的风险和成本，却忽视了其未来可能带来的巨大收益；另一方面，失败的案例往往更容易被人们所熟知，其仅仅看到了部分失败案例，却忽视了更多的成功经验。

综上所述，鸟儿尚且在不断地进行自我优化，组织也应该不断地优化结构，迎来发展。

模板应用示范二 [199-2017]

企业更要研发新产品

企业资金有限的时候，到底是应该扩大生产，还是研发新产品，是困扰很多企业的难题。在我看来，从长远发展的角度出发，企业更要研发新产品。

为了更好地满足当下的社会需求，相较于扩大生产，企业更要研发新产品。如今，我国社会的主要矛盾已经由人民日益增长的物质文化需要同落后的社会生产之间的矛盾转化为人民日益增长的美好生活需要和不平衡不充分发展之间的矛盾，这意味着当前人们的生理需求已经基本得到了满足，并产生了更高层次的需求。而社会需求具有无限的扩展性，也就是说，人们的需求是无止境的，不会永远停留在一个水平上。随着社会经济的发展和人们收入的提高，需求也将不断地变化。适应社会需求的变化需要研发新产品。不同于一味扩大生产，企业通过研发新产品可以更好地完善自我、强化核心构成，进而提高自身的稳固性及核心竞争力，满足长远的社会需求。

一味扩大生产很可能会使自己永远在舒适圈中徘徊，故步自封只会导致自己落后于时代，甚至被无情地淘汰。随着信息技术发展和全球化进程加快，原本闭塞的地域经济转变为如今的全球经济。这一转变刺激潜在的竞争者和外来经济体进入市场，市场中现有的经济主体面临更大的挑战，如果拒绝改变、拒绝研发新产品，最终将被社会所淘汰。

然而，企业更要研发新产品，这话说起来容易，但现实的情况却不容乐观。随着数字化浪潮的到来，人们的生活和工作方式受到了很大的影响。面对这样的局面，企业更需要研发新产品。可事实却是很多企业依然安于现状，不敢走出自己的舒适区。之所以会产生这样的情况，主要基于以下几点原因。第一，很多企业已经按照原有的方式经营了很多年，形成了一个相对安全、熟悉的模式，从而不愿意去改变；第二，相较于扩大生产，研发新产品需要耗费大量的成本和精力，但结果却具有较大的未知性，很多企业不敢改变；第三，部分企业在资金有限的时候放弃了扩大生产，试图研发新产品，但最终却以失败收场，这也进一步打击了其优化的积极性。

事实上，若是企业基于以上理由便拒绝研发新产品，是极其不理性的。一方面，其仅仅看到了研发新产品所带来的风险和成本，却忽视了其未来可能带来的巨大收益；另一方面，失败的案例往往更容易被人们所熟知，其仅仅看到了部分失败案例，却忽视了更多的成功经验。

综上所述，相较于扩大生产，企业更要研发新产品。

大家可以尝试将模板用于更多的主题中。但需要注意的是，如果大家发现其适配度低，也不要生硬地套用。

（六）模板替换话术

【论证维度一】 支持观点理由的替换话术

竞争优势：竞争优势是在竞争激烈的环境中脱颖而出、实现持续发展的关键因素之一。拥有竞争优势意味着相对于竞争对手具备优越性，可以更好地满足市场需求、获得更多的市场份额、实现更高的利润率，并在长期内保持竞争力。竞争优势不仅可以带来更高的经济回报，还有助于吸引投资者、吸引人才、提高声誉，以及推动创新和可持续发展。因此，在当今全球化和竞争激烈的环境中，竞争优势的重要性不可忽视，它是个体和组织实现长期成功和可持续发展的关键要素。

建立壁垒：建立壁垒的重要性在竞争激烈的商业和社会环境中愈发凸显。壁垒是指一系列难以逾越的障碍，可以阻止竞争对手进入市场或获得相同的资源和机会。这些壁垒包括专利技术、品牌声誉、高度发达的供应链、独特的知识资产等。建立壁垒有助于保护企业的市场份额和利润，降低竞争压力，提高长期可持续性。此外，壁垒还可以为企业提供更大的谈判能力，吸引投资，推动创新，鼓励长期投资。因此，建立壁垒对于企业和组织来说，是实现竞争优势和长期成功的关键策略之一。

赢家通吃：如今，我们正处于一个"赢家通吃"的时代。主体一旦取得了巨大的竞争优势，其他竞争者则难以与之竞争。这种现象的出现源于多个因素的综合作用，包括技术创新、市场份额积累、品牌忠诚度、经济规模和全球化等。赢家通吃的现象提高了市场集中度，也引发了对反垄断和竞争政策的讨论，同时也激励主体不断提高竞争力，创新产品和服务，以满足不断变化的市场需求。面对这样的背景，主体应该采取积极的策略来适应和应对挑战。

【论证维度二、三】反对观点理由及推翻反对观点理由的替换话术

关键词一：舒适区

①人们习惯了当前的工作方式和生活状态，即使这些状态可能不太理想，但仍然感到舒适和安全。改变可能会带来不确定性和风险，因此他们更倾向于保持现状。

②基于舒适区惯性而拒绝改变可能导致错失重要的机会。很多时候，真正的成长和成功往往发生在舒适区之外。如果因为害怕不确定性而拒绝改变，可能会错过发展和进步的机会。

关键词二：对未知的恐惧

①改变通常伴随着未知，人们害怕新的挑战和困难，担心自己无法应对变化所带来的压力。这种不安全感使他们不愿意主动寻求改变。

②恐惧和不安可能会限制个人和职业的发展。通过挑战自己，克服困难，人们可以获得更多的经验和技能，提高职业竞争力。

关键词三：失败案例

①过去的尝试可能以失败告终，这些失败经验可能会让人们对变化持怀疑态度，认为改变不会取得成功。

②历史上许多成功的人士都经历过失败。过去的失败经验可以成为宝贵的教训，帮助人们更明智地应对未来的挑战。不要害怕失败，应将其视为学习的机会。

关键词四：思维惯性

①人们倾向于按照既定的思维模式和做事方式来处理问题，若想有所改变，则需要打破这种思维定式，这对某些人来说可能很难。

②惯性思维可能会限制创新和进步。打破思维定式，尝试新的方式和方法，有助于发现更有效的解决方案和更好的机会。

二、借助外力规避风险类

（一）适用主题

重视专家意见、有效沟通、读经不如读史、尚拙、论辩等。

（二）典型适用真题

2020 年管理类综合能力考试论说文真题

据报道，美国航天飞机"挑战者号"采用了斯沃克公司的零配件。该公司的密封圈技术专家博易斯乔利多次向公司高层提醒，低温会导致橡胶密封圈脆裂而引发重大事故，但是这一意见一直没有受到重视。1986 年 1 月 27 日，佛罗里达州卡纳维拉尔角发射场的气温降到零摄氏度以下，美国宇航局再次打电话给斯沃克公司，询问其对航天飞机的发射还有没有疑虑之处。为此斯沃克公司召开会议，博易斯乔利坚持认为不能发射，公司高层认为他所持理由还不够充分，于是同意宇航局发射。1 月 28 日上午，航天飞机离开发射平台，仅过了 73 秒，悲剧就发生了。

2019 年管理类综合能力考试论说文真题

知识的真理性只有经过检验才能得到证明。论辩是纠正错误的重要途径之一，不同观点的冲突会暴露错误而发现真理。

2004 年 MBA 综合能力考试论说文真题

在滑铁卢战役的第一阶段，拿破仑的部队兵分两路。右翼由拿破仑亲自率领，在利尼迎战布鲁查尔；左翼由奈伊将军率领，在卡特勒布拉斯迎战威灵顿。拿破仑和奈伊都打算进攻，而且，两个人都精心制定了对各自战事而言均为相当优秀的作战计划。但不幸的是，这两个计划均打算用格鲁希指挥的后备部队，从侧翼给敌人以致命一击，但他们事前并没有就各自的计划交换意见。当天的战斗中，拿破仑和奈伊所发布的命令又含糊不清，致使格鲁希的部队要么踌躇不前，要么在两个战场之间疲于奔命，一天之中没有投入任何一方的作战行动，最终导致拿破仑惨败。

2003 年 MBA 综合能力考试论说文真题

"读经不如读史。"

对上述观点进行分析，论述你同意或不同意这一观点的理由，可根据经验、观察或者阅读，用具体理由或实例佐证自己的观点。题目自拟，全文 500 字左右。

（三）常用理由关键词

【论证维度一】 支持观点的理由

我不行：局限性、没有经验、没有时间、信息爆炸、能力优先、认知有限。

他行：发现错误、纠正错误、完善、客观、理性、打破局限、取长补短、全面、整合资源、整合优势等。

【论证维度二】 反对观点的理由

浪费时间、利益受损、增加成本；意见冲突、难以达成一致；对方不考虑、对方是错的、误导、不对、不切实际；失去主见、权威受到质疑、失去掌控感、过度自信。

【论证维度三】 推翻反对观点的理由

长远；差异反而可以发现问题；有主见、不是照搬；决策错误反而更受质疑。

（四）参考模板

题目

开头

为什么说（　　）呢？

第一，（　　）可以使认识由片面到全面，由含混到清晰，由肤浅到深刻。大千世界万物运行，无数规律潜藏在表象的背后，需要我们去探索、去检验。然而，人们的认识水平是有限的，正所谓人非生而知之者，孰能无惑？通过（　　）可以使双方在此过程中拓宽思路，取精华、去糟粕，进而（　　）。通过（　　），我们可以开拓视野，学习不同于自身、新颖的思路，并根据不同观点进行交流探讨，从而引发更多的思考。

第二，（　　）可以暴露错误认知，并及时纠正。当人们在某一领域有着卓越的成就时，他提出的认识通常会被当作真理。但这时，如果其他人与之产生分歧，要求（　　），那么在此过程中，错误认知便会暴露，从而达到理性决策的目的。需要注意的是，（　　）的过程不是一蹴而就的，这需要投入大量的时间与精力，不断发现错误认知并及时改正，才能在（　　）中实现目标。

若是我们将自我认知视为不容置疑的，拒绝对（　　），反而会使我们误入歧途。世界上的事物错综复杂，人们受自身知识、经历、观念、涵养等因素的局限，难免在见解上有所缺失；如果我们能通过（　　）把多种意见集中起来，进行综合、比较、鉴别，从而去伪存真，自然就更公正合理，更容易得到真正的真理。要是忽略了（　　）的重要性，拒绝（　　），就容易误入"听信一方"的歧途中，思绪难以开阔，考虑也很难周到。

　　然而，回归到现实，为什么很多人不愿意（　　　）呢？第一，认为自己具有一定的权威性，不容置疑；第二，双方的意见很难达成一致，（　　　）最终很可能会变成争执，非但没有结果，还浪费了时间；第三，对方的意见很可能是错误的，通过（　　　）反而会将原本正确的观点改错。我们不否认这些顾虑有一定的合理之处，但这不能成为拒绝（　　　）的理由。是否需要（　　　）不应仅仅考虑眼前的利弊得失，而是应该基于更长远的眼光。即便当下会浪费时间、意见难以达成一致，但若是能够让决策得到完善，更适合于当下和未来的发展，眼前的付出也是值得的。

　　结尾

（五）模板应用示范

真理越辩越明

　　知识的真理性往往是需要通过检验的，而论辩正是检验真理的重要途径。通过论辩纠正错误认知，形成正确思维，从而在此过程中发现并检验真理，即真理越辩越明。

　　为什么说真理越辩越明呢？

　　第一，在认识真理的过程中，辩可以使认识由片面到全面，由含混到清晰，由肤浅到深刻。大千世界万物运行，无数规律潜藏在表象的背后，需要我们去探索、去检验。然而，人们的认识水平是有限的，正所谓人非生而知之者，孰能无惑？通过论辩，可以使双方在此过程中拓宽思路，取精华、去糟粕，进而发现真理。通过论辩，我们可以开拓视野，学习不同于自身、新颖的思路，并根据不同观点进行交流探讨，从而引发更多的思考，继续去探索未知的真理。

　　第二，在认识真理的过程中，辩可以暴露错误认知，并及时纠正，进而检验真理。当人们在某一领域有着卓越的成就时，他提出的认识通常会被当作真理。但这时，如果其他人与之产生分歧，要求进行论辩，那么在此过程中，错误认知便会暴露，从而达到检验真理的目的。需要注意的是，发现并检验真理的过程不是一蹴而就的，这需要投入大量的时间与精力，不断发现错误认知并及时改正，才能在论辩中实现目标。

　　若是我们将真理视为不容置疑的，拒绝对真理进行论辩，反而会使我们误入歧途。世界上的事物错综复杂，人们受自身知识、经历、观念、涵养等因素的局限，难免在见解上有所缺失；如果我们能通过论辩把多种意见集中起来，进行综合、比较、鉴别，从而去伪存真，自然就更公正合理，更容易得到真正的真理。要是忽略了论辩的重要性，拒绝论辩，就容易误入"听信一方"的歧途中，思绪难以开阔，考虑也很难周到。

　　然而，回归到现实，为什么很多人不愿意对真理进行论辩呢？第一，有些人认为真理具有一定的权威性，不容置疑；第二，论辩双方的意见很难达成一致，论辩最终很可能会变成争执，非但没有结果，还浪费了时间；第三，对方的意见很可能是错误的，通过论辩反而会将原本正确的观点改错。我们不否认这些顾虑有一定的合理之处，但这不能成为拒绝论辩的理由。真理之所以权威，恰恰是因为其在一次次的论辩和检验中不断优化、不断完善。是否需要对真理进行论辩不应仅仅考虑眼前的利弊得失，而是应该基于更长远的眼光。即便当下会浪费时间、意见难以达成一致，但若是能够让真理得到完善，更适合于当下和未来的发展，眼前的付出也是值得的。

论辩出真知，相信知识的真理性通过论辩的不断检验能得到更好的证明。

模板应用示范二 [199-2004-10]

有效沟通有利于规避风险

在滑铁卢战役的第一阶段，拿破仑和奈伊因为缺乏有效沟通，最终导致拿破仑惨败。尽管滑铁卢战役已经过去了很多年，却依然在时刻警醒我们要重视有效沟通。

为什么要重视有效沟通呢？

第一，在决策的过程中，有效沟通可以使认识由片面到全面，由含混到清晰，由肤浅到深刻。大千世界万物运行，无数规律潜藏在表象的背后，需要我们去探索、去检验。然而，管理者的认识水平是有限的，正所谓人非生而知之者，孰能无惑？通过有效沟通，可以使双方在此过程中拓宽思路，取精华、去糟粕，进而更好地规避风险。

第二，在决策的过程中，有效沟通可以暴露错误认知，并及时纠正，进而规避风险。当人们在某一领域有着卓越的成就时，他提出的建议通常会被视为对的。但这时，如果其他人与之产生分歧并进行有效的沟通，那么在此过程中，错误认知便会暴露，从而达到规避风险的目的。需要注意的是，有效沟通并规避风险的过程不是一蹴而就的，这需要投入大量的时间与精力，不断发现错误认知并及时改正，在有效沟通中实现目标。若是管理者将自己的决策视为不容置疑的，拒绝沟通，反而会误入歧途。

然而，回归到现实，为什么很多管理者不愿意进行有效沟通呢？第一，认为自己具有一定的权威性，不容置疑；第二，双方沟通的意见很难达成一致，沟通最终很可能会变成争执，非但没有结果，还浪费了时间；第三，对方的意见很可能是错误的，通过沟通反而会将原本正确的决策改错。我们不否认这些顾虑有一定的合理之处，但这不能成为拒绝沟通的理由。是否需要有效沟通不应仅仅考虑眼前的利弊得失，而是应该基于更长远的眼光。即便当下会浪费时间、意见难以达成一致，但若是能够让决策得到完善，更适合于当下和未来的发展，眼前的付出也是值得的。

综上，不难看出，有效沟通有利于规避风险。

（六）模板替换话术

【论证维度一】 支持观点理由的替换话术

局限性：每个人的认知都存在着一定的局限性。首先，人的能力和精力有限，无法处理所有信息和情境，因此我们必须进行选择和筛选。其次，个体的经验和背景不同，会影响人们对事物的看法和理解，这也限制了个体的视野和理解深度。此外，心理学研究表明，人们受到认知偏见和心理防御机制的影响，往往倾向于接受与自己观点一致的信息，而忽视或拒绝与之相悖的信息。最后，社会和文化因素也塑造了人们的价值观，这可能会使个体受到传统观念和社会规范的限制，难以突破思维的局限。因此，人们理解和认知事物往往受到主观因素和外部制约的影响，普遍具有局限性。要克服这些局限性，需要（　　　）。

全面性：当我们只关注问题的一部分或片面的信息时，很容易产生偏见和误导，进而做出不明智的行动。全面考虑问题意味着要综合各种角度和因素，包括可能的影响、长期和短期后果、不同利益相关者的立场等。这有助于我们更好地理解问题的复杂性，找到最佳的解决方案，并预测可能的风险和挑战。此外，全面考虑问题还有助于促进公平和公正，因为它考虑了各方的权益和需求，避免了偏袒或歧视。因此，全面考虑问题是制定明智决策和解决复杂问题的关键步骤，有助于实现更好的结果和长期可持续的成功。

发现问题：错误虽然是不可避免的，但它们给我们提供了宝贵的机会，使我们了解什么有效，什么无效。当我们能够识别并承认错误时，我们就有机会采取更好的方法来纠正它们。这有助于个人、组织和社会不断进步和成长。发现错误还有助于提高决策的质量和效果。通过识别错误，我们可以避免重复相同的过失，并制定更明智的战略。

【论证维度二、三】反对观点理由及推翻反对观点理由的替换话术

关键词一：掌控感

①（　　　）可能意味着失去对局势的掌控感。人们害怕外部帮助者会介入并左右他们的决策和行动，从而感到不自由。

②（　　　）并不一定导致我们失去掌控感。合作伙伴可以共同制定计划，并在整个过程中进行沟通和协商，以确保我们对局势的掌控感。外部帮助可以成为增强掌控感的工具，而不是剥夺它。

关键词二：无法信任

①（　　　）往往伴随着信任问题。人们担心主体的动机或能力，担心他们可能会欺诈、滥用个人信息或导致问题恶化。建立信任需要时间和努力，不是每个人都愿意冒险相信他人。

②信任问题可以通过认真选择合作伙伴和建立透明的合作关系来化解。选择有良好声誉和可靠性的合作伙伴，与他们建立互信关系，并制定明确的合同和协议，以降低风险。

关键词三：失去主见、产生依赖

①很多主体担心（　　　）会使其主体的权威地位受到质疑。其更希望能够凭借自己的能力解决问题，而不愿意看起来依赖他人或外部资源。对他们来说，自主性是一种重要的价值观，而接受帮助可能会被视为软弱或依赖性强。

②（　　　）并不一定导致长期依赖性，关键在于明智地管理合作关系，保持自主性，并采取措施来减轻依赖性的风险。合理的战略和管理方法可以确保组织在（　　　）的同时仍然能够

独立运营和发展。

　　关键词四：过度自信

　　①一些管理者可能自视甚高，对自己的判断和决策十分自信，认为自己的观点和经验胜过专家的建议。他们可能不愿意承认自己需要（　　），以免伤害其自尊心。

　　②（　　）不是对其自尊心或能力的贬低，而是一种增值。（　　）可以为组织提供更好的决策基础，有助于实现更好的业绩。

三、非借助外力规避风险类

（一）适用主题

　　谨慎、规避风险、忧患意识、居安思危等。

（二）典型适用真题

2017 年管理类综合能力考试论说文真题

　　一家企业遇到了这样一个问题：究竟是把有限的资金用于扩大生产呢，还是用于研发新产品？有人主张投资扩大生产，因为根据市场调查，原产品还可以畅销三到五年，由此可以获得可靠而丰厚的利润。有人主张投资研发新产品，因为这样做虽然有很大的风险，但风险背后可能有数倍于甚至数十倍于前者的利润。

2014 年管理类综合能力考试论说文真题

　　生物学家发现，雌孔雀往往选择尾巴大而艳丽的雄孔雀作为配偶，因为雄孔雀尾巴越大越艳丽，表明它越有生命活力，其后代的健康越能得到保证。但是，这种选择也产生了问题：孔雀尾巴越大越艳丽，就越容易被天敌发现和猎获，其生存反而会受到威胁。

（三）常用理由关键词

　　【论证维度一】　支持观点的理由

　　平稳发展、及时止损、未雨绸缪、保存现有实力、守住现有资源、时间成本、物质成本、资源、避免走弯路、抓住机会、价值最大化、长远等。

　　【论证维度二】　反对观点的理由

　　浪费时间、增加成本、利益受损；失败案例；故步自封、畏首畏尾、杞人忧天、胆小怕事；损失机会；焦虑、内耗。

　　【论证维度三】　推翻反对观点的理由

　　长期；个例；恰恰是积极应战；反而可以把握住机会；避免未来承受心理压力。

（四）参考模板

参考模板一

题目

开头

什么是（　　）？我们所说的（　　）并不是胆小怕事、畏首畏尾，也不是杞人忧天、庸人自扰。（　　）恰恰是一种积极应战、主动出击的表现。其本质是时刻保有危机意识，在不断变化的环境中时刻保持清醒。风险未来临时，合理评估、积极准备；风险来临时，权衡利弊、谨慎选择。避免为了一时的得失，而使自身陷入危险的、不可挽回的境地。

基于当下考虑，（　　）有助于当前理性地决策。无论是个人、企业还是国家，在做出选择时，其本质都是要在风险和收益之间进行权衡。几乎所有的选择都具有两面性，都是风险与收益并存的。而我们要做的就是权衡好利弊得失，做出收益大于风险的选择。我们之所以倡导要（　　），其实就是倡导要有风险意识。不应只看到收益的一面，也应该看到风险的一面，尽可能地做出更加理性的决策。

基于未来考虑，（　　）有助于长远稳定的发展。随着市场经济的实施，很多领域完全竞争市场基本形成，这就意味着竞争更为激烈与残酷，要想在市场中占据一席之地，首先要考虑的就是如何生存下去，只有先满足生存的基本条件，才有进一步发展的机会。常言道："笑到最后的才是赢家。"要想发展，不应仅关注眼前的利弊得失，还应该有长期意识。一往无前、无视风险的勇气固然值得肯定，却未必值得我们模仿。一时的冲动很可能换来不可挽回的后果。风险来临时，（　　）是生存下去的基本方法之一，由于市场风险一直存在并且无法消除，（　　）能够在很大程度上减少重大失败的概率。面对已经基本被瓜分的市场，最终能够实现长远发展的胜利者往往不是获利最多的企业，而是一直伫立于市场的企业。

有人说，（　　）也会将很多机会拒之门外，很难获得较大的收益。但是这只是暂时的，获利高的机会并非只有一次，只要企业能抓住机遇，获利就只是时间问题。相反，如果企业一味拒绝（　　），遭受一次打击就很可能一蹶不振，而（　　）的企业反而能在风险的包围之中依旧保持自身的稳定性，抓紧时机提高自身实力，当风险过去之时，已经具备更强的实力，能够在机会到来之时脱颖而出，从而抓住机遇，发展壮大。

结尾

参考模板二

题目

开头

（　　）的重要性不容忽视。首先，（　　）可以帮助企业避免不必要的损失。不管是市场波动、自然灾害还是经济危机，各种风险都可能导致财务损失，甚至使企业陷入困境。通过（　　　），企业可以大幅降低潜在的损失。其次，（　　　）有助于维护企业的声誉和信誉。一旦组织陷入危机或因风险事件导致问题，声誉可能会受到重创，影响长期的可持续性。最后，（　　　）有助于确保企业能够持续发展。稳定的运营环境有助于吸引投资者、客户和合作伙伴，为组织创造更多机会和增长空间。

尽管（　　　）如此重要，但仍然存在一些企业不愿意或未能（　　　）。很多企业低估了风险的概率和影响，抱有"这种事情不会发生在我们身上"的幻想，忽视了风险事件可能对它们的打击。同时，一些企业担心（　　　）会带来过度的成本和复杂性。它们担心（　　　）会消耗大量资源，却忽略了风险事件发生后所需的应对成本可能更高。此外，一些企业可能陷入短期思维的陷阱，只注重眼前的利益，而忽视了长期的可持续性和稳定性。

然而，这些顾虑实际上是建立在误解和片面观点的基础上。首先，风险并不是仅限于概率低的事件。即使风险事件发生的概率较低，一旦发生，可能造成巨大的损失，这种概率与影响的组合足以引起警惕。其次，（　　　）并不一定会带来过度的成本和复杂性。相反，通过有效的风险管理，企业可以更有效地分配资源，降低成本，并提高组织的运营效率。最后，长期稳定的可持续性和盈利能力远远比短期的暂时性利润重要。（　　　）可以确保组织在不同市场和竞争环境下保持竞争力。

结尾

（五）模板应用示范

模板应用示范一［199-2014］

我们更要规避风险

雌孔雀在选择配偶时，往往选择尾巴大而艳丽的雄孔雀作为配偶。这样的选择尽管会使其后代更健康，却要以生命面临威胁为代价，在我看来是不值得的。无论是孔雀，还是我们，都应懂得规避风险。

什么是规避风险？我们所说的规避风险并不是胆小怕事、畏首畏尾，也不是杞人忧天、庸人自扰。规避风险恰恰是一种积极应战、主动出击的表现。其本质是时刻保有危机意识，在不断变化的环境中时刻保持清醒。风险未来临时，合理评估、积极准备；风险来临时，权衡利弊、谨慎选择。避免为了一时的得失，而使自身陷入危险的、不可挽回的境地。

基于当下考虑，规避风险有助于当前理性地决策。无论是个人、企业还是国家，在做出选择时，其本质都是要在风险和收益之间进行权衡。几乎所有的选择都具有两面性，都是风险与收益并存的。而我们要做的就是权衡好利弊得失，做出收益大于风险的选择。我们之所以倡导要规避风险，其实就是倡导要有风险意识。不应只看到收益的一面，也应该看到风险的一面，尽可能地做出更加理性的决策。

基于未来考虑，规避风险有助于长远稳定的发展。随着市场经济的实施，很多领域完全竞争市场基本形成，这就意味着竞争更为激烈与残酷，要想在市场中占据一席之地，首先要考虑的就是如何生存下去，只有先满足生存的基本条件，才有进一步发展的机会。常言道："笑到最后的才是赢家。"要想发展，不应仅关注眼前的利弊得失，还应该有长期意识。一往无前、无视风险的勇气固然值得肯定，却未必值得我们模仿。一时的冲动很可能换来不可挽回的后果。风险来临时，规避风险是生存下去的基本方法之一，由于市场风险一直存在并且无法消除，规避风险能够在很大程度上减少重大失败的概率。面对已经基本被瓜分的市场，最终能够实现长远发展的胜利者往往不是获利最多的企业，而是一直伫立于市场的企业。

有人说，规避风险也会将很多机会拒之门外，很难获得较大的收益。但是这只是暂时的，获利高的机会并非只有一次，只要企业能抓住机遇，获利就只是时间问题。相反，如果企业一味追逐风险，遭受一次打击就很可能一蹶不振，而规避风险的企业反而能在风险的包围之中依旧保持自身的稳定性，抓紧时机提高自身实力，当风险过去之时，已经具备更强的实力，能够在机会到来之时脱颖而出，从而抓住机遇，发展壮大。

综上所述，我们更需要规避风险。

模板应用示范二 [199-2014]

企业更要规避风险

雌孔雀在选择配偶时，往往选择尾巴大而艳丽的雄孔雀作为配偶。这样的选择尽管会使其后代更健康，却要以生命面临威胁为代价，在我看来是不值得的。无论是孔雀，还是企业，都应懂得规避风险。

企业规避风险的重要性不容忽视。首先，规避风险可以帮助企业避免不必要的损失。不管是市场波动、自然灾害还是经济危机，各种风险都可能导致财务损失，甚至使企业陷入困境。通过提前识别并采取措施规避这些风险，企业可以大幅降低潜在的损失。其次，规避风险有助于维护企业的声誉和信誉。一旦组织陷入危机或因风险事件导致问题，声誉可能会受到重创，影响长期的可持续性。最后，规避风险有助于确保企业能够持续发展。稳定的运营环境有助于吸引投资者、客户和合作伙伴，为组织创造更多机会和增长空间。

尽管规避风险如此重要，但仍然存在一些企业不愿意或未能有效规避风险。很多企业低估了风险的概率和影响，抱有"这种事情个会发生在我们身上"的幻想，忽视了风险事件可能对它们的打击。同时，一些企业担心规避风险会带来过度的成本和复杂性。它们担心采取预防措施会消耗大量资源，却忽略了风险事件发生后所需的应对成本可能更高。此外，一些企业可能陷入短期思维的陷阱，只注重眼前的利益，而忽视了长期的可持续性和稳定性。

然而，这些顾虑实际上是建立在误解和片面观点的基础上。首先，风险并不是仅限于概率低的事件。即使风险事件发生的概率较低，一旦发生，可能造成巨大的损失，这种概率与影响的组合足以引起警惕。其次，规避风险并不一定会带来过度的成本和复杂性。相反，通过有效的风险管理，企业可以更有效地分配资源，降低成本，并提高组织的运营效率。最后，长期稳定的可持续性和盈利能力远远比短期的暂时性利润重要。规避风险可以确保组织在不同市场和竞争环境下保持竞争力。

综上，企业应规避风险。

模板应用示范三 [199-2017]

企业更要扩大生产

一家企业遇到了这样一个问题：究竟是把有限的资金用于扩大生产呢，还是用于研发新产品？在我看来，相较于研发新产品，企业更要扩大生产。

什么是扩大生产？我们所说的扩大生产并不是墨守成规、一成不变，也不是止步不前、不敢尝试。扩大生产恰恰是一种积极应战、主动出击的表现。其本质是时刻保有危机意识，在不断变化的环境中时刻保持清醒。避免为了一时的得失，而使自身陷入危险的、不可挽回的境地。

基于当下考虑，相较于研发新产品，扩大生产更有助于当前理性地决策。企业在做出选择时，其本质都是要在风险和收益之间进行权衡。几乎所有的选择都具有两面性，都是风险与收益并存的。而企业要做的就是权衡好利弊得失，做出收益大于风险的选择。我们之所以倡导扩大生产，其实就是倡导要有风险意识。不应只看到收益的一面，也应该看到风险的一面，尽可能做出更加理性的决策。

基于未来考虑，相较于研发新产品，扩大生产更有助于长远稳定的发展。随着市场经济的实施，很多领域完全竞争市场基本形成，这就意味着竞争更为激烈与残酷，要想在市场中占据一席之地，首先要考虑的就是如何生存下去，只有先满足生存的基本条件，才有进一步发展的机会。常言道："笑到最后的才是赢家。"要想发展，不应仅关注眼前的利弊得失，还应该有长期意识。一往无前、无视风险的勇气固然值得肯定，却未必值得我们模仿。一时的冲动很可能换来不可挽回的后果。风险来临时，扩大生产是生存下去的基本方法之一，由于市场风险一直存在并且无法消除，扩大生产能够在很大程度上减少重大失败的概率。面对已经基本被瓜分的市场，最终能够实现长远发展的胜利者往往不是获利最多的企业，而是一直伫立于市场的企业。

有人说，相较于研发新产品，扩大生产也会将很多机会拒之门外，很难获得较大的收益。但是这只是暂时的，获利高的机会并非只有一次，只要企业能抓住机遇，获利就只是时间问题。相反，如果企业一味追逐风险，遭受一次打击就很可能一蹶不振，而选择扩大生产的企业反而能在风险的包围之中依旧保持自身的稳定性，抓紧时机提高自身实力，当风险过去之时，已经具备更强的实力，能够在机会到来之时脱颖而出，从而抓住机遇得以发展壮大。

综上所述，我们更需要扩大生产。

（六）模板替换话术

【论证维度一】 支持观点理由的替换话术

规避风险：在当今不断变化和竞争激烈的商业环境中，风险无处不在。规避风险是组织确保生存和持续发展的必要手段之一。首先，规避风险有助于保护组织的资产和利润。在没有风险管理策略的情况下，突发的不利事件可能会对组织的财务状况造成严重损害，甚至导致组织破产。其次，规避风险有助于维护组织的声誉和信誉。灾难性的风险事件不仅会损害财务表现，还可能破坏客户和合作伙伴对组织的信任，对品牌形象造成长期负面影响。最后，规避风险有助于确保组织的可持续性。通过识别和管理潜在的威胁，组织可以更好地应对挑战，维护长期的竞争优势，实现稳定的增长。因此，规避风险不仅是一种保护措施，也是为了确保组织长期繁荣的明智选择。

理性决策：规避风险对于理性决策至关重要，因为它要求我们在做出选择之前，对潜在的风险进行全面的评估和认识。这种评估过程使决策者不仅关注可能获得的收益，而且考虑可能遭遇的损失，从而促使其进行更加全面和深入的思考。此外，规避风险还有助于避免决策者因过度乐观而忽视潜在问题的情况，从而使其决策过程更加客观和理性。因此，规避风险是实现理性决策的一个关键组成部分，对于任何个体或组织而言都是不可或缺的。

【论证维度二、三】反对观点理由及推翻反对观点理由的替换话术

关键词一：短期利益优先

①许多组织在追求短期利润最大化时可能会忽视潜在的长期风险。管理者可能受到短期绩效考核的压力，导致他们更关注当下的利润而忽视了未来的不确定性。

②对短期利润的盲目追逐可能会忽视长期可持续性。规避风险可以确保组织在未来避免不必要的干扰，有助于长期发展和稳健经营。管理者需要平衡短期和长期目标，将风险管理作为长期发展的一部分。

关键词二：利益受损

①一些组织担心规避风险可能会限制他们的创新能力和增长潜力。他们认为承担更大的风险可能会带来更高的回报，因此不愿意采取谨慎的风险管理措施。

②规避风险并不一定意味着限制创新或发展。相反，它可以确保创新和发展在受到不必要的威胁时得到保护。风险管理的目标是帮助组织在风险可控的前提下实现创新和发展。

关键词三：增加成本

①一些组织可能认为规避风险需要投入大量的资源和资金，包括购买保险、雇佣专业人员进行风险评估、实施备份计划等。这些额外的成本可能被视为负担，尤其是对于小型企业或资金有限的组织而言。

②虽然规避风险可能需要一些初始的资源投入，但这与潜在的风险造成的损失相比，通常是微不足道的。一次重大风险事件可能会导致巨大的经济损失，甚至可能威胁组织的生存。因此，投资于风险管理措施通常是明智的决策，可以为组织节省大量的成本。

四、克制欲望类

（一）适用主题

道德、诚信、社会责任、规则、原则、底线、环保、信守承诺、慈善、为仁等。

（二）典型适用真题

2015 年管理类综合能力考试论说文真题

孟子曾引用阳虎的话："为富，不仁矣；为仁，不富矣。"（《孟子•滕文公上》）这段话表明了古人对当时社会上为富为仁现象的一种态度，以及对两者之间关系的一种思考。

2009 年管理类综合能力考试论说文真题

以"由三鹿奶粉事件所想到的"为题，写一篇 700 字左右的论说文。

2008 年管理类综合能力考试论说文真题

"原则"就是规矩，就是准绳。而在日常生活和工作中，常见的表达方式是："原则上……，但是……"。请以"原则"与"原则上"为议题写一篇论说文，题目自拟，700 字左右。

2013 年 MBA 综合能力考试论说文真题

阅读以下资料，给全国的企业经理写一封公开信，并在信前添加合适的标题文字，700 字左右。

改革开放以来，中国经济发展的速度举世瞩目。按国际货币基金组织的统计，在 188 个国家与地区中，1980 年，我国按美元计算的 GDP 位列第 11 位，只是美国的 7.26%，日本的 18.63%，从 2010 年起位列世界第 2 位，成为世界第二大经济体。到 2012 年，我国的 GDP 是美国的 52.45%，日本的 137.95%，与 30 年前不可同日而语。然而，从能源消耗看，形势非常严峻。1980 年，我国能源消耗总量为 6.03 亿吨标准煤，到 2012 年增加到 36.20 亿吨，为 1980 年的 6 倍。按石油进口量排名，1982 年我国在世界排名中位列第 43 位，从 2009 年起上升到第 2 位，而且面临继续上升的困境。与能源消耗相关的污染问题也频频现于报端，引起全国民众和政府的极大关注。能源消耗和污染问题已经成为阻碍我们实现"中国梦"的两个难关，对此，我们要群策群力，攻坚克难。

2011 年 MBA 综合能力考试论说文真题

2010 年春天，已持续半年的干旱让云南很多地方群众的饮水变得异常困难，施甸县大亮山附近群众家里的水管却依然有清甜的泉水流出，他们的水源地正是大亮山林场。乡亲们深情地说："多亏了老书记啊，要不是他，不知道现在会是什么样子。"

1988 年 3 月，61 岁的杨善洲从保山地委书记的岗位上退休，婉拒了省委书记劝其搬至昆明安度晚年的邀请，执意选择回到家乡施甸县种树。20 多年过去了，曾经山秃水枯的大亮山完全变了模样：森林郁郁葱葱，溪流四季不断；林下山珍遍地，枝头莺鸣燕歌……

一位地委书记，为何退休后选择到异常艰苦的地方去种树？

"在党政机关工作多年，因工作关系没有时间去照顾家乡父老，他们找过多次我也没给他们办一件事。但我答应退休后帮乡亲们办一两件有益的事，许下的承诺就要兑现。至于具体做什么，考察来考察去，还是为后代绿化荒山比较现实。"关于种树，年逾八旬的杨善洲这样解释。

2010 年 MBA 综合能力考试论说文真题

唐山地震孤儿捐款支援汶川灾区

2008 年 5 月 18 日，在中宣部等共同发起的《爱的奉献》抗震救灾大型募捐活动中，天津民营企业荣程联合钢铁集团有限公司董事长张祥青代表公司再向四川灾区捐款 7 000 万元，帮助灾区人民重建"震不垮的学校"。至此，荣程联合钢铁集团公司在支援四川灾区抗震救灾中累计捐款 1 亿元。

"我们对灾区人民非常牵挂，荣钢集团人大多来自唐山，亲历过 32 年前的唐山大地震，接受过全国人民对唐山灾区的无私援助，32 年后为四川地震灾区捐款，回馈社会，是应尽的义务，我们必须做！"张祥青说。

张祥青在 1976 年唐山大地震时失去父母，年仅 8 岁的他不幸成为孤儿，他深深感受到来自全国四面八方的涓涓爱心。1989 年，张祥青与妻子张荣华开始了艰苦的创业历程，从卖早点、做豆腐开始，最后组建了荣钢集团。企业发展了，荣钢集团人不忘回报社会，支援汶川地震灾区是其中一例。

（三）常用理由关键词

【论证维度一】　支持观点的理由

对自身好：风险低、较少损失、稳定、赢得机遇、影响力、口碑、信誉、声誉、社会责任感、降低政策风险、认可度等。

对整体好：社会秩序、社会风气、个体利益整体一致、良性循环、避免劣币驱逐良币、榜样、带头、标杆、引导等。

【论证维度二】　反对观点的理由

顾虑：浪费时间、增加成本、利益受损；炒作、作秀、施舍、不被理解；劣币驱逐良币、报复、被排挤、不合群。

【论证维度三】　推翻反对观点的理由

化解：长期；行动来证明；长期良币驱逐劣币。

（四）参考模板

题目

开头

（　　　），是对企业公信力的保护。品牌的公信力能直接影响人们的选择。产品和服务的质量越好，社会公众对企业的信任度和认可度越高，口碑相传，于是建立起了社会公信力。建立公信力有利于增强核心竞争力，树立良好的企业形象，推动企业可持续运营。企业重视（　　　），有利于取得消费者的信任，使其更可能为自己的产品或服务买单，有利于企业的持续经营。

（　　　），是塑造良好社会风气的基石。企业作为社会中不可忽视的组成部分，其行为不仅会影响自身的发展，还会对社会产生影响。企业立于社会的根本是创造价值。企业家凭借自己的能力创办企业，服务于社会，为经济发展贡献力量。赚钱是附加值，创造社会价值才是责任和宗旨。这是一个双赢的过程。企业是社会的细胞，社会是企业利益的源泉。若企业家一味追求经济利益，就很有可能损害社会利益，对于社会而言，这样的企业无异于毒瘤，就没有存在的价值了。企业为社会创造价值，同时也是成全自己，为企业的发展奠定基础。

企业明知道这种做法会带来许多不必要的风险，为什么还是拒绝（　　　）呢？其原因不难得出，从成本收益的角度考虑，（　　　）需要付出许多成本，而弄虚作假的本钱却少得多。此外，前者并不能在短时间内使企业获得可观利润，甚至很有可能因过度宣传招致消费者对其产生厌恶，企业只能"赔本赚吆喝"。而后者可以使企业从消费者的需求入手，在产品品质上"动手脚、做文章"，使得产品可以在短期内迅速引爆市场，甚至可以成为企业迅速占领市场、获取可观收入的有效手段。再者，从企业管理权和所有权分离的角度上分析，管理层可能迫于债权人对高额资本回报率的压力或者股东对经营业绩的过分追求，出于明哲保身的想法和成全他人的目的，甘愿冒险做出损害第三方，即消费者的权益的决策——其根本原因就是利欲熏心。企业需要明白"纸包不住火"的道理，在当今自媒体时代，舆情监控使任何社会丑态无所遁形。企业万不可因一时的得失而走上无法回头的道路，诚信不容丝毫疏忽。

结尾

（五）模板应用示范

模板应用示范一［199—2009］

由三鹿奶粉事件所想到的

三鹿奶粉事件的发生，对全国奶制品企业产生了极其恶劣的影响，三鹿集团也因为这次事件而不复存在。企业的经营缺少诚信，就可能会出现类似的产品质量问题，甚至可能会给企业带来灭顶之灾。企业重视诚信问题，有利于其长远、持续地发展下去。

企业诚信，是对企业公信力的保护。品牌的公信力能直接影响人们的选择。产品和服务的质量越好，社会公众对企业的信任度和认可度越高，口碑相传，于是建立起了社会公信力。建立公信力有利于增强核心竞争力，树立良好的企业形象，推动企业可持续运营。企业重视诚信问题，有利于取得消费者的信任，使其更可能为自己的产品或服务买单，有利于企业的持续经营。

企业诚信，是塑造良好社会风气的基石。企业作为社会中不可忽视的组成部分，其行为不仅会影响自身的发展，还会对社会产生影响。企业立于社会的根本是创造价值。企业家凭借自己的能力创办企业，服务于社会，为经济发展贡献力量。赚钱是附加值，创造社会价值才是责任和宗旨。这是一个双赢的过程。企业是社会的细胞，社会是企业利益的源泉。若企业家一味追求经济利益，就很有可能损害社会利益，对于社会而言，这样的企业无异于毒瘤，就没有存在的价值了。企业为社会创造价值，同时也是成全自己，为企业的发展奠定基础。

三鹿集团的惨淡收场就是企业背弃诚信、欺骗消费者最直接的下场，曾驰名一时的企业被群众视为不诚信的代名词。如果说企业破产是小事，那么其对消费者信任的背叛所带来的负面影响可以说是不可估量的。向来正派的品牌企业赫然被爆出经营欺诈，试问消费者还敢随意交付信任给任何人、任何企业吗？诚信的缺失会造成市场经济的萎缩和社会发展的退步，而且社会信用和群众信心的重建并不会像将其打破般容易。

企业明知道这种做法会带来许多不必要的风险，为什么还是甘愿将诚信的招牌作为"赌注"呢？其原因不难得出，从成本收益的角度考虑，企业坚守诚信形象需要付出许多成本，而弄虚作假的本钱却少得多。此外，前者并不能在短时间内使企业获得可观利润，甚至很有可能因过度宣传招致消费者对其产生厌恶，企业只能"赔本赚吆喝"。而后者可以使企业从消费者的需求入手，在产品品质上"动手脚、做文章"，使得产品可以在短期内迅速引爆市场，甚至可以成为企业迅速占领市场、获取可观收入的有效手段。再者，从企业管理权和所有权分离的角度上分析，管理层可能迫于债权人对高额资本回报率的压力或者股东对经营业绩的过分追求，出于明哲保身的想法和成全他人的目的，甘愿冒险做出损害第三方，即消费者的权益的决策——其根本原因就是利欲熏心。企业需要明白"纸包不住火"的道理，在当今自媒体时代，舆情监控使任何社会丑态无所遁形。企业万不可因一时的得失而走上无法回头的道路，诚信不容丝毫疏忽。

综上所述，企业诚信不可抛。

模板应用示范二 [199-2015]

为仁者，更易得富

孟子曾引用阳虎的话："为富，不仁矣；为仁，不富矣。"也就是说，在古人看来，仁、富两者是矛盾的。如今这一观点已经不再适用。仁富两者并不冲突，为仁者，更易得富。

为仁，有利于保护自身公信力，从而更好地得富。公信力能直接影响人们的选择。以企业为例，产品和服务的质量越好，社会公众的信任度和认可度就越高，口碑相传，于是建立起了社会公信力。建立公信力有利于增强核心竞争力，树立良好的企业形象，推动企业可持续运营。企业经营者以仁为本，更有利于取得消费者的信任，使其更可能为自己的产品或服务买单，有利于企业的持续经营，从而更好地得富。

为仁，有利于塑造良好的社会风气，从而更好地得富。每个个体都是社会中不可忽视的组成部分，其行为不仅会影响自身的发展，还会对社会产生影响。个体立于社会的根本是创造价值。这是一个双赢的过程。个体是社会的细胞，社会是个体利益的源泉。若是个体拒绝为仁，一味追求经济利益，就很有可能损害社会利益。对于社会而言，这样的个体无异于毒瘤，就没有存在的价值了，个体的财富更是无从谈起。个体为仁，是在保护社会的利益，更是在保护自身的利益。

很多人明知道不仁者难以富，却为什么还是甘愿将仁的招牌作为"赌注"呢？其原因不难得出，从成本收益的角度考虑，为仁需要付出许多成本，而弄虚作假的本钱却少得多。此外，前者并不能在短时间内获得可观利润，很多时候只能"赔本赚吆喝"；而后者则可以通过"动手脚、做文章"等方式迅速获取可观收入。再以企业为例，管理层可能迫于债权人对高额资本回报率的压力或者股东对经营业绩的过分追求，出于明哲保身的想法和成全他人的目的，甘愿冒险做出损害第三方，即消费者的权益的决策——其根本原因就是利欲熏心。我们需要明白"纸包不住火"的道理，在当今自媒体时代，舆情监控使任何社会丑态无所遁形。我们万不可图一时的得失而走上无法回头的道路，为仁不容丝毫疏忽，为仁方能更好地得富。

综上所述，为仁有利于得富。

（六）模板替换话术

【论证维度一】 支持观点理由的替换话术

口碑：（　　）有助于主体形成良好的口碑。良好的口碑有助于持续的增长和成功。口碑不仅可以影响人们的决策，还可以在竞争激烈的市场中提供竞争优势。它建立在客户满意度、品质、诚信和可靠性等因素之上，是组织或个人长期可持续发展的基石。因此，精心管理和维护良好的口碑对于实现商业和个人目标至关重要。

降低政策风险：（　　）有利于帮助主体减少政策风险。企业要赢得客户、投资者和合作伙伴的信任，必须在政策合规性方面表现出色。政策违规可能会损害企业的声誉，影响客户忠诚度，降低投资者的信心，导致商业关系破裂。不合规的行为可能会导致法律诉讼和罚款，对企业的财务状况和声誉造成严重损害。通过遵守政府政策，企业可以减少法律风险和相关的法律费用。同时，降低政策风险有助于提高企业的可持续性。政策稳定性有助于企业规划长期战略、吸引投资和确保经济增长，这对于企业的长期成功至关重要。

良性循环：（　　）通常会赢得公众的信任和尊重，这可以促使更多的人愿意与他们交往、合作或购买他们的产品和服务。这种信任和尊重通常会鼓励企业更多地（　　），为社会做出积极贡献。这些举措反过来又会加强企业与社会的联系，增加品牌价值，提高员工忠诚度，创造更多的商业机会，形成一个良性循环。同样，个体积极承担社会责任也会激励其他人效仿，推动社会朝着更加道德、公正和可持续的方向发展，最终造福于整个社会。因此，（　　）不仅在道义上正确，而且在长期发展和社会进步方面都具有深远的意义。

避免劣币驱逐良币：（　　）能避免劣币驱逐良币。避免劣币驱逐良币在经济和商业领域的重要性不言而喻。劣币驱逐良币是指低质量、低标准或欺诈性的产品或服务在市场上获得不正当竞争优势，从而排挤了高质量、高标准和货真价实的产品或服务。这种现象可能导致市场的混乱和扭曲，损害消费者的权益，降低市场的效率。（　　）恰恰能有效地避免劣币驱逐良币。

【论证维度二、三】反对观点理由及推翻反对观点理由的替换话术

关键词一：追求利润最大化

①企业面对激烈的市场竞争和不断上涨的成本，被迫追求利润最大化。在竞争压力下，一些企业可能采取不道德手段以求生存和发展。它们担心遵循道德原则可能削弱其竞争力，因此抱着"船到桥头自然直"的观念，觉得不道德行为在竞争中无可避免。

②道德经营并非削减利润，而是为企业打造可持续发展的竞争优势。通过提升产品质量、服务态度和社会责任，企业能够赢得消费者的信任，建立起稳固的客户关系。忠诚的客户不仅会持续购买产品，还会为企业自发宣传，企业从而获得了良好的口碑，也收获了更多新客户，销售额和市场份额也随之上升。

关键词二：成本压力

①（　　）可能需要投入更多的资源，如培训员工、开展社会责任项目、加强品牌建设等。企业担心这些额外的成本将增加企业的经济负担，降低企业的盈利能力，这使得它们望而却步，不愿意全面实施道德经营。

②道德经营实际上是一种智慧的投资，它为企业创造了持久的价值。通过社会责任项目，企业可以提高品牌知名度，增加顾客忠诚度，实现销售量的增长。同时，企业内部的道德经营也有助于提高员工的满意度和忠诚度，降低人力资源流失率，减少招聘和培训的成本。

关键词三：没有政策要求

①一些企业可能认为，法律和监管已经为企业行为设定了基本的规则和标准，因此不需要额外的道德经营准则。它们可能会觉得，遵守法律就已经足够，没必要另设道德标杆，以避免出现法律和道德标准之间的冲突和混淆。

②法律是对最基本行为的规范，而道德经营则是对企业更高层次责任的追求。法律无法覆盖所有的道德标准，而道德经营正是在遵守法律的基础上更进一步，体现了企业对社会、环境和消费者的更高层次责任感。合法合规只是企业的基本底线，而道德经营则是企业社会责任的最佳实践。

关键词四：费力不讨好

①在现实社会中，部分公众可能对企业的道德行为漠不关心、缺乏足够关注，对企业是否进行道德经营不感兴趣。这种冷漠可能会让企业认为，即使进行道德经营也无法引起公众的认可，并对道德经营失去信心。

②公众的态度可以通过企业的积极行动发生改变。企业通过真诚参与社会公益事业、开展环保活动、推动公益项目，可以逐渐改变公众对企业的看法。此外，企业可以通过透明的公关和宣传，将道德经营的理念传递给公众，树立企业良好形象。公众的关注度和认同感会随着企

业的积极行动逐渐提高，进而为企业赢得更多的支持和信任。

关键词五：担心被排挤报复

①企业在道德经营中可能会担心被排挤和报复。在商业世界中，劣币驱逐良币的现象时有发生。一些企业可能觉得，如果它们选择坚守道德经营，可能会被视为"异类"，因为它们拒绝采用一些不道德的手段来获取竞争优势。在这种情况下，它们担心在行业内被排挤，被边缘化，进而失去竞争优势，甚至被取代。

②尽管存在被排挤和报复的风险，但是劣币驱逐良币的现象只是短期现象，长期来看，道德经营的企业才能建立起稳固的市场地位。"劣币"终究会被市场淘汰，而"良币"则会获得持久的用户信任。在道德经营下，企业能够建立起真实、可靠、持久的品牌形象，吸引更多的忠诚客户，从而在市场上获得持久的竞争优势。

关键词六：担心被认为是炒作

①一些企业对道德经营的顾虑之一是怕被视为炒作。它们担心参加公益活动会被认为仅仅是为了提升品牌形象，而不是出于真心，可能被外界视为虚伪的营销手段。企业担心消费者可能会质疑它们的真实动机，从而使得公益活动失去真实性和影响力。

②企业可以通过持续性的、真实的公益活动来消除外界对于炒作的质疑。建立长期的社会责任项目，确保这些项目与企业的核心价值观和业务领域相符，展现出企业对社会问题的真实关切。同时，透明地向公众和消费者展示公益活动的详细信息，包括资金使用、项目进展等，增加公益活动的透明度，让人们看到企业的善意。

关键词七：力量薄弱

①自身的力量相对微小，单个企业的道德经营在整个社会层面上不会产生显著影响。它们或许觉得，即便自己坚持道德经营，也无法解决整个行业或社会的道德问题，因此选择观望，不愿意主动参与道德经营。

②即使一个企业的力量相对有限，也可以通过广泛传播其道德经营的案例，激发更多企业的参与。企业的个体力量或许微小，但是当众多企业联合起来，就会形成强大的合力。一个企业的善举可以激发更多企业的参与，最终促使整个行业和社会道德水平的提升。此外，企业可以在道德经营方面与其他企业、非政府组织和政府机构建立合作伙伴关系，共同推动社会的良性发展，逐步改善整个社会的道德环境。通过这种合作，企业的个体力量将会得到放大，产生更大的社会影响力。

五、让别人开开心心类

（一）适用主题

公平、有效沟通、冒尖、重视意见、尊重、民主。

（二）典型适用真题

2023 年管理类综合能力考试论说文真题

人们常说"领导艺术"，可见领导与艺术之间存在着某种相似点，如领导一个团队完成某项任务就和指挥一个乐队演奏某首乐曲一样。

2016 年管理类综合能力考试论说文真题

亚里士多德说："城邦的本质在于多样性，而不在于一致性。……无论是家庭还是城邦，它们的内部都有着一定的一致性。不然的话，它们是不可能组建起来的。但这种一致性是有一定限度的。……同一种声音无法实现和谐，同一个音阶也无法组成旋律。城邦也是如此，它是一个多面体。人们只能通过教育使存在着各种差异的公民统一起来组成一个共同体。"

2011 年管理类综合能力考试论说文真题

众所周知，人才是立国、富国、强国之本。如何使人才尽快地脱颖而出，是一个亟待解决的问题。人才的出现有多种途径，其中有"拔尖"，有"冒尖"。拔尖是指被提拔而成为尖子，冒尖是指通过奋斗、取得成就而得到社会公认。有人认为，我国当今某些领域的管理人才，拔尖的多而冒尖的少。

（三）常用理由关键词

【论证维度一】　支持观点的理由

对个体好：积极性、激励、尊重、效率、献计献策、潜能、责任担当、实力、主观能动性、积极性和创造性、马斯洛需求理论、自我实现、个体利益和整体利益。

对组织好：吸纳人才、留住人才、凝聚力、认同感、效率、用人单位精简机构和实现管理效益的最大化。

【论证维度二】　反对观点的理由

浪费时间、增加成本、利益受损；效率低下；权威受到质疑；不好管理、恃宠而骄。

【论证维度三】　推翻反对观点的理由

利弊的权衡需要看长期；并非放纵、有制度约束。

（四）参考模板

题目

开头

（　　）能有效地调动团队成员的主观能动性。团队管理是基于人的管理，如何最大限度地调动团队成员的积极性和创造性，释放每个成员所蕴藏的能量，使其以极大的热情和创造力投身于实现一致性战略目标上来，是领导者需要达到的目标。管理是一门高深的学问，管理者不仅要大权在握，更重要的是要有高超的领导艺术，充分地调动成员的工作积极性。有效的激励手段，关键是要抓住人心，从满足人的内心需要出发，才能让其自动自发、充满热情地努力工作。通过（　　　），接纳个体的差异，尊重个体的多样化需求和特点，才能持久地、长期地对成员产生激励作用，调动其主观能动性。

（　　　）能有效地提高团队凝聚力。团队的运转就像一台精密的仪器，需要所有的"零部件"紧密配合。依赖法律法规、规章制度等强行约束，统一行动，只能使团队成员表面上配合，但其内心却难以真正认同，难以形成凝聚力。凝聚力是团队对于成员的吸引力，其不仅是团队存在的必要条件，而且对团队潜能的发挥有很重要的作用。凝聚力可以激发人们的奋斗热情，推动个人的成长进程，在一定程度上也可以为团队节约人才培养的成本。（　　　）能更好地提高成员对组织的认同感，进而提高团队凝聚力，使得团队可以高效运转起来，最终达成团队目标。

值得一提的是，（　　　）难免会带来一定的阵痛。在可以预见的未来，不好管理、个别人恃宠而骄等状况都可能会发生。但管理是一个长期的话题，我们应基于对未来的构想制订当下的策略，而不应基于当下的困境便选择妥协。从长远的角度出发，（　　　）能更好地推动发展。

结尾

（五）模板应用示范

模板应用示范一 [199-2016]

接纳多样性，有利于实现一致性

同一种声音无法实现和谐，同一个音阶也无法组成旋律。对城邦来说，亦是如此，接纳多样性，有利于达成一致性。

接纳多样性，能有效地调动个体的主观能动性，以实现城邦的一致性发展。城邦治理是基于人的管理，如何最大限度地调动公民的积极性和创造性，释放每个公民所蕴藏的能量，使其以极大的热情和创造力投身于实现一致性战略目标上来，是城邦治理需要达到的目标。管理是一门高深的学问，管理者不仅要大权在握，更重要的是要有高超的领导艺术，充分地调动成员的工作积极性。人的需求是多层次的，物质需求只是最低层次的需求，因而使用金钱并不能从根本上激发公民的主观能动性——即使对有些公民适用，其所起的作用也是有限的、短期的。真正有效的激励手段，关键是要抓住人心，从满足人的内心需要出发，才能让其自动自发、充满热情地努力工作。管理之所以难，是因为每个人都是独立的、多样化的个体，难以统一。不固执地追求完全一致，做出退让，接纳个体的差异，尊重个体的多样化需求和特点，恰恰是尊重个体多元化的表现，这样才能持久地、长期地对成员产生激励作用，调动其主观能动性。

接纳多样性，能有效地提高城邦凝聚力，以实现城邦的一致性发展。城邦的运转就像一台精密的仪器，需要所有的"零部件"紧密配合。依赖法律法规、规章制度等强行约束，统一行动，只能使公民表面上配合，但其内心却难以真正认同，难以形成凝聚力。凝聚力是组织对于成员的吸引力，其不仅是组织存在的必要条件，而且对组织潜能的发挥有很重要的作用。凝聚力可以激发人们的奋斗热情，推动个人的成长进程，在一定程度上也可以为组织节约人才培养的成本。接纳差异才能更好地提高成员对组织的认同感，进而提高城邦凝聚力，使得城邦这台仪器可以高效运转起来，最终达成一致目标。

值得一提的是，接纳多样性、包容个体的差异，难免会带来一定的阵痛。在可以预见的未来，不好管理、个别人恃宠而骄等状况都可能会发生。但管理是一个长期的话题，我们应基于对未来的构想制订当下的策略，而不应基于当下的困境便选择妥协。从长远的角度出发，城邦若想达成一致性，接纳多样性不可或缺。

综上，城邦应接纳多样性，以达成一致性。

模板应用示范二【199-2023】

掌握领导艺术，助力任务达成

指挥乐队演奏某首乐曲，不仅需要调动每个乐队成员的积极性，更需要让整个乐队和谐。指挥乐队如此，领导团队又何尝不是如此，团队任务的达成也离不开领导艺术。

具备领导艺术能有效地调动团队成员的主观能动性。团队管理是基于人的管理，如何最大限度地调动团队成员的积极性和创造性，释放每个成员所蕴藏的能量，使其以极大的热情和创造力投身于实现一致性战略目标上来，是领导者需要达到的目标。管理是一门高深的学问，管理者不仅要大权在握，更重要的是要有高超的领导艺术，充分地调动成员的工作积极性。有效的激励手段，关键是要抓住人心，从满足人的内心需要出发，才能让其自动自发、充满热情地努力工作。很多所谓的领导只能叫领导方法，不能称之为领导艺术，其往往只能以强制性手段迫使成员完成团队目标，却很难调动成员的内在积极性。具备领导艺术，接纳个体的差异，尊重个体的多样化需求和特点，才能持久地、长期地对成员产生激励作用，调动其主观能动性。

具备领导艺术能有效地提高团队凝聚力。团队的运转就像一台精密的仪器，需要所有的"零部件"紧密配合。依赖法律法规、规章制度等强行约束，统一行动，只能使团队成员表面上配合，但其内心却难以真正认同，难以形成凝聚力。凝聚力是团队对于成员的吸引力，其不仅是团队存在的必要条件，而且对团队潜能的发挥有很重要的作用。凝聚力可以激发人们的奋斗热情，推动个人的成长进程，在一定程度上也可以为团队节约人才培养的成本。具备领导艺术能更好地提高成员对组织的认同感，进而提高团队凝聚力，使得团队可以高效运转起来，最终达成团队目标。

综上，具备领导艺术，能更好地助力团队目标达成。

（六）模板替换话术

【论证维度一】 支持观点理由的替换话术

积极性：在这种环境中，成员更愿意分享意见、提供建议，并积极参与组织的决策过程。

他们能感受到自己被重视，从而更有动力为组织目标而努力。这种信任与合作有利于增进组织内部的协作，促进成员与组织共同成长和发展。

激发创造力和动力：赋予成员更多的自由和信心，使他们更有动力提出新想法、创造解决问题的方法。在这种环境中，成员更愿意冒险和尝试，这有助于推动创新，促进团队和组织的发展。

凝聚力：凝聚力是内部团结的胶合剂，能够将不同个体、利益和观点凝聚为一个有力的整体。凝聚力不仅增强了内部稳定性、促进共同目标的达成，也塑造了强大的团队精神和归属感。在组织中，凝聚力使团队成员更具合作性和效率，共同为组织的成功而努力。同时，凝聚力也能够提高成员忠诚度和满意度，进而推动创新和生产力的提升。

【论证维度二、三】反对观点理由及推翻反对观点理由的替换话术

关键词一：效率低下

①有些人可能会认为，（　　　）导致决策过程变得缓慢。由于需要充分考虑各种意见和观点，（　　　）可能会延长决策周期，妨碍组织及时采取行动应对变化，如此会削弱组织的应变能力和行动效率。

②（　　　）并不一定降低决策效率，反而能够提供更全面的视角，减少盲点和风险。（　　　）并不意味着拖延决策时间，而是为了确保决策更全面、更具有针对性。（　　　）可以提高决策质量，避免不必要的失误和后续修正，最终提升组织的整体效率和灵活性。

关键词二：恃宠而骄

①（　　　）可能会导致成员产生过高的自我评价，影响团队合作和共同目标的达成。这种恃宠而骄的态度可能会让团队其他成员感到被排斥或不被尊重，进而影响整体团队的凝聚力和工作效率。

②（　　　）并不意味着宠溺个人或滋长傲慢态度。实际上，（　　　）有助于建立包容性的工作环境，鼓励团队成员分享不同观点、技能和经验。这种氛围能够激发创新和团队协作，而非培养恃宠而骄的个人。正是通过尊重多样性和建立包容性氛围，团队才能够更好地融合各种能力，进而实现更高的工作效率，取得更多样的成果。

关键词三：冲突和分歧

①避免冲突对于组织的稳定和发展至关重要。维持和谐的环境能够提高整体效率、增强团队凝聚力，并有助于实现共同目标。冲突往往会破坏工作氛围，影响人际关系，甚至损害团队或组织整体的利益。（　　　）会导致资源分配和利益之间的冲突。不同文化或群体可能对资源分配和利益分配产生分歧。

②（　　　）提供了更广泛的观点和创新，有助于避免盲目同意或思维定式。如果正确管理，（　　　）可以成为团队的强大驱动力，推动共同目标的实现。真正导致冲突的是缺乏包容心态。通过促进理解、尊重和有效的沟通，可以避免（　　　）可能引发的冲突，并更好地整合团队各方优势。

六、与教育相关的

（一）适用主题

求学者、教学者、教育政策制定者应该做什么、不应该做什么。

（二）典型适用真题

2021 年管理类综合能力考试论说文真题

我国著名实业家穆藕初在《实业与教育之关系》中指出，教育最重要之点在道德教育（如责任心和公共心之养成，机械心之拔除）和科学教育（如观察力、推论力、判断力之养成）。完全受此两种教育，实业界中坚人物遂由此产生。

2012 年管理类综合能力考试论说文真题

中国现代著名哲学家熊十力先生在《十力语要》（卷一）中说："吾国学人，总好追逐风气，一时之所尚，则群起而趋其途，如海上逐臭之夫，莫名所以。曾无一刹那，风气或变，而逐臭者复如故。此等逐臭之习，有两大病。一、各人无牢固与永久不改之业，遇事无从深入，徒养成浮动性。二、大家共趋于世所矜尚之一途，则其余千途万途，一切废弃，无人过问。此二大病，都是中国学人死症。"

2010 年管理类综合能力考试论说文真题

一个真正的学者，其崇高使命是追求真理。学者个人的名利乃至生命与之相比都微不足道，但因为其献身于真理就会变得无限伟大。一些著名大学的校训中都含有追求真理的内容。然而，近年学术界的一些状况与追求真理这一使命相去甚远，部分学者的功利化倾向越来越严重，抄袭剽窃、学术造假、自我炒作、沽名钓誉等现象时有所闻。

（三）常用理由关键词

【论证维度一】　支持观点的理由

对求学者、教学者本身的影响：学术研究、深入、学术成果、学术造诣、社会公信力、学术地位、学术影响力、形象、自我实现。

对学术界、其他人的影响：公平、积极性、主观能动性、避免劣币驱逐良币、加快学术进程、影响学术水平。

对社会大环境的影响：学术秩序、国家软实力、文化自信、科教兴国、学术建设。

【论证维度二】　反对观点的理由

有风险、利益受损、浪费时间；有失败案例；就题论题。

【论证维度三】　推翻反对观点的理由

风险是暂时的，收益更大；个例；就题论题。

（四）参考模板

题目

开头

（　　）有利于提高主体素质。当今中国进入工业化、信息化加速发展的阶段，随着经济发展方式的转变，迫切需要一大批高素质的劳动者。然而，（　　）的现象却与日俱增。为了提高主体的素养，我们应（　　）。（　　）有利于提高主体的创造力和责任心，能够使主体深入思考、更好地胜任本职工作；同时，（　　）还有利于主体塑造价值观，树立远大理想并为之奋斗。这些都是主体不可或缺的品格。

（　　）有利于提高主体实力。当下，随着人工智能、大数据等新兴科技的不断涌现，"勤能补拙"不再是万能的真理。不少重复性的、有规律的劳动逐渐被机械、科技所取代。靠蛮力和勤奋已经无法适应当下发展的需要。教育是培养适应当下及未来发展的人才的一种社会活动，与经济发展、社会进步的关系十分紧密。它既是传递社会生产经验和生活经验的必要手段，更是社会经济发展中不可缺少的重要基础和条件。面对瞬息万变的时代，人才的培养也需要与之匹配。（　　）才是这个时代的主旋律。

主体是社会发展的根基。所有主体都是在接受教育后被输送到各行各业的。主体的水平将在很大程度上决定行业的水平。教育不仅仅是"教"，更要"育"。教育不应仅仅传授知识、技能，还应该（　　），这也是教育的关键所在。

结尾

（五）模板应用示范

模板应用示范一 [199-2021]

道德教育和科学教育助力实业发展

道德教育和科学教育有助于培养实业中坚者。正如我国著名实业家穆藕初在《实业与教育之关系》中所说，教育最重要的是道德教育和科学教育。完全受此两种教育，实业中坚者遂出之。穆藕初先生的话对我们当下的实业教育依然具有启发意义，培养实业人才的过程中，我们应重视道德教育和科学教育。

道德教育有利于提高从业者素质。当今中国进入工业化、信息化加速发展的阶段，随着经济发展方式的转变，迫切需要一大批高素质的劳动者。然而，缺乏敬业奉献精神、诚信意识淡薄的实业从业者却不在少数。为了提高实业者的道德素养，我们应追根溯源，加强道德教育。道德教育有利于提高从业者的事业心和责任心，能够使其热爱自己的事业，忠于职守、胜任本职工作；同时，道德教育还有利于从业者塑造价值观，树立远大理想并为之奋斗。这些都是实业中坚者不可或缺的品格。

科学教育有利于提高从业者实力。当下，随着人工智能、大数据等新兴科技的不断涌现，"勤能补拙"不再是万能的真理。不少重复性的、有规律的劳动逐渐被机械、科技所取代。靠蛮力和勤奋已经无法适应当下实业发展的需要。教育是培养适应当下及未来发展的人才的一种社会活动，与经济发展、社会进步的关系十分紧密。它既是传递社会生产经验和生活经验的必要手段，更是社会经济发展中不可缺少的重要基础和条件。面对瞬息万变的时代，我们也需要与之匹配的教育。推行科学的教育方法才是这个时代的主旋律。这就需要在教育层面加强对实业的科学教育，在教学环节中培养和提高学生的观察力、判断力及推断力，以"智力"谋"富力"，以科学教育推动实业人才的培养。

人才是企业发展的根基。所有的人才都是在接受教育后被输送到各行各业的，教育的水平将在很大程度上决定人才的水平。教育不仅仅是"教"，更要"育"。实业教育不应仅仅传授知识、技能，还应该培养高尚的道德情操和科学的思考能力，这也是培养实业中坚者的关键所在。

基于此，培养实业人才的过程中，我们应重视道德教育和科学教育。

模板应用示范二 [199-2012]

学人不应追逐风气

正如我国现代著名哲学家熊十力先生所说："吾国学人，总好追逐风气……此二大病，都是中国学人死症。"先生的话对我们如今依然有所启发，学人不应追逐风气。

所谓学人，也就是求学的人。各行各业的从业者们追根溯源其实都是从学人成长起来的。

拒绝追逐风气有利于提高学人素质。当今中国进入工业化、信息化加速发展的阶段，随着经济发展方式的转变，迫切需要一大批高素质的劳动者。然而，学人跟风的现象却屡见不鲜。为了提高学人的素养，我们应拒绝追逐风气。拒绝追逐风气有利于提高学人的创造力和责任心，能够使学人深入思考、更好地胜任本职工作；同时，拒绝追逐风气还有利于学人更好地塑造价值取向，树立远大理想并为之奋斗。这些都是学人不可或缺的品格。

拒绝追逐风气有利于提高学人实力。当下，随着人工智能、大数据等新兴科技的不断涌现，"勤能补拙"不再是万能的真理。不少重复性的、有规律的劳动逐渐被机械、科技所取代。靠蛮力和勤奋已经无法适应当下发展的需要。教育是培养适应当下及未来发展的人才的一种社会活动，与经济发展、社会进步的关系十分紧密。它既是传递社会生产经验和生活经验的必要手段，更是社会经济发展中不可缺少的重要基础和条件。面对瞬息万变的时代，学人的培养也需要与之匹配。不跟风才是这个时代的主旋律。

学人是社会发展的根基。所有学人都是在接受教育后被输送到各行各业的。学人的水平将在很大程度上决定行业的水平。学人不应仅仅学习知识、技能，还应该注重创造力和思辨力的培养，不应一味追逐风气，而应保持独立思考，具备一定的创造力。

基于此，学人应拒绝追逐风气。

七、其他

大多数真题都可以归为以上几类，但也存在部分真题无法归类其中的情形。在考场上，大家一定要根据真题的情况随机应变。若是遇到无法结合上述主题的真题，不要生搬硬套。

背诵模块三 ┊ 万能理由关键词总结

一、正论段落理由关键词总结

类别	正论理由	
	共性	个性
努力更大更强	口碑； 长期主义； 持续发展； 竞争优势； 满足需求； 时代背景； 核心竞争力； 品牌影响力	更好：提高质量、提升服务。 稀缺：差异化、核心技术、迭代快、建立壁垒、话语权、准入门槛、议价权。 销量：吸引力、复购率、黏性、性价比高、规模经济、老带新、渠道广。 迎合趋势：市场经济、全球经济、社会主要矛盾变化、信息技术革命、消费升级、马太效应
借助外力规避风险		发现错误、纠正错误、完善、客观、理性、完善认识、打破局限、取长补短、全面、整合优势
非借助外力规避风险		平稳发展、及时止损、未雨绸缪、保存现有实力、守住现有资源、时间成本、物质成本、资源、避免走弯路、抓住机会、价值最大化
克制欲望		对自身好：风险低、较少损失、稳定、赢得机遇、影响力、口碑、信誉、声誉、社会责任感、降低政策风险、认可度。 对整体好：社会秩序、社会风气、个体利益整体一致、良性循环、避免劣币驱逐良币、榜样、带头、标杆、引导

续表

类别	正论理由	
	共性	个性
让别人开开心心	口碑； 长期主义； 持续发展； 竞争优势； 满足需求； 时代背景； 核心竞争力； 品牌影响力	对个体好：积极性、激励、尊重、效率、献计献策、潜能、责任担当、实力、主观能动性、创造性、自我实现。 对组织好：吸纳人才、留住人才、凝聚力、认同感、效率、用人单位精简机构、实现管理效益的最大化
与教育相关的		个人：学术研究、深入、学术成果、学术造诣、公信力、学术地位、学术影响力、形象、自我实现。 学术界：公平、积极性、主观能动性、避免劣币驱逐良币、加快学术进程、影响学术水平。 社会影响：学术秩序、国家软实力、文化自信、科教兴国、学术建设

二、辩证段落理由关键词总结

类别	顾虑角度	
	共性	个性
努力更大更强	风险； 利益受损； 失败案例； 浪费时间； 成本增加； 社会风气； 降低效率	不切实际、鲁莽、组织惯性、被模仿
借助外力规避风险		对方不靠谱、冲突、失去主见、对方是错的、不适用、脱离实际、矛盾
非借助外力规避风险		故步自封、畏首畏尾、杞人忧天、胆小怕事、损失机会、浪费时间、影响效率、焦虑内耗
克制欲望		浪费时间、增加成本、利益受损、炒作、不被理解、劣币驱逐良币、被排挤、不合群
让别人开开心心		不利于管理、越级、服从性差、没有秩序、界限模糊
与教育相关的		略

背诵模块四 | 结构引导句的替换话术

一、结构框架替换话术

框架话术一

题目

开头

从发展的角度考虑，我们要（ 　　 ）。理由如下。第一，……；第二，……；第三，……。

然而，让我们深感遗憾的是，尽管（ 　　 ）如此重要，但放眼现实，实践的情况却并不乐观。很多人拒绝（ 　　 ）。这主要基于以下考量。原因一，……；原因二，……；原因三，……。

但我们不能基于以上考虑便草率地拒绝（ 　　 ）。凡事都是有利有弊的。在做决策时，关键不在于完全避免弊端，而是在于明智地权衡利弊，以达到最有利的结果。实际上……；不仅如此……；更重要的是……。

结尾

框架话术二

题目

开头

在谋求发展的路途上，（ 　　 ）是我们需要迈出的关键一步。这背后主要有以下几个关键因素。第一，……；第二，……；第三，……。

尽管我们充分认识到（ 　　 ）的价值，然而，现实却呈现出一种与此相悖的景象，很多人依然对（ 　　 ）持有观望态度。这背后蕴含着何种深层次的因素呢？因素一，……；因素二，……；因素三，……。

但这不能够成为拒绝（ 　　 ）的理由。过分关注消极的一面会阻碍我们看到事物的全貌。这些所谓的问题也许是成长的机遇，是未来变得更好的契机，克服问题让我们在面对挑战时变得更为坚韧。更何况这些问题大多是一种假象……；不仅如此……；更重要的是……。

结尾

二、正论引导句替换话术

1.（ 　　 ）有利于 / 推动了 / 助力 / 促进了 / 巩固了……

2. 在谋求持续发展的路途上，（ 　　 ）是我们需要迈出的关键一步。

3. 我们需（ 　　 ），这是发展的要求使然。

4.（ 　　 ）是成功背后潜在的引擎，为其持续增长提供了动力。

5.（　　　）被视为取得成功的关键动力，能够引领前进的步伐。

三、辩证引导句替换话术

（一）"辩证（存在顾虑）"部分引导句替换话术

1. 值得一提的是，尽管我们充分认识到（　　　）的价值，然而，现实却呈现出一种与此相悖的景象，很多人依然对（　　　）持有观望态度。这背后蕴含着何种深层次的因素呢？

2. 尽管（　　　）被普遍视为成功的关键，但在实际应用中，我们看到许多人对（　　　）持保留态度，这似乎与其重要性不符。一方面，这源于……。另一方面，……也可能在某种程度上影响了主体的态度和行为。

3. 然而，尽管我们在观念上认同（　　　）至关重要，许多人却未能积极（　　　）。

（二）"辩证（化解顾虑）"部分引导句替换话术

1. 凡事都是有利有弊的。在做决策时，关键不在于完全避免弊端，而是在于能明智地权衡利弊，以达到最有利的结果。

2. 每个决策都伴随着一定的风险，但这并不意味着我们应该回避所有风险。关键是在风险与回报之间找到平衡点，确保潜在的利益超过潜在的损失。

3. 在面对决策时，我们必须认识到风险和利益是并存的，风险常常伴随着未知的机会。通过（　　　），我们有可能发现新的途径、新的市场或新的创新点，这是避免风险所无法带来的。

4. 然而，这些担忧在仔细分析后不攻自破。

5. 理性决策不是纯粹的得失计算。当我们面对选择时，必须认识到凡事都存在利弊。避免弊端不是我们的目标，毕竟，世上很少有绝对完美的选择。这些弊端或许正是我们成长和发展的催化剂，是我们学习和创新的契机。通过勇于面对弊端，我们能够汲取经验教训，进而更加智慧地前行。

6. 过分关注消极的一面会阻碍我们看到事物的全貌。这些所谓的问题也许是成长的机遇，是未来变得更好的契机。逆境常常培养我们创新和解决问题的能力，让我们在面对挑战时变得更为坚韧。

7. 有时候，那些可能带来风险和弊端的选择，恰恰是走向更重要目标的关键一步。更何况，我们有责任履行某些选择所带来的义务，哪怕它们可能会带来一些不利的后果。这些选择可能超越了个人利益，更关乎于对社会和他人的影响。

8. 在决策过程中，关键不在于完全回避弊端，而是在于如何在利益与弊端之间找到平衡，以达到最有利的结果。正确认识并应对弊端，能够使我们更明智地面对挑战，更好地成长与进步。

背诵模块五 ┊ 拟题替换话术

该模块提供了有助于论说文拟题的"六字拟题法"[①]。借助这六个字来拟题，即"是、让、不、用、动、把"（谐音：是让不用动吧），能让论说文标题更加夺目、深刻、有力量。需要强调的是，论说文题目的文采并不是最重要的，一定要优先保证题目的准确性和深刻性。该部分为选修内容，大家可根据自己的需求选择性地学习。

一、"是"字拟题

（1）诚信是一种刚需。

（2）"合作"是一种大智慧。

（3）忽视专家意见是最大的浪费。

（4）坚守底线是对社会的最好馈赠。

（5）悔罪是救赎与宽恕的基石。

（6）法治是化解社会冲突的正途。

二、"让"字拟题

（1）让理智战胜贪欲。

（2）让敬畏之光烛照文化传承。

（3）让诚信成为时代旋律的主音符。

（4）让"诚信"充盈生活的每个空间。

（5）别让谣言污染了"朋友圈"。

（6）别让"斗富心态"消解了幸福。

（7）莫让浮躁侵染了文化"琅琊榜"。

三、"不"字拟题

（1）巧诈不如拙诚。

（2）消极怠工要不得。

（3）暂避风头不可取。

（4）名节如璧不可污。

（5）公恩私恩不可混。

（6）欲如野马不可纵。

（7）文明底线不可亵渎。

---

① 本节的"六字拟题法"来源于郑成业《〈人民日报〉告诉你：议论文拟标题的"六字秘诀"》。

四、"用（以）"字拟题

（1）用法治凝聚复兴力量。

（2）用制度破解"换马甲"难题。

（3）用刚性制度托起诚信中国。

（4）用规则文明突破"关系藩篱"。

（5）用公共理性铲除谣言的土壤。

（6）以创新思维增活力。

（7）以新作为引领新常态。

（8）以工匠精神雕琢时代品质。

五、动宾式拟题

（1）养一身浩然之气。

（2）放开"思维缰绳"。

（3）守护技术创新的初心。

（4）铲除"抱团腐败"滋生的土壤。

（5）警惕"精神缺钙"蔓延。

六、"把"字拟题

（1）把文化种子播入精神土壤。

（2）把"有意义"的事做出"真效果"。

（3）莫把工具当目的。

（4）别把企业社会责任当口香糖。

背诵模块六 ┆ 下定义的替换话术

【话术1】什么是（　　　）呢？在讨论（　　　）的积极意义之前，有必要明确（　　　）的内涵。因为很多时候，人们对（　　　）的理解并不一致，这种理解的差异可能导致对（　　　）价值的低估。通过明确定义（　　　），我们能够为接下来的论证提供一个共同的基础，避免了基于定义的争议。（　　　）不是……，而是……。

【示例】什么是创新呢？在讨论创新的积极意义之前，有必要明确创新的内涵。因为很多时候，人们对创新的理解并不一致，这种理解的差异可能导致对创新价值的低估。通过明确定义创新，我们能够为接下来的论证提供一个共同的基础，避免了基于定义的争议。创新不是简单地复制或模仿。它不是单纯地增加数量或改变外观，而是在原有基础上寻找新的解决方案，实现更高效、更经济、更满足需求的产品或服务。

【话术2】开宗明义，在深入探讨（　　　）的意义之前，我们先界定一下（　　　）的内涵。由于人们对（　　　）的理解存在多样性，缺乏明确定义会导致对（　　　）的价值产生误解。通过清晰的定义，我们能够为不同观点的交流创造基础。我们今天所探讨的（　　　）不是……，而是……。

【示例】开宗明义，在深入探讨创新的意义之前，我们先界定一下创新的内涵。由于人们对创新的理解存在多样性，缺乏明确定义会导致对创新的价值产生误解。通过清晰的定义，我们能够为不同观点的交流创造基础。我们今天所探讨的创新不是简单的复制或模仿。它不是单纯地增加数量或改变外观，而是在原有基础上寻找新的解决方案，实现更高效、更经济、更满足需求的产品或服务。

【话术3】什么是（　　　）呢？很多人对于（　　　）存在着一定的误解，并基于对（　　　）的错误理解拒绝（　　　）。故在探讨（　　　）的积极意义之前，我们先开宗明义，界定一下（　　　）的内涵。我们所倡导的（　　　）不是……，而是……。

【示例】什么是创新呢？很多人对于创新存在着一定的误解，并基于对创新的错误理解拒绝创新。故在探讨创新的积极意义之前，我们先开宗明义，界定一下创新的内涵。我们所倡导的创新并不是天马行空、不切实际，而是基于理性的探索和尝试。

背诵模块七 ┊ 精彩文章鉴赏

该专题为大家收集了一些颇具文采、表达出色的文章，但需要提醒大家的是，文采好的文章未必在考场上有优势，盲目地模仿很有可能落为邯郸学步。故大家在学习这些文章的时候，不应生硬地背诵，而应将其与自己的想法结合，从而提升自己的写作表达能力。

文章素材一

别让速成毁了匠心

郭震海

在快节奏生活的当下，不少事物的生产创造似乎也加速起来。比如各类技能培训，只要有钱，到处都是班，两三个月就能拿到一本证书。写书、拍电视剧等等，也无不可以速成。

现代社会，时间就是生命，办事讲效率没错。随着科技的进步，很多事情确实可以做到事半功倍。但实践也告诉我们，有些时候"欲速则不达"，一味地追求速成不是好事。正所谓"十月怀胎，一朝分娩"，事物的成长发展往往有其规律，那些违背规律的速成，往往就会先天不足，无异于拔苗助长。一些以次充好的假冒伪劣"速成"产品，一些偷工减料的"速成"工程等，多是以牺牲质量或成效，乃至以牺牲安全为代价，这样的速成就不仅无益，而且有害。

常言道：慢工出细活，文火煲靓汤。很多事急不得，更速成不得。古人对事物的创造，往往是匠心独运，不尚速成。如丝绸、瓷器、漆器、金银器等各类技艺精湛的手工艺品，饱蘸着匠人们对自然的敬畏、对创造的虔敬、对工序的苛求。有多少巨匠们一生默默无闻、远离名利场，只为了完成一件作品、办好一件事情。盛于魏晋时期的"百炼钢"之术，其制作过程需工匠把精铁加热锻打一百多次，一锻一称，直到斤两不减，如此千锤百炼，最终锻出高纯度的器具。这一丝不苟的工序，精湛的技术，专注的追求，精益求精的精神，正是我们今天所倡导的"工匠精神"。

"人心惟危，道心惟微；惟精惟一，允执厥中。"只有沉得下心，才能做出经得起时间检验的产品。高凤林作为一名特种熔融焊接工，35年如一日，一心专注火箭发动机焊接工作，被称为焊接火箭"心脏"的人，0.08毫米是高凤林焊接生涯里挑战过的最薄纪录。载人潜水器有十几万个零部件，其组装对精密度要求达到"丝"级，顾秋亮作为一名焊工，40多年来兢兢业业、刻苦钻研，在平凡的岗位上不断追求卓越，一次又一次挑战极限，成功把"蛟龙"送入海底，他也被称为"有钻劲儿的螺丝钉"。没有那种精细入微的追求，没有那种"差之毫厘，谬以千里"的体认，就很难有过硬的高精尖技术。

其实，不管是科技研究、手工制造、养殖种植，还是行医执教、著书立说，行业千万种，从业者至少都应该有一颗基本的"匠心"。这颗匠心，不仅是对规律的尊重，对创造的敬畏，更是一种一丝不苟、追求卓越的精神。养此匠心，则会耐得住寂寞，坐得住冷板凳，下得了苦功夫，生出一种宁静致远、潜心于事的定力。涵养工匠精神，容不得浮躁，容不得唯利是图，容不得急功近利的"速成"。

"速成"是匠心的克星，欲养匠心，必戒"速成心"。多少粗制滥造、速生速朽的物事告诉我们，急于求成于事无益，急功近利更难立身。唯养一颗匠心，不迷于声色，不惑于杂乱，沉潜自己、专注一事，方能有所成、有所立。

——选自《人民日报》（2016年9月9日）

有一种精神叫专一

周云龙

"右手画圆，左手画方，不能两成。"《韩非子》中的这一名句，现代科学也给出了解释，即大脑两半球的连接机制无法同时向左右手分别传达"画方"和"画圆"的命令。无数事实表明，用心不专，什么事也办不成。相反，只要专一，精卫可填海，愚公能移山。

屠呦呦就是滴水穿石的典型。55年里，除参加为期两年半的"西医离职学习中医班"，她几无长时间离开过东直门附近的那座小楼；为了不影响研究，她把孩子交给母亲抚养，即便得了中毒性肝炎也还在充满乙醚气味环境下工作；从2 000多种中草药制剂中提取，历经380多次鼠疟筛选，经历了190次失败，最终提取了关乎上百万生命的青蒿素。屠呦呦的事业轨迹，仿佛在提醒人们，无论是拉斯克奖，还是诺贝尔奖，都只是评价手段，最重要的是专一地做好专业的事。

诚然，"不专则不能"，但为什么一些人跨界照样成功？秘诀无他，还是专一。专业是社会分工的结果，而专一则是一种精神状态。如果说专业是身体上的不同器官，那么专一就是流动其中的血液。科学界巨星"三钱"之一钱伟长，在应用数学、弹性力学、中文信息学等领域都有重要成就，被人戏称为"万能科学家"。钱老不管做什么研究，都非常专一，不驰于空想，不骛于虚声，而惟以求真的态度做踏实的工夫。以此态度求学，则真理可明；以此精神干事，则功业可就。从这个意义上讲，因为专一，所以专业。

然而，尽管跨界不是成功阻碍，但要清楚什么是自己的正业。不务正业，不仅不会成功，反而贻害无穷。明熹宗朱由校不专心治国，痴迷木匠，技艺堪比巧匠，却误国害民。现实中亦有不少这样的人。有一所医院的骨科专家，自担任院长之后，便心有旁骛，热衷搞房地产，医院不断拓展地盘，扩大规模，而急诊、门诊的服务质量，不进反退，病人及家属怨声载道。院长关注点转移，下属也开始仿效——你不务正业，我亦不必专注于此。许多教训表明，在其位不谋其政，却将精力用于怎么升官、怎么发财、怎么享乐，终必误人误己。

荀子云："蚓无爪牙之利，筋骨之强，上食埃土，下饮黄泉，用心一也。蟹六跪而二螯，非蛇鳝之穴无可寄托者，用心躁也。"许多禀赋很好的人，不屑为"蚓"，向往威武之"蟹"，在最青春的年华，将大量的时间、心力耗费在名、权、利的执着上，事业偏轨，难有大成，殊为憾事。寄心于旁骛，或有短暂的满足，却终会在迷途中迷失。诚如屠呦呦答记者时所言："我觉得科学要实事求是，不是为了争名争利"，但愿一语能惊醒那些迷途之人。

在浮华喧嚣的环境下，专一往往体现为一种定力、自制力、免疫力，乃至挫折承受力。有专一精神打底，在人生和事业的路途上，即便仍然可能面临失败，但至少能拥有内心真正的平静，享受实现人生价值的快乐。

——选自《人民日报》（2015 年 11 月 20 日）

文章素材三

不做别人思想的"跑马场"

王艺锭

转发的热门文章，原来是炒作；欣赏的名人名言，居然是代笔；分享的养生知识，竟是伪科学；各种心灵鸡汤、励志美文，其实似是而非……你是否有过这样的体验？如今，面对海量信息，该给自己提个醒：不要让自己的头脑，成为别人思想的"跑马场"。

信息爆炸的时代，一种相反的体验却是"信息收缩"。面对海量资讯、多元观点，一些人仿佛置身迷宫之中，因为通道太多而束手无策，不知道该如何筛选甄别。所以，"转发""跟帖"的热度，成了信息选择的风向标；"点击""点赞"的数量，成了观点参考的指示牌。于是，分享同一个段子，阅读同一篇网文，转发自同一个大 V……在信息的狂涌中，难免失去了独立思考的宁静。

思考是一种能力，需要不断练习才能提升。然而，走捷径总是更简单。喜欢大而化之，喜欢立竿见影，喜欢流于表面的现象，喜欢一看可知的结论，这样的"认知取向"之下，对思辨性、专业性强的内容，对复杂的哲理、深刻的思考，反而不再感兴趣。长此以往，思考力就在简化中退化，自己的头脑变得空空如也，没了沉潜深流，徒剩一地鸡毛。

技术的演进对人类思维的影响，是一个引人思考的哲学命题。美国学者尼尔·波兹曼曾忧心，电视的流行让人越来越不愿阅读，越来越不愿思考，甚至造成人与人之间交流的隔绝。如果说电视因其直观性、娱乐性而弱化了思考力，那么互联网信息的碎片化、芜杂化，也可能给我们的心灵带来同样的影响。波兹曼的思考，是向时代的发问：当技术在获取知识的途径上做了一个减法，我们如何给自己的思想做一个加法？

实际上，网络并没有改变人们的思维实质，只是改变了抵达思考的方式。面对触手可及的庞大信息，是迷失方向还是有效整合，取决于思考习惯的养成。满足于当复读机、传声筒，不愿思考；满足于浅阅读、浅吸收，不会思考；满足于囫囵吞枣、一知半解，不善思考，最终就是人云亦云、亦步亦趋。即便是碎片化阅读，也需要系统性积累，才能把握住背后的思维路径、认识方法，从而将知识转化为智慧；如果是简单化观点，更需要想想其中的逻辑误区、认识盲点，不仅是否定肯定，而且要理解分析。

在易如反掌地拥有"观点""态度"和"感受"之时，更需防止盲目、偏见和极端挤占了逻辑与理性的空间。不管哪个时代，也不会每个人都是思想家。然而，每个人却都可以成为一个思考者。不是只当数据丛林中的猎人和采集者，也应该有不甘为"信息传播者"而愿为"思想瞭望者"的志趣。叔本华说，经过自己思考获得的真理像自己天生的四肢——也只有这些东西才真正属于我们。只有保持独立思考和理性思辨，才能真正带来人类智慧的增长，推动人类文明的进步。

"思考是勤奋的一部分，人最大的懒惰是思想懒惰"。身处这个时代，有太多声音萦绕耳边。要在花繁柳茂中拨开、雨骤风狂里站定，不仅需要"独上高楼，望尽天涯路"的眼界，也需要"衣带渐宽终不悔，为伊消得人憔悴"的思考，唯如此，"蓦然回首，那人却在灯火阑珊处"的顿悟，才能于众里寻他中浮现眼前。

——选自《人民日报》(2016年7月25日)

文章素材四

有"权利意识"，也要有"法治观念"

人民日报评论部

这些年来中国社会的最大变化之一，就是公民权利意识的觉醒。如果说，当年一部《秋菊打官司》的电影，曾让人们充满好奇，那么今天，"讨说法"已经成为社会口头禅。从主张经济、社会、文化和消费者权利，到捍卫政治、环境、食品安全和纳税人权利，"权利意识"从未像今天这样，如此深入人心、影响社会、改变国家。

毫无疑问，这是一个走向权利的时代。市场经济发展带来的自由平等意识、网络媒体勃兴提供的多元表达平台、民主政治进步造就的个体意识启蒙，所有这一切，成为人们权利意识的萌发、表达和伸张的"时代注脚"。与之相伴，"权利意识"的高涨，也为树立法律权威、培养法治观念、发掘公民意识，起到了巨大推动作用，成为社会进步的催化剂。"一元钱"官司的较真，厘清的是社会是非观念；"物权"概念的普及，调动起创造财富的热情；"环境权"的主张，增强着生态文明的群众基础……

与此同时，时代的洪流往往泥沙俱下，在极短时期内高涨的权利意识，也呈现出某种"初级阶段"特征。正如《社会管理蓝皮书——中国社会管理创新报告》指出的，"一部分人只注重享受权利，不注重履行自己的责任和义务，由此导致公众权利意识强与社会责任意识弱并存这一现象的存在"。飞机航班延误，冲上跑道拦飞机；发生医患纠纷，把棺材花圈抬到医院；网上讨论辩论，动辄粗口相向，乃至暴力威胁……一些人为了维护个人权益，无视他人权益，罔顾公共利益，甚至更进一步，把他人权益、公共利益当作讨价还价的筹码，以实现个人利益最大化。这种走岔道的极端方式，将"权利意识"异化为"交相害"而非"交相利"的行为，让人遗憾，也发人深思：权利的风帆如何行进，才能抵达文明的彼岸？

"在一个多少算得上是文明的社会里，一个人所能够拥有的一切权利，其唯一的来由是法律。"法学家杰里米·边沁的结论一针见血。"权利意识"的伸张，离不开"法治观念"护航。在法律的条款中去寻找依据，权利的主张才能水到渠成；在法治的框架下予以推进，权利的实现才能顺理成章。反之，把"权利"当作为所欲为的通行证，认为有了利益诉求，就能够理直气壮地去冲撞底线、挑战规则、突破边界，整个社会又如何做到和谐运转？

一个成熟的社会，有许多不言自明的遵循：在高速公路开车，尽管车是自己的，但是不能超速行驶；在城市里盖房子，尽管土地使用权是自己的，但依然要服从市政规划。这些常识的背后，是对个人权利的清醒认知——没有什么权利是绝对的。任何个人权利的行使，都必须在法治的轨道上，不得侵犯他人的合法权利，不得损害社会的公共利益。惟其如此，自己的权利才能得到保障，他人的权利才能得到维护，社会的福利才会趋于最大化。

今天的中国，正处于从传统到现代的艰难爬坡中，法治观念必须"跟得上"权利意识的步伐。一边是权利意识已经成为人们的惯性思维，一边是法治观念尚未成为人们的生活方式，其间的落差，很容易造成社会生活的失序。没有对公共规则的遵从，我行我素的自由，就会导致"组团式过马路"的乱象；缺乏对法律程序的敬畏，对化工项目的异议，很可能演变成行为失控的骚乱。那种只问结果不计手段、"以错纠错"式维权，看似"高效有力"，却会让更多人不讲文明、不守规矩。在这个意义上，权利如果不能正确行使，不仅不能成为法治进程的铺路石，反而可能变成社会动荡的导火索。

"哪里没有法律，哪里就没有自由。"任何社会行为一旦脱离法治视野，便不可能带来公共福利的实质增进，也难有公平正义的真正实现。今天，如果说，"权利意识"的启蒙我们已经完成，那么"法治观念"的启蒙还在路上。这也是党的十八大提出"法治思维"和"法治方式"的深层原因所在。既要"权利意识"，也要"法治观念"，二者彼此砥砺、相互促进，才能让法治精神融入社会治理和社会生活，使"权利意识"成为构建现代公民人格、建设民主法治社会的基础。

——选自《人民日报》（2013 年 5 月 21 日）

文章素材五

"第二"的价值

刘根生

一教授在课堂上问：世界第一高峰是哪座？大家脱口而出：珠穆朗玛峰。又问：世界第二高峰呢？台下一片沉默。这种"记得第一，遗忘第二"的现象，乃至由此衍生的"只认第一，不认第二"心理，在我们的社会上还较为广泛地存在着。这在一定程度上影响了人们的行为选择。

我们常说"不想当元帅的士兵不是好士兵"，但也不是所有的士兵都能当元帅。当我们不能成为"第一"时，是否甘为"第二"？"第二"究竟具有什么样的价值？自然界中，在胡蜂凭借"身高马大"袭击蜜蜂蜂巢时，一只工蜂会冲上去死死缠住它，更多的工蜂则会紧跟而上，工蜂最终靠集体力量战胜胡蜂。第一只冲上去的工蜂格外可敬，但其他工蜂的壮举同样可贵。毫无疑问，正是众多"第二"，成全和光大了"第一"的价值，共同铺就了通向胜利的道路。

"风行草偃，从化无违"，社会道德的拔节既需要"风行"，也离不开"草偃"。江苏南京，听到电台播发有人抢劫奥迪车的消息，多名出租车司机协助警方围追堵截，成功将涉案车辆拦截。四川遂宁，看到有人抢劫，前后多人追了上去，终使抢劫者无路可逃。河北保定，"良心油条哥"刘洪安拒绝用剩油炸油条，他带了这个头，越来越多的油条店不再重复使用剩油，"良心经营"之风蔚然。无数事实表明，正义所以能战胜邪恶，光明所以能战胜黑暗，善美所以能战胜恶丑，就在于众多的"第二人"一起汇成正能量的洪流。

许多时候，意义远比名次更重要。在自行车队中，有"破风手"和"冲线手"的角色区分："破风手"在比赛中负责冲破气流，为紧跟其后的"冲线手"减轻空气阻力，临近终点时，体力相对充沛的"冲线手"奋勇冲刺，为车队争取冠军。无论是"破风手"，还是"冲线手"，名次虽不同，但各担其责，各出其力，贡献不分大小。在社会风气的形成、道德价值的引领中，没有"破风手"的引领就缺少目标和方向，没有"冲线手"的跟进就难以形成趋势和力量。

做"第二"当然不是盲从，而是一种正向价值的选择，择其善者而从，择其不善而改，向着正能量靠拢。"上梁"歪则跟着歪，别人送礼请吃自己也不闲着，这样的盲从只会使得违纪违法绵延不断。如果第一人挤占生命通道，众多"第二人"视其不善而不从，生命通道又怎会屡屡出现被挤占的局面？如果第一个人哄抢交通事故中散落的物品，"第二人"站出来制止而不是抢得更猛，是不是就能隔断哄抢的传播链？正是诸多"第二人"择定的价值，共同熔铸出道德向上拔节、人心砥砺前行的中坚力量。好风气要靠每个人来坚守，每道"梁"都顶得住，无论是政治生态还是社会风气，才不会出现裂痕和塌方。

"上士闻道，勤而行之；中士闻道，若存若亡；下士闻道，大笑之。"人生一世，做何种人，成何种事，很大程度上取决于自己。无论从事什么职业，无论身处什么环境，见贤思齐、起而行之都是难能可贵的进取态度。只要有颗向善上进之心，第几又何妨？

—— 选自《人民日报》（2015 年 12 月 2 日）

文章素材六

匠心之道"守破离"

刘根生

一部《战争与和平》，草婴翻译了 6 年。他一生追求像原著一样的艺术标准，翻译作品始终遵从六道工序：研读原著、译文、读译文、请人朗读、交编审、打磨求"神韵"。连环画泰斗贺友直的作品被称为"把故事画活了"，生前却自称是个"大匠人"，"蜗居"闹市数十年，每日挥毫不止，在中国传统线描中融入西画写实造型方法，将线描艺术推向高峰。他们都有一个共同特点，就是独具匠心，终而造诣精深，成其大器。

匠心之道，看似无着处，实则有迹可循。有一本叫《匠人精神》的书，这样讲成为一流工匠的"守破离"：跟着师傅修业谓之"守"，在传承中加入自己想法谓之"破"，开创自己新境界谓之"离"。由此我们也可以引申为各行业的匠心之道：守，以理想为基，久久为功而不改初衷，精益求精而臻于至善；破，以思考为底，无思考则无变化，无变化则始终是老样子，学而思才能"芳林新叶催陈叶"；离，以创新为核，有非同寻常的构想，方能"人无我有，人有我强"。草婴、贺友直等的艺术造诣，可说是对此的生动诠释。善于"守破离"，何愁不能有所创造，有所成就？

守，意味着长久等待和超常吃苦。当年，法拉第要弟子每天记录实验结果，弟子觉得这事枯燥乏味没意义，不久就走了。后来，法拉第因电磁学方面的重大发现而获得殊荣，面对一事无成又找上门来的弟子，他说自己不过是把弟子认为没意义的事坚持了 10 年，在记下数千个"NO"之后，终于写下了一个"YES"。今天，有的研究者缺少坐"十年冷板凳"的决心和毅力，耐不了寂寞，稳不住心神。有的人在立项资助"诱惑"下，频繁转换科研"频道"，甲地优惠到甲地，乙地优惠又跑回乙地。心上长草"守不住"，飘移不定，又如何能把一件事干到极致？

破，意味着在突破和完善中超越。齐白石说："学我者生，似我者死。"这是要后人不能止步于临摹，而要学其神韵善突破。一种现象存在已久，学某某而安于做"小某某"或"小小某某"。如同"受过训练的跳蚤"，即使盖板已拿掉，也不会越过原有高度。没有"破"，"守"则成墨守成规，"离"则无从谈起。没有最好，只有更好。前人技艺再高，也终究有局限性。小疑小进，大疑大进。扬前人所长而补其短，方能在推陈出新中别开生面。

离，意味着在颠覆成见中寻求新发现。当年，女科学家麦克林托克发现"跳跃基因"。因其"离经叛道"，同行骂她疯了。多年后，其成果才得到承认，她也因此获诺贝尔奖。"破"属于推陈出新，是横向进步；"离"属于颠覆性创新，是纵向进步。历史的高峰永无止境，"不日新者必日退"。多些颠覆性创新，才会有一个又一个"山外山、峰有峰"。对新发现应先察而勿先骂，宽容"离经叛道"，激励"异想天开"，为颠覆性创新批量出现营造优良土壤。

"技可进乎道，艺可通乎神。"匠心是精雕细刻和精益求精之心，是追求卓越不断超越之心，是破除成见不断创新之心。匠心之道贵在"守破离"。

——选自《人民日报》（2016 年 7 月 26 日）

文章素材七

有个体意识，也要有全局观念

人民日报评论部

在今日中国的现实语境下谈全局观念，很容易招来拍砖乃至讥笑。一个传统上如此重视集体归属感的群体，又刚从"狠斗私字一闪念"的年代走出来不远，很多人还沉浸在对"无我"的反思之中。追求个性的张扬，强调多元与多样，思想的松绑，仿佛才刚刚开始。有什么必要在肯定个体意识的同时，强调全局观念的"也要"？

这正是社会治理的复杂性所在。

事实上，改革开放以来，没有哪种观念像个体意识与利益诉求一样，如此席卷人心。从"主观为自己，客观为他人"到"我的地盘我做主"，从"言利未必非君子"到"无利不起早"，个人利益已经成为很多人处理社会关系的出发点。或含蓄或直白，或温和或激烈，对个体的强调，迅速在社会价值谱系中全线展开。

观念的演进，源自奔流的实践。个体意识勃兴的背后，是告别计划经济、走向社会主义市场经济的社会进程。明确的权利主体和利益边界，是市场经济和法治社会的内在要求。"凡是涉及群众切身利益的决策都要充分听取群众意见，凡是损害群众利益的做法都要坚决防止和纠正"，也正是因为对个体利益的尊重，中国的改革和发展才赢得了亿万人发自内心的推动。只有集体没有个体的时代一去不返。

然而，"全局"从来不会因为对"个体"的强调就不复存在。辩证法的伟大在于，它永远提醒我们认识到问题的另一面。垃圾焚烧厂建在你这里不行，建在我这里也不行，但它总要建在一个地方，否则必然是垃圾围城；修桥修路修车站，拆你的房子不行，动我的奶酪不许，但它不可能修在空中，除非大家都不过桥不走路不出远门。一边抱怨雾霾遮天，一边不愿安步当车节能减排；一面痛骂就医难买房贵，一面又都想挂专家号住豪宅，这样的"通吃心态"，不止是在初级阶段的中国行不通，在这个世界上的其他任何地方，恐怕也都会碰壁。

一切都让个人听命于集体，强调个人为"全局"无条件牺牲确属苛求；但"我满足了，才是公平，我满意了，才叫正义"，肯定也非理性。如果每个人都想着一己之私的最大化，完全以自身的感受衡量社会进步，"各私其私，绝无国民同体之概念"，不仅难以发育出良好的社会，也难以长久维持个体的利益。

中国社会已经进入利益多元的时代。如果我们承认权利和利益的多元多样，欢呼由此带来的文明进步，那么也必须承认这样的事实：不同的利益都要尊重，个体与整体必须协调。近年来，无论是地铁禁食的争议，小区文明养犬的讨论，还是公共场所禁烟引发的热议，一系列公共事件无不提醒我们，个体行为并非可以肆意奔突的河流，权利是有边界的。正如谚语所说，你挥舞拳头的权利止于我的鼻尖。懂得不同主体的妥协沟通，才能形成多元共存的利益格局。

社会的发展，将个体的尊严和福利推上了空前的高度，但也要看到，超乎历史条件和时代环境的个人主张，可能成为国家之痛。对"从摇篮到坟墓"高福利制度的过度追求，让欧洲国家掉入高成本、高税收的陷阱，社会危机由此而生。同样地，在中国进入快速城镇化的当下，要求取消所有城乡差别，在教育、医疗、户籍制度等方面实现绝对的均等化，不仅是脱离历史的，也是超越时代的。

从世界范围来看，20世纪以后，传统的权利概念经历了一个社会化的过程，即绝对的、排他的权利须受到某种限制，以服从公共利益的需要。这个过程也是作为个体的公民重新进入社会的过程，是意识到权利之上还有社会责任的过程。无视他人权利和社会整体利益，脱离时代的语境，抽象的权利只能在现实中逐渐风干。

不要总让"个体"与"全局"彼此排斥、互相追尾，不要总将对"全局"的考量，放在"个体"的对立面上。标签盛行的地方，理性容易枯萎；思维陷入绝对时，真理即成谬误。如果说，个体意识和权利意识的觉醒，只是公民意识成熟的第一步，那么让这个社会变得更好，还需要每一个人更多秉持目光四射的全局观念，更多承担力所能及的社会责任。

——选自《人民日报》（2013年5月22日）

附录

我的专属万能模板

论证有效性分析第一版

论证有效性分析第二版

论证有效性分析第二版

论说文第一版

论说文第二版